VERA KÄFLEIN
Ihr wart mein Licht an dunklen Tagen

Über die Autorin:

Vera Käflein, geboren 1986 in Freiburg im Breisgau, ist gelernte Sozialpädagogin und alleinerziehende Mutter dreier Kinder. Nachdem sie 2006, direkt nach dem Abitur, eine Tochter bekommen hat, begann sie zunächst ein Fernstudium der Bildungswissenschaften und wechselte später an die FH Freiburg, wo sie ihr Studium der sozialen Arbeit absolvierte. Nach der Geburt ihres dritten Kindes erkrankte sie an Krebs und ist seither aufgrund der Nachwirkungen ihrer Erkrankung arbeitsunfähig. Ehrenamtlich engagiert sie sich in einem Verein für junge, an Krebs erkrankte Erwachsene.

Vera Käflein

Ihr wart mein Licht an dunklen Tagen

Meine drei Kinder, der Krebs und ich

lübbe

Dieser Titel ist auch als E-Book erschienen

Das Buch beruht auf Tatsachen. Zum Schutze der Rechte der Personen wurden einige Namen, Orte und Details verändert.

Originalausgabe

Copyright © 2020 by Bastei Lübbe AG, Köln
Textredaktion: Regina Carstensen, München
Umschlaggestaltung: Christin Wilhelm, www.grafic4u.de
Unter Verwendung eines Fotos von © Marco Sorrentino
Satz: hanseatenSatz-bremen, Bremen
Gesetzt aus der Adobe Garamond Pro
Druck und Verarbeitung: GGP Media GmbH, Pößneck
Printed in Germany
ISBN 978-3- 404-61700-5

2 4 5 3 1

Sie finden uns im Internet unter
www.luebbe-sachbuch.de
Bitte beachten Sie auch: www.lesejury.de

In drei Worten kann ich alles zusammenfassen, was ich über das Leben gelernt habe: Es geht weiter.

Robert Lee Frost

*Für meine geliebten Käferkinder,
die mich nie aufgeben ließen und mich stets daran erinnern,
wie wunderschön das Leben ist*

Inhalt

1	Das Finale	11
2	Hungerloch	44
3	Durststrecke	55
4	Das Entenorakel	65
5	Erste Operation	73
6	Fünf vor zwölf	83
7	28. Juli 2014, 17:36 Uhr	93
8	»Ich habe Krebs«	102
9	Wildsau-Wahnsinn	111
10	Von bissigen und lieben Hunden	128
11	Jenseits	139
12	Die Kalziumkrise	156
13	Klinikalltag	166
14	Der Strahlenknast	178
15	In den Schlaf gescannt	188
16	Eine Spritztour	198
17	Nach Hause	211
18	Flashback	226
19	Albtraum reloaded	239
20	»Hilf mir, Mama, bitte!«	251
21	Immer und immer wieder	262
22	Ungeweinte Tränen können nicht trocknen	272

Und so leben wir heute … 281

Über dieses Buch 284
Dank 285

I

Das Finale

»Ein Hoch auf uuuu-uns ... auf dieses Leben ...!« Lukas und Milena hüpften aufgeregt auf unserem roten Sofa umher und grölten begeistert das Lied mit, das seit Wochen im Radio gespielt wurde. Durch die geöffneten Fenster fiel warmes Sommerlicht in unsere kleine, gemütliche Dreizimmerwohnung, in der wir im Studentenheim lebten. Kreuz und quer lagen Strampler, Babymützchen und andere Willkommensgeschenke herum, die ich gerade aus der Kliniktasche ausgepackt hatte. Mein Blick fiel auf einen besonders süßen, türkis-weiß geringelten Body. Vor über sieben Jahren hatte ihn schon Milena direkt nach ihrer Geburt getragen. Nachdem er vor zwei Jahren auch zu Lukas' erstem Kleidungsstück auserkoren wurde, hatte ich mir fest vorgenommen, ihn wieder mit in die Klinik zu nehmen. In der Aufregung nach dem Kaiserschnitt hatte ich ihn dann aber völlig vergessen.

Seltsam, dachte ich, während ich die Kleider aufsammelte, um Platz für die tanzende Meute zu schaffen, irgendwie war dieses Mal überhaupt alles etwas anders gewesen. Trotz unendlicher Freude über meinen bezaubernden kleinen Sohn verspürte ich eine seltsame innere Ruhelosigkeit. Die Erleichterung über das gesunde Kind, die mich nach den ersten beiden Geburten auf so wundersame Weise durch die ersten Babywochen hat schweben lassen, wollte diesmal nicht so recht aufkommen. Auch fühlte ich mich deutlich erschöpfter und kraftloser, schob dies aber darauf, dass neben dem Säugling nun auch noch die beiden anderen Kinder mitversorgt werden mussten und mein Körper am dritten Kaiserschnitt bestimmt deutlich mehr zu nagen hatte.

Im Tragetuch regte sich etwas, Mio gähnte und streckte seinen winzigen Körper. Ich bat Milena und Lukas, das Radio etwas leiser zu drehen, und hob Mio aus dem Tragetuch heraus, um ihn in Ruhe stillen zu können, bevor die Gäste kamen. Die beiden Großen rannten ins Kinderzimmer, um die riesige Deutschlandfahne und die Fußballgirlande fertigzustellen, die sie für das lang herbeigesehnte Babywillkommens- und WM-Fest heute Abend gebastelt hatten. Mio gähnte noch einmal und begann dann zufrieden zu trinken. Ich streichelte die feinen Haare auf seinem kleinen Köpfchen. Welch perfektes Wesen! Sachte küsste ich seine winzigen Finger.

Von unten hörte ich die fröhlichen Stimmen der großen und kleinen Mitbewohner unseres Eltern-Kind-Studentenwohnheims, die sich im Garten um das große Planschbecken versammelt hatten. Mein Freund Daniel werkelte währenddessen am Grill, um ihn schon mal für später vorzubereiten. Seine dunklen, inzwischen wieder recht langen Haare fielen ihm dabei immer wieder in sein sonnengebräuntes Gesicht. Im nahe gelegenen Freibad erklangen die Lautsprecher, und der Bademeister wünschte der Nationalmannschaft so laut und inbrünstig viel Glück für das heutige entscheidende Spiel, dass ich selbst auf die Entfernung jedes einzelne Wort verstehen konnte. Es schien, als ob das ganze Land wie gebannt auf den Abend wartete. Die Aufregung war überall zu spüren, in den Vorgärten, auf den Straßen, ja selbst in der Stimme des Radiomoderators, der soeben verkündete, dass dieser Tag ein ganz besonderer werden würde, einer, der in die Geschichte eingehen wird.

Als unsere Freunde nach und nach eintrudelten, die Würstchen auf dem Grill lagen und der Fernseher angeschaltet war, spürte ich, dass Mio ein wenig unruhig wurde. So viel Trubel hatte er bisher noch nicht erlebt, und so nahm ich ihn mit ins Schlafzimmer, um ihn dort hinzulegen. Vor dem großen Spiegelschrank blieb ich stehen, um uns beide zu betrachten. Was für ein kleines süßes Kerlchen er doch war mit seinen braunen Haaren und der winzigen Stupsnase. »Das bist du, mein Schatz«, flüsterte ich und trat noch ein wenig näher an den Spiegel heran. Mio zwinkerte mit den Augen und schaute müde seinem Spiegelbild entgegen, ohne zu ahnen, dass er es war, den er dort erblickte. Seine Augenlider wurden sichtlich schwerer, und ich spürte, dass er bald einschlafen würde. So blieb ich noch einen Moment stehen und blickte uns weiterhin an. Mio sieht mir wirklich ähnlich, stellte ich fest, als ich von ihm aufsah und mich selbst im Spiegelbild betrachtete. Dunkle Haare, dieselbe Nase, ganz ähnliche Wangen ...

Plötzlich fiel mir auf, wie lange ich mich selbst nicht mehr richtig angeschaut hatte. Die Tage nach der Geburt des Babys, mit Milcheinschuss und Hormonwirrwarr und den beiden großen Kindern, hatten dafür wenig Zeit gelassen. Meine Haare sahen etwas zerzaust aus, und unter meinen Augen zeichneten sich blaue Ringe ab. Das Gesicht wirkte eingefallen. Ich versuchte vorsichtig die Stoffwindel, die ich vorhin über meine Schulter gelegt hatte, herunterzunehmen, ohne Mio beim Einschlafen zu stören.

Aus dem Wohnzimmer erklangen die Nationalhymne und aufgeregtes Stimmengewirr. Mit einem leichten Ruck löste sich endlich die Windel, die sich im Knopfloch meiner Stillbluse verfangen hatte. Auf einmal zuckte ich zusammen, als ich beim Wegziehen des Stoffs eine Stelle am Hals berührte, die sich seltsam anfühlte. Ich trat näher zur Lampe, um mich im Spiegel besser sehen zu können – und erschrak. Unterhalb meines linken Ohrs zeichnete sich eine deutliche Wölbung ab. Irritiert drehte ich mich nach links und nach rechts. Vielleicht handelte es sich dabei ja nur um einen Schatten? Das Licht änderte sich, doch der seltsame Knoten blieb. Mein Herz begann schneller zu schlagen. Was war das? Warum hatte ich es bisher nicht bemerkt? Ich drückte mit meiner freien Hand vorsichtig darauf herum. Es tat nicht weh. Immerhin!, dachte ich hoffnungsvoll. Vielleicht spielen meine Hormone gerade nur verrückt, und ich bilde mir das alles nur ein, versuchte ich mich zu beruhigen. Ich spürte meinen Puls an meinen Handgelenken, der Boden unter meinen Füßen begann zu schwanken.

»Mamaaa!«, rief aufgeregt Lukas, der zur Feier des Tages länger wach bleiben durfte und gemeinsam mit unseren Gästen im Wohnzimmer auf mich wartete.

»Mama, komm endlich! Das Finale beginnt!«

*

Später in dieser Nacht. Noch immer hupten vereinzelt vorbeifahrende Autos. Scheinwerferlicht fiel durch die geöffneten Fenster und erleuchtete für einen kurzen Moment das Wohnzimmer, sodass ich die Uhrzeit lesen konnte. Fast vier! Ich seufzte und wälzte mich abermals auf dem Sofa umher. Im Schlafzimmer im Bett neben dem Spiegel hatte ich es nicht ausgehalten. Es war, als würde der Schock, den ich dort vorhin erlebt hatte, noch in allen Ecken des Raums lauern und nur darauf warten, mich erneut zu überfallen. Also war ich mit Mio auf das Sofa ins Wohnzimmer umgezogen, wartete aber auch hier vergeblich auf mehr innere Ruhe und Schlaf.

Die Freunde waren längst gegangen und die Wohnung wieder leer nach dem allgemeinen Freudentaumel.

Ich hatte mich bemüht, all meine Konzentration auf

das Fußballspiel zu lenken, wollte ebenso mitfiebern wie alle anderen. Was allein zählte, war ein Sieg, andere Gedanken bekamen die rote Karte. Ein hartes Match, dem ich nur standhielt, solange vollste Ablenkung gegeben war. Als Mio zwischenzeitlich wach geworden war und ich ins Schlafzimmer ging, um ihn zu stillen, traf mich die Stille wie ein Schlag. Der Spiegel lauerte verräterisch, wartete nur darauf, mir mein Spiegelbild erneut zu präsentieren. Ich ging seitlich an ihm vorbei, um nicht hinsehen zu müssen, und kuschelte mich zu Mio ins Bett. Angestrengt versuchte ich, positive Energie zu erzwingen, denn ich wollte nicht zulassen, dass die quälende, sich anschleichende Angst Besitz von mir ergriff und die Muttermilch tränkte. Um ruhig zu bleiben, sprach ich mit Mio. Erzählte ihm von dem spannenden Spiel und dass er ein Weltmeisterbaby werden würde, wenn es weiterhin so gut für die Deutschen lief. Dass er dann später sagen könnte, in dem Sommer geboren worden zu sein, in dem Deutschland den Weltmeistertitel gewonnen hatte. »Wenn das kein perfekter Sommer ist, um auf die Welt zu kommen, mein Kleiner.« *Ein perfekter Sommer.* Leise wiederholte ich die Worte. Wie hatte ich mich auf diesen Sommer gefreut! Die Geburt von Mio, die WM, Gartenfeste, Sonne, ganz viel gemeinsame Zeit. Da war weit und breit kein Knoten eingerechnet, in diesem perfekt geplanten Glück.

Halb fünf! Die Uhr tickte und tickte, und doch ging sie nicht vorbei, diese Nacht, die so unendlich schien. Meine Hand wanderte an meinen Hals. Widerstrebend. Da war er! Immer noch. Hart und unbeweglich. Nicht wegzudenken, obwohl ich mich doch so bemühte. Seit Stunden raste mein Herz im Wettlauf mit panischen Gedanken, hin und wieder kurz gestoppt von Momenten, in denen ich mir einredete, dass doch alles in Ordnung ist und ich mich unnötig sorge.

Die naive Hoffnung, dass ich mir dieses unheimliche Ding nur eingebildet hatte, wurde das erste Mal jedoch schon zerstört, als ich beim Fußballschauen eine Freundin anstupste und sie möglichst beiläufig fragte: »Sag mal, Katha, siehst du da zufällig einen kleinen Knoten an meinem Hals?« Ich hielt die Luft an und verkrampfte mich, während ich auf ihre Antwort wartete. Sie war niederschmetternd: »Oh, krass, ja! Was ist das denn? Das ist ja heftig! Kommt das noch von der Geburt?« Um Kathas Feststellung zu ertragen, sagte ich: »Stimmt, das könnte sein. Vielleicht hat das was mit der Hormonumstellung oder so zu tun ...«

An diesen Gedanken hielt ich mich fest. Ich nahm mein Handy und googelte nach hormonbedingten Knotenbildungen, während in Brasilien die reguläre Spielzeit endete, das Finale in die Verlängerung ging und die Stimmung im Wohnzimmer kochte. Ich war gewillt, jede positive Erklärung, und sei sie noch so absurd, zu akzeptieren, doch ich fand keine, die mich beruhigte. So redete ich mir ein, dass einzig die Lautstärke um mich herum und meine Nervosität der Grund dafür seien, auf die Schnelle keine eindeutige Entwarnung im Internet gefunden zu haben.

Ich blickte in die Runde. Lauter erhitzte Gesichter, gebannt auf den Fernseher starrend. Mitfiebernd. Lukas hatte nicht durchgehalten und war eingeschlafen. Nun schlummerte er friedlich auf einer Decke neben dem Sofa und wachte nicht einmal auf, als Mario Götze in der 112. Minute die Nationalelf zum Weltmeister machte und gefühlt ganz Deutschland erlöste. Seine große Schwester hingegen war hellwach. Es war schön, die oft ruhige und sehr pflichtbewusste Milena so ausgelassen zu erleben. Angestrengt versuchte ich, mich von der überschwänglichen Begeisterung im Raum anstecken zu lassen. Doch sosehr ich mich bemühte, ja schier darum kämpfte, war Erleichterung auch nach dem Abpfiff das letzte Gefühl, wozu ich imstande war.

*

Grelles Sonnenlicht fiel auf das Sofa, auf dem ich noch immer mit meinem Baby im Arm lag. Ich rieb mir die Augen. Irgendwann früh am Morgen musste ich doch noch eingeschlafen sein. Ich sah Mio an. Er strampelte mit seinen kleinen Beinchen und schaute mit munteren Äuglein umher. Er schien schon länger wach zu sein. Im Halbschlaf musste ich lächeln, als er fasziniert seine eigenen Hände betrachtete. Dieses Staunen über die Welt ... zauberhafte erste Zeit!, dachte ich verschwommen, während ich noch einmal wegdöste, wie betäubt von einer unfassbaren Müdigkeit. Doch plötzlich bohrte sich ein einzelner Gedanke in mein Bewusstsein und riss mich mit einem Schlag heraus aus dem verträumten Frieden. Panisch fasste ich mir an meinen Hals. Lass es ein Albtraum gewesen sein! Lass es nicht wahr sein! Lass es ... Ich drückte mit aller Kraft darauf herum. Geh weg! Sei nicht da! Tränen schossen mir in die Augen. Verzweifelt versuchte ich mich zu wehren gegen die Realität.

Es war nicht möglich. Es war kein Traum.

*

»Kleines Senfkorn Hoffnung, mir umsonst geschenkt,
    werde ich dich pflanzen, dass du weiter wächst,
    dass du wirst zum Baume, der uns Schatten wirft,
    Früchte trägt für alle, alle, die in Ängsten sind.«
Lukas tapste in seinem Fußball-Schlafanzug gut gelaunt aus dem Kinderzimmer. In der linken Hand seinen neuen CD-

Player, in der rechten das kleine Mikrofon, in das er aus voller Kehle das Lied von der Kinderkirchenlieder-CD sang, die er zu seinem zweiten Geburtstag von einer älteren Dame aus dem Nachbarhaus geschenkt bekommen hatte. Sie war der Meinung gewesen, ein bisschen frommen Einfluss würde den Kindern dieser jungen Studentenfamilie bestimmt nicht schaden, und hatte Daniel die CD in die Hand gedrückt, als er von einer morgendlichen Joggingrunde zurückgekommen und an ihrem Haus vorbeigelaufen war. Wider Erwarten war Lukas total begeistert von der eher biederen Musik und sang nun seit drei Monaten und inzwischen sehr textsicher die Kirchenlieder rauf und runter. War ich in den letzten Wochen meiner Schwangerschaft zunehmend genervt von der christlichen Dauerbeschallung, nahm ich an diesem Morgen des kleinen Senfkorns Hoffnung dankbar als eine Art Prophezeiung wahr. Ich versuchte, die sich aufgebaute innere Panik durch lautes Singen aus meinem Körper herauszukatapultieren. Lukas freute sich über die unerwartete musikalische Unterstützung, hüpfte vergnügt zu mir aufs Sofa und kuschelte sich auf meinen Schoß. »Mein Großer«, flüsterte ich, was sich ein wenig seltsam für mich anhörte, war er doch bis vor Kurzem noch der Kleinste unserer Familie gewesen. Noch letzten Sommer war er es, den ich gestillt hatte, nachdem er sich bis weit nach seinem ersten Geburtstag vehement gegen das Abstillen gewehrt hatte. Ich hatte die schöne Stillbeziehung und die innige Babyzeit mit ihm sehr genossen. Als er noch nicht laufen konnte, nahm ich ihn im Tragetuch mit zu den Vorlesungen in die Uni, und so waren wir die erste Zeit immer beisammen gewesen. Während Mios Schwangerschaft begann Lukas' Eingewöhnung in der Krabbelgruppe, mit der wir uns beide anfangs schwertaten. Wir waren schlichtweg nicht gewohnt, auch nur kurz voneinander getrennt zu sein.

Auch wenn er als großer Bruder bisher keinerlei Eifersucht gezeigt hatte, spürte ich, wie sehr er gerade den Moment mit mir genoss. Ich drückte ihn fest an mich und gab ihm einen Kuss auf seinen blonden Haarschopf.

Milena rief aus dem Kinderzimmer: »Wann kommt Svenja?« Oh! Die hatte ich ganz vergessen. Mein Blick fiel auf die Uhr, fast halb neun. Durch das späte Zubettgehen am Vorabend hatten die Kinder ungewöhnlich lange geschlafen. Zum Glück hatte Milena heute erst zur dritten Stunde Unterricht und freute sich riesig, bei dem Besuch der Hebamme dabei sein zu können.

Gerade als Svenja mit ihrem großen Hebammenkoffer unsere Wohnung betrat, wachte Mio auf und begann zu weinen. »Perfekt!«, sagte Svenja mit ihrer tiefen, etwas rauchigen Stimme, »das nutzen wir jetzt, um den kleinen Mann zu wiegen.« Ihre halblangen braunen Haare hatte sie sich zu einem winzigen Zöpfchen zusammengebunden. Ihr rundes, freundliches Gesicht, das stets warme Lächeln und ihr etwas pummeliges, aber durch und durch positives Erscheinungsbild machten es einem nicht schwer, sie gernzuhaben und sich ihr anzuvertrauen. Milena und Lukas durften ihr helfen, Mio auszuziehen und auf die Babywaage zu legen, die sie auf die Wickelkommode im Schlafzimmer stellte. »3600 Kilo«, las Milena konzentriert auf dem Anzeigefeld der Waage. »Ha! Das wär ein bisschen viel. Machen wir Gramm daraus.« Svenja lachte und trug die Daten in Mios Heftchen ein. »Zugenommen, super! Er scheint ordentlich zu trinken! Gut gemacht, ihr beiden!« Sie lächelte mich an und übergab mir mein lautstark nach seiner Milch schreiendes Baby.

Nachdem ich Milena ihren Schulranzen angeschnallt hatte und sie sich in ihrem hübschen neuen Blumenkleid gut gelaunt auf den kurzen Weg zur gegenüberliegenden Grundschule gemacht hatte, ging ich ins Wohnzimmer, um Mio anzuziehen und stillen zu können. Lukas wollte Svenja noch kurz seinen CD-Player im Kinderzimmer zeigen, bevor er sich von mir verabschiedete und zu seinem Papa auf den Arm sprang. Daniel hatte den Morgen genutzt, um unseren kaputten Fahrradanhänger wieder auf Vordermann zu bringen, und wollte Lukas nun zur Krabbelgruppe fahren. »Komm, ich zeige dir, wie gemütlich der Anhänger ist, Luki!«, sagte er und stupste Lukas' Nase an. Auf dem Arm seines ein Meter neunzig großen Vaters sah Lukas noch immer so klein aus. »Radeln! Radeln!«, rief er begeistert, und die beiden machten sich auf den Weg nach draußen. »Danke fürs Hinbringen!«, rief ich Daniel nach. Heute Morgen hatten wir kaum ein Wort miteinander geredet. Nachdem er müde aus dem Schlafzimmer gekommen war, hatte er Lukas erst einmal ausführlich von den letzten Spielminuten des Finales berichtet und war dann duschen gegangen. Im Trubel der Siegeseuphorie hatte ich auch gestern Abend keinen passenden Moment gefunden, in Ruhe mit ihm zu sprechen.

Ich atmete tief durch, als die Tür ins Schloss fiel. Svenja blickte mich besorgt an und sagte: »Es ist schon anstrengend jetzt mit dreien, ne? Du siehst geschafft aus, Vera. Ist alles okay?« Ich hatte mich auf diesen Moment vorbereitet, doch während ich ihr von der Entdeckung des Knotens erzählte, begann mein Herz wie wild zu rasen. Als ich ihr meinen Hals zeigte, schnürte sich dieser zu, irgendwo unterhalb des Knotens wurde es so eng, dass ich kaum atmen konnte. Meine Stimme versagte. Ich starrte, während ich auf Svenjas Reaktion wartete, angespannt auf die weiße Wand hinter dem Sofa. Ich hatte Angst, dass mich der Anblick ihres besorgt dreinblickenden Gesichts nur noch mehr in Panik versetzen könnte.

Doch sie legte ihre Hand auf meine Schulter und sagte unbeeindruckt: »Ach Vera, keine Sorge, das wird schon nichts sein. Das ist bestimmt nur eine kleine Zyste, die sich aufgrund der Hormone gebildet hat, aber bestimmt bald wieder von alleine verschwindet.«

Perplex sah ich sie an. »Echt? Glaubst du?«, fragte ich ungläubig.

»Du, klar, das war und ist ja auch alles viel für deinen Körper. Schwangerschaft, Geburt, kurz zuvor noch Lukas gestillt ... wieder Milcheinschuss ... das ist eine wahnsinnige Hormonachterbahn.«

Dankbar sog ich die Worte auf und wiederholte sie still, immer und immer wieder, um auch mein zweifelndes Unterbewusstsein zu überzeugen. Es sind einfach die Hormone! Das hatte Katha gestern doch auch gesagt!

Ich studierte Svenjas Blick, um zu überprüfen, ob sie tatsächlich nicht alarmiert wirkte. Aber sie lachte völlig unbekümmert und stupste Mios Füßchen an, weil ihr die kleinen Socken so gefielen, die ihm seine Uroma gestrickt hatte.

Da die Hebamme, die mich nach Milenas und Lukas' Geburt betreut hatte und inzwischen eine gute Freundin von mir geworden war, diesen Sommer leider verreist war, hatte ich eine Vertretung gesucht und kurz vor Mios Geburt Svenja gefunden. Ich kannte sie also noch nicht lange und erklärte mir damit, dass es mir auf die Schnelle nicht recht gelingen wollte, ihren Worten vollkommen zu vertrauen. Immer wieder blickte ich zu ihr, von einer inneren Unruhe getrieben, um weitere Bestätigung ihrer Worte in ihrem Verhalten zu finden. Sie schien tatsächlich unbesorgt zu sein. Gerade stellte sie fest, dass sie eigentlich keine Hausbesuche mehr bei uns machen müsse. Mio würde gut trinken und ich sei mit meinen drei Kindern nun ja eh ein »Vollprofi«. Ich solle mich die nächsten Tage einfach noch ein wenig ausruhen und mein Wochenbett genießen.

Ein warmer Schauer durchströmte mich. Was für eine schöne Vorstellung, mit Mio kuschelnd viel Zeit auf dem Sofa zu verbringen und alle bösen Gedanken und Befürchtungen hinter mir zu lassen. Obwohl noch nicht einmal vierundzwanzig Stunden vergangen waren, seit ich den Knoten entdeckt hatte, kam mir dieses friedliche Szenario unglaublich weit weg vor.

Svenja umarmte mich, sagte, die Nachsorge in unserer netten Familie hätte ihr großen Spaß gemacht. Fröhlich einen Ohrwurm von Lukas' Lieder-CD trällernd verließ sie die Wohnung. Ich winkte ihr nach und holte tief Luft. Vielleicht hatte ich ja wirklich überreagiert und mich zu Unrecht verrückt gemacht.

Noch einmal atmete ich tief ein. Meine Atmung schien sich nicht recht zu beruhigen. Ich versuchte zu summen, doch die Stimme brach ab. Das kleine Senfkorn Hoffnung erstickte in meinem Hals.

*

Lukas kletterte aufgeregt in den vorderen Sitz des nigelnagelneuen Geschwisterwagens. Seit Wochen hatte er darauf gewartet, das erste Mal darin fahren zu dürfen. Wir hatten ihm erklärt, dass wir den Wagen erst einweihen würden, wenn das Baby da wäre, was die Vorfreude auf die Geburt seines kleinen Bruders immens gesteigert hatte.

Ich befestigte die Tragetasche auf dem mir zugewandten Platz und klappte das Dach auf, um Mio vor der grell scheinenden Sonne zu schützen. Als ich mich aufrichtete, schoss ein stechender Schmerz durch meinen Rücken. Ich kreiste vorsichtig den Kopf. Bis hoch ins Genick zog sich die Verspannung und erzeugte einen unangenehmen Schmerz. Seit Sonntagabend hatte ich ausschließlich auf dem Sofa geschlafen, um den Gang ins Schlafzimmer zu vermeiden. Auch wenn dies bereits nach der ersten Nacht heftige Verspannungen zur Folge hatte, fühlte ich mich noch nicht gewachsen, dem Spiegel, der mir einen solchen Schrecken eingejagt hatte, gegenüberzutreten. Daher verzichtete ich auch in der zweiten Nacht lieber auf mein bequemes Bett.

»Losfahren, losfahren!« Lukas trommelte ungeduldig gegen den Bügel seines Sitzes.

Das Fenster im ersten Stock öffnete sich. Tabea, unsere redselige Mitbewohnerin, die Lehramt studierte und mit ihrem dreijährigen Sohn die Zweizimmerwohnung neben uns bewohnte, winkte zu uns herunter. Mit ihren zierlichen Armen fuchtelte sie fröhlich in unsere Richtung. Sie schien sich sehr zu freuen, uns zu sehen. »Mensch, ihr habt aber ein schickes Gefährt! Das sieht ja gemütlich aus! Lukas, bist du der Kapitän?«

»Genau, und das ist unsere erste Fahrt!«, rief Lukas, sichtlich angetan von der Käpt'n-Idee. Sofort begann er lautstark, eine Schiffshupe zu imitieren. »Wir fahren übers Meer zur Krabbelgruppe, und der Mio liegt in der Kajüte.«

»Ach, wie schön, euch so zu sehen, Vera!« Tabea lächelte mich an. »Endlich ist der kleine Mann da, und du hast deine drei Schäfchen zusammen ...«

»Uuuund Deutschland ist Weltmeister«, unterbrach Lukas sie freudig.

»Ha, stimmt! Oleee oleee ...! Was will man mehr?«

Ihre fröhliche Art, die ich sonst so an ihr schätzte, stieß mir heute seltsam auf. Ich konnte mir selbst nicht erklären, woran es lag, aber irgendwie fühlte ich mich nicht wohl und spürte, dass ich ungewöhnlich wortkarg ihr gegenüber war. Ich verabschiedete mich schnell und schob meine Kinder gedankenverloren aus dem Garten und die Straße entlang. Warum überforderte mich Tabeas Fröhlichkeit, ihre nette Art zu sprechen? Oder war es die unterschwellige Erwartung, dass es mir gut zu gehen habe, die mir negativ aufstieß? Zusammen mit meiner anhaltenden inneren Unruhe, die konfus mein Unterbewusstsein belagerte, ergab das einen seltsamen Gefühlsbrei, der schwer und dickflüssig auf mein sonst so überaus helles Gemüt zu drücken schien. Ich seufzte tief. Nachdem die Hebamme gestern gegangen war, wollte ich ihren Worten Glauben schenken, aber schon wenige Minuten später begann erneut das Rattern und Zermartern. Was, wenn sie sich doch getäuscht hatte? Was, wenn es doch was Schlimmes ist? Was, wenn ich es versäume, mich rechtzeitig behandeln zu lassen? Wieder und wieder begleiteten mich diese Fragen durch den Tag und die – schlaflose – Nacht. Nein, sie begleiteten mich nicht, sie verfolgten mich. Jagten mich. Dazu eine quälende Müdigkeit, die sich ganz anders anfühlte als die rosarot verträumte, frischgebackene Mama-Müdigkeit, die ich nach den anderen beiden Geburten erlebt hatte.

»Jetzt fahr'n wir übern See, übern See, übern See, jetzt fahr'n wir übern See ...« Lukas sang und wackelte begeistert in seinem Sitz hin und her.

»Vorsichtig, Luki!« Ich hatte Mühe, den großen Wagen gerade zu halten. Wo waren meine Kräfte geblieben?

Mio schlief unbeeindruckt weiter. Er schien sich in dem Wagen sichtlich genauso wohlzufühlen wie sein großer Bruder.

Oft hatte ich mir während der Schwangerschaft vorgestellt, wie schön es doch wäre, zwei Kleinkinder zu schieben, hatte mir ausgemalt, wohin uns die erste Fahrt mit dem neuen Kinderwagen führen würde. Zu Freunden, das Baby vorstellen? In den nahe gelegenen Wald, um gemütlich am Fluss entlangzuspazieren? Mit den Kindern zur Eisdiele um die Ecke?

Ich musste schlucken, riss mich aber zusammen, bis ich Lukas in der Krabbelgruppe abgegeben und die Glückwünsche der entzückten Erzieherinnen entgegengenommen hatte.

»Wie toll, dass alles gut gegangen ist, Frau Käflein!«

»Ist das ein süßer Spatz!!«

»Welch ein riesengroßes Glück!«

»Bis später, mein Schatz, ich muss jetzt leider weiter«, sagte ich zu Lukas, um der Situation zu entfliehen.

Draußen lehnte ich mich gegen eine Laterne. Mir war schwindlig, meine frische Kaiserschnittnarbe pochte, und ich war schweißüberströmt.

Ich spürte Angst und Widerwillen. Gleichzeitig wusste ich, dass kein Weg daran vorbeiführen würde. Langsam ging ich weiter, dankbar, mich an den Griffen des Kinderwagens stützen zu können. Schleppte mich vorbei an schwarz-rot-gold geschmückten Gärten und gut gelaunten Passanten, die sich lautstark über die Ankunft der Nationalmannschaft unterhielten, die wohl gleich im Fernsehen übertragen werden sollte. Scheinbar gab es kaum ein anderes Thema in diesen Tagen. Das Land im einheitlichen Freudentaumel, nur ich schien abseitszustehen, isoliert, in unverstandene Sorgen gehüllt. Zögernd bog ich in die Hofeinfahrt des Ärztehauses ein und erreichte mit klopfendem Herz und zittrigen Beinen das unwürdige Ziel unserer lang herbeigesehnten Jungfernfahrt.

*

»Frau Käflein, atmen Sie erst einmal durch! Sie sind ja völlig durcheinander!«, unterbrach mich meine Hausärztin nach wenigen Worten kopfschüttelnd. »Das ist eine kleine Schwellung, kein Weltuntergang! Beruhigen Sie sich erst mal!«

Ihre Worte klangen barsch und fast ein wenig ungeduldig.

Irritiert sah ich sie an. Über eine Stunde lang hatte ich mit Mio im überfüllten, stickigen Wartezimmer gewartet und mich darauf vorzubereiten versucht, wie meine Ärztin auf den Knoten reagieren würde. Wollte gewappnet sein, in erschrockene Augen blicken und Worte hören zu müssen, die meine Angst bestätigen würden. War dann wie gelähmt in ihr Behandlungszimmer gewankt und hatte direkt angefangen zu erzählen, um den Moment hinter mich zu bringen. So unerwartet und schroff in meinem Redefluss unterbrochen worden zu sein, brachte mich nun völlig aus dem Konzept.

»Aber ... also ... ich hatte gedacht, ich komme lieber vorbei, weil ich mir nicht sicher bin, ob die Hebamme richtig eingeschätzt hat, dass das was Harmloses ist«, stammelte ich und bemerkte zugleich, wie falsch sich die Situation für mich anfühlte. Begann ich mich gerade ernsthaft dafür zu rechtfertigen, dass ich auf mein ungutes Bauchgefühl gehört und einen Termin bei meiner Hausärztin vereinbart hatte?

»Ich bin da ganz bei Ihrer Hebamme, Frau Käflein. Das wird eine Zyste sein. Warten wir mal bis Herbst ab. Wenn sie sich dann nicht von allein zurückgebildet hat, kann man immer noch überlegen, sie eventuell operativ zu entfernen, was aber kein großer Eingriff sein wird. Sie brauchen sich also keinerlei Sorgen zu machen und sollten mal zur Ruhe kommen. Sie wirken auf mich sehr angespannt und ... vielleicht etwas überfordert mit Ihrer Situation? Drei kleine Kinder, nebenher das Studium, und dazu noch in Ihrem Alter ...« Sie musterte mich von oben nach unten und fuhr fort: »Ich denke, Sie haben eine leichte Wochenbettdepression und steigern sich daher ein wenig in diese Sache herein. Soll ich Ihnen was für die Psyche aufschreiben?« Ich starrte sie fassungslos an. »Das ist was Pflanzliches, das können Sie trotz des Stillens einnehmen«, fügte sie hinzu.

»Ich, ähm, also ich habe nicht das Gefühl, mit meinen Kindern überfordert zu sein …« Ich rang nach Worten. Die angestaute Angst mischte sich mit einer in mir aufsteigenden Wut, und ich spürte, wie ich zu zittern begann.

»Das glaubt man selbst ja immer erst dann, wenn es zu spät ist. Vielleicht kümmern Sie sich um ein bisschen Entlastung im Wochenbett, dann fühlen Sie sich bestimmt wieder ausgeglichener.«

Ich wollte etwas entgegnen, erklären, dass ich, wie sie doch eigentlich wissen müsse, niemand sei, der wegen jeder Kleinigkeit zum Arzt geht, und dass mir weder die Kinder zu anstrengend sind noch irgendeine hormonbedingte Depression mich bedrückt. Doch ich hätte ein sehr, sehr schlechtes Bauchgefühl und wolle diesem Gefühl nachgehen und ernst genommen werden. Vor lauter Verzweiflung und Unverständnis war aber mein Hals eng geworden, und meine Augen füllten sich mit Tränen. Meine Stimme versagte.

»Sehen Sie, Frau Käflein, wie emotional Sie sind. Alles sieht für Sie gerade grau und aussichtslos aus. Aber glauben Sie mir, das ist völlig normal bei einer Wochenbettdepression. Machen Sie sich keine Gedanken, das wird wieder.« Sie zog ihren Schreibtischstuhl zu sich heran, um sich zu setzen, notierte etwas in meinen Behandlungsbogen und stellte das Rezept für die pflanzlichen Stimmungsheber aus. Widerrede zwecklos. Sie schien sich ihr Bild gemacht zu haben und war zufrieden mit ihrer Diagnose. Selten hatte ich mich so missverstanden gefühlt. Angestrengt unterdrückte ich meine Tränen, um ihre Annahme, überfordert und labil zu sein, nicht noch mehr zu bestärken. Ich stand auf und schob den Wagen wortlos Richtung Tür.

»Melden Sie sich, wenn ich Ihnen eine Haushaltshilfe verschreiben soll, Frau Käflein. Kopf hoch!«, rief sie mir nach, während ich so schnell ich konnte mit Mio an den wartenden Patienten vorbeieilte. Ihre Blicke bohrten sich in meinen Rücken. Ach je, so eine junge, überforderte Mutter, verheult und fertig ... Ich konnte die Gedanken förmlich hören. Hastig zog ich die Tür hinter mir zu. Schweiß lief über meine Stirn und vermischte sich mit den Tränen. Mein Blickfeld verschwamm. Ein Gefühl von Einsamkeit und aufkommender Scham vertrieb abrupt die Wut, die mich in der Praxis überfallen hatte. Was war nur los mit mir? Warum misstraute ich einer erfahrenen Ärztin? Was für Gründe sollte sie denn haben, meine Angst als Hirngespinst darzustellen, wenn sie nicht tatsächlich überzeugt davon wäre, dass diese unberechtigt ist?

Selbstzweifel stiegen in mir auf, und ich hatte Mühe, einen sicheren Gang zu finden, als ich mit schlotternden Beinen den Kinderwagen aus der Hofeinfahrt hinausschob. Mein Bauchgefühl hatte mich bisher selten getäuscht, und ich konnte mich immer gut auf meine Intuition verlassen. Aber vielleicht sollte das dennoch kein Grund sein, professionellen Einschätzungen keinen Glauben zu schenken und der eigenen Angst derart viel Raum zu geben. Sowohl meine Hebamme als auch die Hausärztin waren sehr erfahren in ihren jeweiligen Berufen, die Wahrscheinlichkeit, dass sie beide mit ihren Einschätzungen falschlagen, war doch so gering – warum versuchte ich mich nicht endlich zu entspannen und den professionellen Meinungen zu vertrauen? Beide waren sich sicher, dass alles in Ordnung ist. Was wollte ich mehr?

»Ach Mio«, seufzte ich, »warum macht sich's deine Mama gerade so schwer, hm? Vielleicht ist ja wirklich alles ... gut.« Der Gedanke war so ungemein befreiend und wohltuend. Immer wieder murmelte ich vor mich hin: »Alles ist gut ... alles ist gut ...« Ich sprach etwas lauter, damit ich meine eigenen Worte, trotz Straßenverkehr, deutlich hören konnte. Fast schrie ich. Auf der gegenüberliegenden Straßenseite sah eine ältere Dame kopfschüttelnd zu mir herüber. Es war mir egal. Ich brüllte aus voller Kehle: »Alles ist guuut!« So laut ich auch rief, weiter als in meine Ohren und meinen Kopf vermochte der Klang der Worte nicht zu schallen. Mein Bauch blieb taub. Doch waren mein Wunsch nach Erleichterung und das Misstrauen in meine eigenen Fähigkeiten jetzt so groß geworden, dass es mir tatsächlich gelang, dies zu ignorieren.

*

Drei Tage gelang es mir ganz gut, in diesem zurechtgerückten Kartenhaus namens Zuversicht zu leben. Ich vermied es, weiter über den Knoten nachzudenken. Daniel hatte ich nur kurz von der Ärztin erzählt, und ohne groß darüber zu reden, beschlossen wir wohl beide, dass es am einfachsten war, sich nicht mehr über die Art und Weise zu ärgern, wie sie mir ihre Meinung übermittelt hatte, und ihren Worten Glauben zu schenken. Auch wenn es irgendwo tief drin noch rumorte, wollte ich weder ihn noch mich länger mit den quälenden Fragen der letzten Tage belasten. Viel hatten wir ohnehin nicht über das Thema gesprochen. Vor den Kindern wollte ich nicht über meine Sorgen reden, und abends gingen wir meist unterschiedlich spät ins Bett und waren beide jeweils mit einem der Kinder beschäftigt, sodass es kaum Raum gab, sich in Ruhe auszutauschen. So waren wir beide dann froh, das Thema erst einmal ruhen zu lassen. Zumindest oberflächlich.

Größtenteils verbrachte ich die nächsten Tage im Gemeinschaftsgarten unseres Wohnheims. Milena und Lukas spielten mit den Nachbarskindern auf dem kleinen Spielplatz hinter dem Haus, Daniel werkelte an seinen Fahrrädern herum, was er in seiner Freizeit so gerne tat, und ich lag mit Mio im Schatten auf einer Decke, umgeben von befreundeten Mitbewohnern, die mich von früh bis spät unterhielten und mir so wenig Zeit zum Grübeln ließen. Ich liebte unser Haus. Ein buntes Durcheinander von über zwanzig Kindern und ihren studentischen Eltern, die hier auf einem schönen Fleckchen Erde vom Studentenwerk bezahlbaren Wohnraum gestellt bekommen hatten. Mit einem großen Garten mitten in der Stadt, was in Freiburg einem Jackpot gleichkam. Hier konnte man sein, wie man war. Abgesehen davon, dass alle Mitbewohner studierten und mindestens ein Kind hatten, machten die Umgebung und die Unterstützung aller ein sehr zufriedenes Zusammenleben möglich. Oft grillten wir abends oder kochten in einer der sechzehn Wohnungen, um dann gemeinsam im Garten zu essen. Wir nannten ihn liebevoll »unser kleines Bullerbü«. Wohin das Auge reichte, Gänseblümchen, Hängematten, Dreiräder und Kinderlachen. Ein Örtchen voller Glück und Frieden, scheinbar abgeschirmt von allem Bösen.

Im Garten war ständig was los. Wann immer man jemanden zum Reden brauchte oder sich wünschte, gemeinsam in der Sonne zu sitzen, musste man nicht lange suchen. Wollte man seine Ruhe haben und für sich sein, konnte man sich jederzeit in seine eigenen vier Wände zurückziehen. Doch das wollte ich in diesen Tagen partout nicht, und so sog ich dankbar von früh bis spät jede mögliche Ablenkung auf.

Fips, ein etwas durchgeknallter VWL-Student Anfang dreißig, der gebürtig aus Bayern kam und der mit seiner Freundin und seinen drei Kindern ein Stockwerk unter uns wohnte, hatte sich ein Banjo gekauft, um seine Band mit einem weiteren Musikinstrument zu bereichern. Seither übte er am liebsten im Garten in unserer Gesellschaft.

Einige Wochen vor Mios Geburt hatte ich im Kino einen tollen Film über einen Bluegrass-Sänger gesehen, der sich in eine Frau verliebt und mit ihr ungeplant ein Kind bekommt. Sie führten ein wunderbares Leben – bis das Kind plötzlich an Leukämie erkrankte und am Ende starb. Ich war völlig ahnungslos ins Kino gegangen, hatte neben dem Titel *The Broken Circle* zuvor nur die Worte »Liebesgeschichte« und »Musikerpärchen« aufgeschnappt und mich auf einen romantischen Film gefreut. Nachdem mich der Anfang mit den sympathischen Darstellern, der tollen Musik und der friedlichen Stimmung sofort in den Bann gezogen hatte, wurde ich wenig später jäh aus meiner wohligen Träumerei herausgerissen. Man sah die süße kleine Tochter glücklich über eine Wiese laufen und hörte die Stimme der Hauptdarstellerin aus dem Off: »Unser Glück war vollkommen. Das Haus, der Garten, die Kleine, unser Leben. Irgendwann wachte ich auf und ahnte plötzlich, es war zu perfekt, um wahr zu sein, so wird es nicht bleiben … Irgendetwas Schlimmes wird passieren.« Hatte ich erst lächelnd gelauscht und gedacht: Mensch, das passt ja. So geht's mir auch gerade, schönes Zuhause, tolle Kinder, happy …, fuhr mir ihr letzter Satz durch Mark und Bein. »So wird es nicht bleiben, irgendetwas Schlimmes wird passieren.« Die Worte bohrten sich schmerzhaft in mein Hirn. Ich wehrte mich gegen den Gedanken, dass es wie eine innere Stimme war, die ich gerade gehört hatte. Doch genauso hatte es sich in diesem Moment angefühlt, und das hatte mich erstarren lassen.

Ich verließ das Kino völlig ergriffen und kaufte mir noch am selben Tag den Soundtrack mit der wunderschönen Filmmusik. So traurig der Film auch war, so tröstend empfand ich die Musik. Sie hatte den Zuschauer durch den Film getragen und es immer wieder geschafft, ihm trotz der Dramatik ein wohliges und warmes Gefühl zu vermitteln.

Fasziniert von der Kraft der Musik, hörte ich den Soundtrack unentwegt. Der musikalische Fips hatte sich mein Lieblingslied »The Boy Who Wouldn't Hoe Corn« daraufhin zur Brust genommen, um es auf seinem Banjo einzustudieren. Täglich durfte ich seine musikalischen Fortschritte bewundern und freute mich jedes Mal, wenn ich schon die ersten Töne »meines Lieds« im Garten erklingen hörte.

Inzwischen hatte er sogar den Text gelernt und sang an diesem Mittag mit seiner schönen, kräftigen Stimme den kompletten Song für mich. Obgleich mich Musik schon immer schnell berühren konnte, war mir das, was mit mir an diesem Tag geschah, als Fips vor mir saß und das Lied spielte, noch nie zuvor passiert. Die Tränen schossen nur so aus meinen Augen. Als würde mit ihnen etwas den Weg nach draußen finden, das sich tief in mir drin festgesetzt hatte und gerade begann, sich aufzulösen. Neben der Freude weckte es in mir ein noch ungreifbares und undefinierbares Gefühl. Ich war gleichzeitig glücklich und traurig, angespannt und aufgelöst, ängstlich und hoffnungsvoll ... Und getragen von der Musik konnte in diesem Augenblick alles so sein, wie es war.

Es war wohl einer der ehrlichsten Momente in diesen Tagen.

*

Dass der erste Gang nach den friedlichen Gartentagen im Schutz unserer »Bullerbü-Glocke« abermals in eine Arztpraxis führte, missfiel mir zwar, doch handelte es sich glücklicherweise nur um die Routinenachsorge bei meiner Frauenärztin, die standardmäßig nach jeder Geburt ansteht. Alles »Normale« kam mir sehr gelegen, bestärkte es mein verunsichertes Unterbewusstsein darin, dass alles o.k. war und so lief wie vorgesehen. Außerdem freute ich mich, meiner Ärztin, die mich die gesamte Schwangerschaft betreut hatte, endlich Mio vorstellen zu dürfen. Ich zog ihm zu diesem Anlass einen besonders süßen Strampler an, den ich ihm in der Schwangerschaft gekauft hatte, damit auch er, als drittes Kind, wenigstens ein neues Kleidungsstück besaß neben all den von den größeren Geschwistern einst getragenen Sachen. So ein hübsches Baby, dachte ich, als ich ihn im Wartezimmer der Praxis aus dem Kinderwagen hob und auf den Arm nahm. Seine Augenbrauen waren dunkel und ganz fein gezeichnet. Seine Pausbäckchen und die Stupsnase sahen aus wie gemalt. Ein Schwall Mutterliebe schwappte über mich, und ich gab ihm ein Küsschen auf seinen kleinen weichen Kopf. Wie selten es diese Momente seit seiner Geburt gegeben hatte. Wie selten ich entspannt genug gewesen war, um einfach glücklich zu sein über meinen wunderbaren Sohn. Mein Hals zog sich zusammen, und ich drängte das sich anbahnende Gefühl schnell weg, indem ich Mio ins Ohr flüsterte, dass ich die unnötigen Sorgen der letzten Tage ab jetzt endgültig hinter mir lassen werde und mir von diesem Hirngespinst nicht länger die wertvolle Zeit mit ihm kaputtmachen lassen werde.

Mio quiekte kurz und schaute mich ruhig an mit seinen für einen Säugling ungewöhnlich dunklen Augen. Was für ein zufriedenes Kind.

»Hallo, da ist er ja endlich, der kleine Mann!« Frau Müller, die überaus herzliche Sprechstundenhilfe meiner Frauenärztin, kam freudestrahlend ins Wartezimmer gelaufen. Sie hatte telefoniert, als wir reingekommen waren, und konnte uns daher erst jetzt begrüßen. »Na, du bist ja ein süßer Kerl.« Sie strahlte, als sie Mios Wange streichelte. Ihre warme und positive Ausstrahlung hatte ich schon immer an ihr gemocht und freute mich stets darauf, kurz mit ihr zu plaudern, bevor mich die Ärztin zu sich ins Behandlungszimmer rief. Während sie weiterhin Mio anblickte, teilte sie mir mit, dass meine Ärztin heute leider verhindert sei und durch die Kollegin, Frau Dr. Schabsky, vertreten werde, die mit ihr in der Praxis arbeite. Schade, dachte ich, mehr aber auch nicht. Die Nachuntersuchung ging ja schnell und war keine große Sache.

Frau Müller nahm uns mit ins Behandlungszimmer und bereitete dort alles vor, während ich ihr von Mios Geburt erzählte und wie groß und schwer er gewesen sei. Sie ging zu den Fenstern, um die Rollläden hochzuziehen und kurz zu lüften. Die Sonne knallte seit den frühen Morgenstunden vom Himmel, und die Freiburger Thermometer zeigten deutlich über 30 Grad an. Es wurde hell im Raum, fast grell.

»Puh, Sonne pur!«, sagte Frau Müller und kam zurück. Kurz vor meinem Stuhl blieb sie plötzlich abrupt stehen und riss die Augen auf. »Frau Käflein, was haben Sie denn da?« Sie deutete auf meinen Hals.

»Hm, weiß auch nicht«, antwortete ich so gelassen wie möglich. »Das ist wohl eine Zyste, die vielleicht aufgrund der Hormonumstellung nach der Geburt gewachsen ist.« Mein Herz begann schneller zu schlagen.

»Wie bitte? Eine Zyste am Hals nach der Geburt? Wer sagt denn so was? Das hab ich ja noch nie gehört!« Frau Müllers sonst so fröhliche Art wich einer angestrengten Nachdenklichkeit. Ihre Stimme versagte sogar, sodass sie sich räuspern musste. »Also, ich möchte Ihnen jetzt keine Angst machen, aber das würde ich genauer nachschauen lassen.«

Ich versuchte etwas zu sagen. Wollte etwas entgegnen. Ihr zu verstehen geben, dass das gar nicht nötig sei, da ich schon zweifach hatte abklären lassen, dass alles in Ordnung sei. Doch Frau Müllers entsetzter Blick verschlug mir die Sprache, mein Herz raste nun, und ich spürte das Blut unangenehm deutlich durch meine Handgelenke fließen.

»Sprechen Sie das bitte gleich bei Frau Dr. Schapsky an.«

Ich war mir nicht sicher, ob es das grelle Sonnenlicht war, doch Frau Müller wirkte auf einmal deutlich blasser, als sie meine Hand nahm. Sie sah mich besorgt an und drückte kurz meine Hand, bevor sie den Raum verließ, um Frau Dr. Schapsky zu holen.

Bewegungslos saß ich auf meinem Stuhl und hörte den Puls in meinen Ohren pochen. Wummmm … wummm … wummmm. Wie eine Armee Elefanten, die auf mich zustürmte und das mühsam errichtete Kartenhaus zum Wackeln brachte.

»Frau Käflein, das hier ist Frau Schapsky, die wird sich jetzt um Sie kümmern.«

Frau Müller war zurückgekommen, im Schlepptau mit der Ärztin, die mich anlächelte und sehr natürlich und sympathisch auf mich wirkte. Immerhin. Ich reichte ihr meine zittrige Hand, stellte mich vor und erklärte, dass ich heute eigentlich nur meinen ganz normalen Nachsorgetermin hätte. Insgeheim hoffte ich, dass das Knotenthema vielleicht doch keinen Raum einnehmen würde. »Frau Müller meinte, ich solle Ihnen trotzdem noch diesen Hubbel an meinem Hals zeigen.« Ich deutete auf meinen Hals und erkannte am Blick der Ärztin, dass sie ihn bereits entdeckt hatte. Ihre Stirn lag in Falten, ernst schaute sie auf meine linke Halshälfte. Ich begann sofort in ihren Augen nach Hinweisen zu suchen, die dafürsprachen, dass sie bestimmt gleich Entwarnung geben würde. Doch je länger sie den Knoten musterte, desto größer wurde meine Angst. Die Angst, die ich nun tagelang unterdrückt und fast verbannt hatte. »Aber ich habe den Knoten bereits der Hebamme und meiner Hausärztin gezeigt, und die waren sich beide sicher, dass das was Harmloses ist und mit der hormonellen Umstellung nach der Geburt zusammenhängt«, erklärte ich weiter mit seltsam ruhiger Stimme.

Dr. Schapskys Blick löste sich von meinem Hals und sah mich irritiert an. »Wie bitte? Ihre Ärztin hat was gesagt? Und sie hat keine weiteren Untersuchungen veranlasst?« Obwohl ich sie nicht kannte, spürte ich, dass sie deutlich nervös war. »Also, Frau Käflein, es tut mir wirklich sehr leid, Ihnen das in Ihrer Situation sagen zu müssen«, ihr Blick fiel auf den schlafenden Mio, »aber ich befürchte, die beiden haben sich getäuscht. Das da an Ihrem Hals, das hat meiner Meinung nach nichts mit der Geburt zu tun. Das ist eine andere Baustelle.«

Eine andere Baustelle! Niemals werde ich diese drei Worte vergessen. Und den besorgten Blick, mit dem sie mich und mein kleines Baby mitfühlend ansah. Mio schnaufte ein wenig im Schlaf, ansonsten war es still im Raum. Nur von außen hörte man entfernt munteres Treiben aus der Fußgängerzone. Irgendwo bellte ein Hund, und aus dem Café gegenüber erklang fröhliche Musik. Vier Stockwerke weiter oben saß ich starr auf meinem Stuhl und blickte Dr. Schapsky an, die nach all den langen Tagen die Erste war, die mein ungutes Gefühl zu teilen schien. Die mich nicht nur ernst nahm, sondern ehrlich besorgt zu sein schien. Obwohl wir uns noch nie zuvor gesehen hatten, nahm ich eine tiefe Verbindung zwischen uns wahr. Ich spürte, dass ich dieser Ärztin vertrauen konnte. Der Moment war gekommen, in dem ich mir eingestehen musste, dass sich mein zum Schweigen verdonnertes Bauchgefühl vielleicht doch nicht getäuscht hatte.

*

Orientierungslos schob ich Mios Wagen durch die Reihen des Drogeriemarkts. Erst nach einer Weile bemerkte ich, dass ich gar nicht wusste, wonach ich suchte. Warum war ich überhaupt in diesen Laden gegangen?

Ich lehnte mich an ein Regal, in dem Make-up-Artikel angeboten wurden, und versuchte, ruhig ein- und auszuatmen. Ein Spiegel, der dort angebracht war, zeigte mir einen kleinen Ausschnitt meines Ichs. Schweißperlen standen auf meiner Stirn. Meine Augen waren rot unterlaufen und die Wimperntusche verschmiert. Meine Haut wirkte blass, und am Hals hatten sich rote Flecken gebildet, die hässlich auch auf dem Knoten prangten. Stressflecken! Ich wandte mich ab, um das verstörende Spiegelbild nicht weiter betrachten zu müssen. Ich war also wirklich hier. Mit banger Angst in den Augen und einem gefährlichen Knoten am Hals. Es war real. Der Spiegel hatte die bittere Wahrheit gezeigt.

Babygeschrei riss mich aus meinen Gedanken. Oh Gott, Mio, stimmt ja! Er muss ja längst Hunger haben! Plötzlich fiel mir auch wieder ein, warum ich hergekommen war. Im Untergeschoss der Drogerie gab es eine kleine Baby-Ecke, in der man einigermaßen ungestört stillen und wickeln konnte. Deswegen war ich hierhergelaufen, nachdem ich völlig wirr die Praxis verlassen hatte. »Tut mir leid, mein Kleiner, gleich bekommst du was zu trinken«, sagte ich zu ihm, während ich den Wagen schnell in Richtung Fahrstuhl schob. Ich versuchte, mit dem Knopf den Aufzug zu rufen, doch meine Hand zitterte so sehr, dass es mir erst beim zweiten Versuch gelang, fest genug zuzudrücken.

Mio schrie immer lauter. Sein kleines Köpfchen war dunkelrot angelaufen, und sein Gesicht bestand in seinem Unglück aus nichts weiter als aus Falten. Ich fühlte mich elendig. So weit war es gekommen. Vor lauter eigener Sorgen hatte ich tatsächlich versäumt, mein Kind rechtzeitig zu stillen. Als der Aufzug endlich seine Türen öffnete, hatte ich Mühe, zwischen all den Menschen Platz für den Wagen und mich zu finden. Aber noch länger konnte ich Mio wirklich nicht warten lassen.

Und auch ich selbst konnte es kaum ertragen, ihn so verzweifelt zu sehen. Die Aufzugtüren schlossen sich. Im viel zu überladenen Raum drückten fremde, verschwitzte Körper aneinander. Zwangsläufige, unfreiwillige Nähe. Mein Unwohlsein wuchs, ich atmete stoßweise aus, um wenigstens einen kleinen Luftzug zu spüren.

»Oh je, das arme Kindchen«, schnaufte eine ältere Dame missbilligend, die in der hinteren Ecke des Aufzugs stand. »Musst du mit der Mama auf Shoppingtour gehen? Das ist nicht schön für dich, gell?« Ich schluckte. Angestrengt starrte ich auf die aufleuchtenden Knöpfe und sehnte das »UG« herbei. Mio verstummte kurz, doch nur, um Luft zu holen und dann umso lauter weiterzubrüllen. Ich vernahm ein weiteres vorwurfsvolles Schnauben aus der hinteren Ecke, bevor sich die Türen endlich wieder öffneten. So schnell ich konnte floh ich aus der Enge des Fahrstuhls und der beklemmenden Situation.

Mio begann sofort gierig zu trinken, als ich mich erschöpft auf die Bank fallen gelassen und ihn angelegt hatte. Ich versuchte mich zu sammeln, doch es gelang mir kaum, einen klaren Gedanken zu fassen. Schritt für Schritt, Vera! Jetzt erst einmal Mio stillen! Beim Blick auf die große Wanduhr, die hinter dem Windelregal hing, fiel mir erschrocken ein, dass ich dringend zu Hause Bescheid geben musste, dass ich noch eine Weile unterwegs sein würde und Daniel Lukas von der Krabbelgruppe abholen müsste. Mit der freien Hand zog ich vorsichtig mein Handy aus der Wickeltasche, um Mio beim Trinken nicht zu stören. Einhändig tippte ich eine SMS: *Hey! Kannst du Lukas abholen? Schaffe es nicht rechtzeitig. Die Frauenärztin meint, ich soll noch schnell beim HNO-Arzt vorbei. Den Knoten anschauen lassen. Dauert bestimmt nicht lange, komme danach gleich heim. Beeile mich.* Ich drückte auf »Senden« und ließ das Handy zurück in die Wickeltasche fallen. »So, jetzt weiß der Papa Bescheid, dass es ein bisschen später wird bei uns«, sagte ich zu Mio und gab ihm einen Kuss auf sein warmes Köpfchen.

Mein Blick fiel auf einen rosafarbenen Zettel, der seitlich in der Wickeltasche steckte. Die Überweisung. Ich musste sie vorhin gedankenverloren dorthin getan haben, nachdem Dr. Schapsky mit der HNO-Praxis telefoniert hatte, um einen Notfalltermin für mich zu erfragen. Ich hatte mich geschwächt an den Tresen der Rezeption gelehnt und ihre Stimme nur verschwommen wahrgenommen. »Nächste Woche? Nein, das ist zu spät. Bitte gleich heute. Es geht um eine Raumforderung am Hals, die dringend abgeklärt werden sollte ... ja ... okay, ich schicke sie gleich rüber.«

Frau Müller war es, die mir daraufhin die Überweisung überreichte und mir erklärte, welche Tür im Nachbarhaus ich nehmen musste, um zur HNO-Praxis zu gelangen. Ich hatte es kaum geschafft, mich auf ihre Worte zu konzentrieren. Ich war mit Mio im Wagen hinausgegangen und hatte mich dann wohl entschieden, ihn nicht in einer Arztpraxis stillen zu wollen, und mich mehr oder weniger instinktiv auf den Weg zur Drogerie gemacht.

Mio trank besonders lang. Er schien wirklich großen Hunger gehabt zu haben. Vielleicht genoss er auch einfach die Nähe und dass wir einen Moment nur für uns hatten an diesem hektischen Tag. Als er satt war, wickelte ich ihn auf der Wickelkommode. Eine andere junge Mutter kam mit ihrem Baby vorbei und fragte entzückt, wie alt Mio sei. Wenngleich ich normalerweise keine Freundin davon war, mit fremden Müttern Baby-Small-Talk zu halten, tauchte ich dankbar in das Gespräch mit ihr ein und wollte gar nicht mehr aufhören, über Babywindeln, Geburtsgewichte und Muttermilch auf

Kleidungsstücken zu sprechen. Die oberflächliche Unterhaltung über diese harmlosen und normalen Gesprächsthemen tat gut. Ich wünschte mir, diese Themen könnten für mich ebenso den absoluten Lebensmittelpunkt darstellen wie für diese andere Mama, für die es gerade nur ihr Neugeborenes und den damit verbundenen Babykosmos gab. Wehmütig und ein wenig neidisch verabschiedete ich mich nach ein paar Minuten von den beiden und machte mich widerwillig auf den Weg Richtung Ausgang.

Vor der Kasse entdeckte ich ein Regal mit Süßigkeiten und entschied mich, eine Packung Gummibärchen für Lukas mitzunehmen. Wenn er heute schon so lang auf seine Mama warten musste ... Für Milena fischte ich ihre Lieblingskaugummis heraus und ging dann zur Kasse. Ich wusste, dass ich längst in der HNO-Praxis hätte sein sollen. War ich sonst ein überpünktlicher Mensch, gelang es mir heute einfach nicht, mich zu beeilen. Ich war verlangsamt, wie gelähmt von zähem Unwohlsein.

*

Dr. Greiner, ein freundlich wirkender Arzt in den Vierzigern, erwartete mich bereits, als ich die Praxis betrat. Statt eines weißen Kittels trug er ein hellblaues Polohemd, und auch seine modernen Sneakers verliehen ihm ein sportliches Äußeres. »Kommen Sie gleich mit, Frau Käflein«, begrüßte er mich und hielt mir die Tür seines Behandlungszimmers auf, damit ich Mio hineinschieben konnte. Aus den Augenwinkeln sah ich das überfüllte Wartezimmer. Mein Magen zog sich zusammen. Dass es in diesem Fall nichts Gutes zu bedeuten hatte, einen so kurzfristigen Termin bekommen zu haben und nicht einmal warten zu müssen, war mir klar.

Der Arzt bat mich, auf dem Behandlungsstuhl Platz zu nehmen. »Die Kollegin hat mir ja schon grob geschildert, um was es bei Ihnen geht. Schauen wir uns die Sache mal an.« Mit dem Ultraschallgerät fuhr er vorsichtig über meinen Hals. »Tut das weh?«, fragte er, als er an der Stelle angekommen war und den Knoten schallte.

»Nein, nein, zum Glück nicht«, antwortete ich. Damals war ich der Annahme, keine Schmerzen zu haben sei ein Indiz dafür, dass alles in Ordnung ist. Ich wollte Dr. Greiner sogar nachdrücklich veranschaulichen, überhaupt keine Schmerzen zu spüren, und drückte wie zur Bestätigung noch einmal mit meiner Hand gegen den Knoten. »Nichts!«, sagte ich lächelnd und sah ihn hoffnungsvoll an.

Erst viel später verstand ich, warum Dr. Greiner nicht mit der erwünschten Erleichterung reagierte. »Frau Käflein«, sagte er, »ich schreibe Ihnen jetzt eine Überweisung. Ich möchte, dass Sie sich noch heute in der Ambulanz des HNO-Krankenhauses vorstellen.« Ich starrte ihn an, und ein dumpfer Schmerz breitete sich in mir aus. »Wie? Krankenhaus? Nein, bitte nicht. Ich möchte nicht ins Krankenhaus!«, platzte es aus mir heraus.

»Das kann ich gut verstehen. Leider wird kein Weg daran vorbeiführen. Dieser Knoten muss genauer untersucht werden. Und wir sollten keine Zeit mehr verlieren.«

Verzweifelt suchte ich nach einer möglichen Wendung der Situation. Hatte er sich versprochen? Bestimmt würde er seine Worte gleich revidieren, ihre Dringlichkeit nach unten korrigieren. Angespannt sah ich ihn an.

»Soll ich Ihnen ein Taxi bestellen, das Sie in die Uniklinik bringt?«

Ich schluckte. Er meinte es ernst. Wo war mein Kartenhaus, in das ich mich verkriechen konnte? »Das geht nicht. Ich habe keinen Kindersitz dabei.« Meine Stimme klang seltsam hoch.

»Kann Ihr Partner Sie vielleicht abholen?«

Auf gar keinen Fall! Daniel hatte inzwischen Lukas abgeholt, und Milena war bestimmt auch schon von der Schule nach Hause gekommen. Unter keinen Umständen wollte ich, dass die drei da mit reingezogen wurden.

»Nein, ich mach das schnell alleine«, erwiderte ich. »Ich geh da mit Mio vorbei und lass das abklären. Ich möchte daheim keine unnötige Unruhe stiften.«

Dr. Greiner sah mich mit einem Blick an, den ich nicht recht deuten konnte, und wollte etwas entgegnen. Er schien nach den richtigen Worten zu suchen. Dann jedoch seufzte er nur und legte mir sachte seine Hand auf die Schulter. »Wenn Sie Hilfe brauchen, melden Sie sich bitte. Ich wünsche Ihnen von Herzen alles Gute.«

Sein ehrlich bekümmerter Ton gefiel mir nicht. Ich wollte wissen, warum er sich derart um mich zu sorgen schien. Wollte ihn fragen, was er konkret befürchtete. Doch sosehr ich versuchte, die Worte aus mir herauszupressen, es klappte nicht. Sie versiegten irgendwo auf dem Weg zum Mund. Und so verließ ich die Praxis mit einer Menge unausgesprochener Fragen in mir. Dieses Unkonkrete war es aber, was es schaffte, meinen Optimismus wieder neu zu nähren. So desperat wie er war, brauchte es nicht viel, um ihn zu füttern. Im Gegenteil. Die letzten Grashalme Hoffnung vermochten es, ihn mit einer Kraft und Schnelligkeit zu reaktivieren, die mich selbst überraschte.

»Es ist noch nichts entschieden, Mio! Da ist noch alles drin für uns. Zwei positive Meinungen und jetzt zwei nicht so positive, aber das heißt gar nichts. Wer sagt uns, dass es nicht die beiden letzten Ärzte sind, die sich täuschen? Es steht 2:2. Also, du siehst, es ist alles offen ...«

Den Weg von der HNO-Praxis quer durch die schwüle

Innenstadt zum Uniklinikum sprach ich in einem fort mit meinem schlafenden Baby. Schweiß lief an mir herunter, die Kaiserschnittnarbe schmerzte und pochte, doch ich lief immer schneller durch die hochsommerliche Nachmittagshitze. Ich rannte fast. Wollte so schnell wie möglich diesen letzten Termin hinter mich bringen, um endlich nach Hause zu kommen. Je schneller ich lief, je weiter ich mich von der Praxis entfernte, desto mehr schien ich mich von der Realität zu entfernen und in ein surreales Hoffnungskonstrukt einzutauchen. Im Nachhinein bin ich verblüfft darüber, wie gut es mir in meiner Verzweiflung selbst dann, als meine Angst endlich ernst genommen wurde, immer wieder gelang, meinem so klaren Bauchgefühl davonzulaufen.

2

Hungerloch

Mein ganzer Körper war verschwitzt, als ich nach vierzig Minuten Dauerlauf das Klinikgebäude erreichte. Mein kämpferischer Geist erlaubte mir jedoch keine Schwäche. Mein Wille half mir, Kraft zu sammeln, um mich zusammenzureißen, mich anzumelden, durch all die weiten Gänge zu laufen und mich schließlich im richtigen Wartebereich einzufinden. Überall saßen Patienten mit ihren Angehörigen. Schnell schob ich den Kinderwagen an ihnen vorbei. Um nicht in ihrem Blickfeld zu sitzen und möglichst wenig von der Krankenhausatmosphäre mitzubekommen, wählte ich einen Sitz in der Nähe des Fensters. Es war leicht gekippt und ließ etwas warme Sommerluft herein.

Mio schlief im Wagen und schien noch satt zu sein von der letzten Stillmahlzeit. Mein Blick fiel auf einen Wasserspender neben der Sitzreihe. Wann hatte eigentlich ich das letzte Mal etwas getrunken? Das Wasser blubberte im Inneren des Tanks, während ich meinen Becher füllte. Erst als ich einen Schluck nahm, fiel mir auf, wie trocken mein Mund gewesen war. Während ich den Becher leerte, wunderte ich mich, wie Stress es vermag, selbst ein so wichtiges Bedürfnis wie Durst in Vergessenheit geraten zu lassen.

Eine Dreiviertelstunde später, noch immer wartend, hatte ich Mio noch einmal gestillt. Plötzlich meldete sich leise knurrend mein Magen. Auch das Hungergefühl war unterdrückt gewesen, hatte sich hinter all der Unruhe in meinem Bauch versteckt. Erschrocken fiel mir auf, dass ich heute Morgen noch nicht einmal gefrühstückt hatte. Während des Stillens war mir schwindlig geworden, aber erst jetzt, als ich meinen Magen knurren hörte, wurde mir bewusst, wie groß mein Hunger war. Ich sah in die Wickeltasche. Den letzten Müsliriegel, den ich dort stets für den Notfall bunkerte, hatte ich gestern Lukas gegeben, als er auf dem Nachhauseweg von der Krabbelgruppe hungrig wurde. Als ich heute Morgen das Haus verließ, war ich davon ausgegangen, nach dem Frauenarzttermin in spätestens einer Stunde wieder zu Hause zu sein und dann in Ruhe frühstücken zu können. Auch im Kinderwagen konnte ich nichts Essbares finden. Nur die Mitbringsel für Milena und Lukas, die Gummibärchen und die Kaugummis. Mein Kopf brummte. Ich überlegte, ob es in der Klinik wohl einen Kiosk gab, wo ich mir eine Kleinigkeit zu essen holen konnte. Doch was, wenn ich dann gerade aufgerufen wurde? Ich würde dadurch vielleicht alles verzögern, und meine Kinder müssten noch länger auf mich warten. Sie waren bestimmt ohnehin schon traurig, dass ich nicht da war, als sie mittags nach Hause gekommen waren. Milena hatte sich darauf gefreut, nach der Schule mit mir ihr neues Hundebuch zu lesen, das sie sich von ihrem Taschengeld gekauft hatte. Sie war sicherlich enttäuscht, dass ich mein Versprechen nicht gehalten hatte. Der Gedanke tat weh. Mein schlechtes Gewissen ließ mich den Plan, nach etwas Essbarem zu suchen, wieder vergessen. Ich begann mich immer dann zu räuspern, wenn mein Magen besonders laut knurrte, um zu vermeiden, dass die Menschen um mich herum davon etwas mitkriegten.

Mein Handy brummte. Eine SMS von Daniel. *Hey. Na, wie sieht's aus? Weißt du schon, wann du fertig bist? Die Kids warten sehnsüchtig. Bis später.* Mist! Warum dauerte das hier auch so lange? Die Sorge um die Kinder und mein Essbedürfnis hatten immerhin den Vorteil, dass ich dadurch ein wenig abgelenkt wurde. Meine Panik schaltete einen Gang runter, die Gedankenachterbahn fuhr langsamer, je mehr Zeit verging. Als Mio zu quengeln begann und sich nicht mehr damit zufriedengeben wollte, von meinem Schoß die langweilige Umgebung zu beäugen, wollte ich aufstehen, um ein paar Runden mit ihm durch den Wartebereich zu drehen.

Als ich mich erhob, wurde mir schwarz vor Augen. Ich wankte nach hinten, drückte Mio fest an meine Brust und konnte mich gerade noch mit meiner freien Hand an der Sitzgruppe auffangen. Mio begann vor Schreck laut zu weinen, und ich hätte es ihm am liebsten gleichgetan. Sämtliche Blicke waren auf mich gerichtet. Ich versuchte mich tief in meinen Sitz zu drücken und mich von all den schaulustigen Augen abzuwenden. Mir war schwindlig. Mein Kopf dröhnte. Im Augenwinkel sah ich, wie jemand auf mich zulief.

»Geht es Ihnen nicht gut? Kommen Sie mit, ich zeige Ihnen einen Raum, wo Sie sich hinlegen können.« Eine Krankenschwester mittleren Alters stützte mich, während ich ihr dankbar in einen kleinen Raum am Ende des Korridors folgte. Ich legte Mio, der sich glücklicherweise wieder beruhigt hatte, auf die Wandseite der schmalen Liege, dann ließ ich mich seitlich neben ihm nieder. Die Krankenschwester wollte meinen Blutdruck messen, wurde dann aber von einer Kollegin gerufen. Mio strampelte vergnügt mit seinen Beinchen und schien wieder zufrieden zu sein. Mit einer Hand zog ich den Kinderwagen an die Liege heran und fischte mir nun doch Lukas' Gummibärchenpackung heraus. Dringend musste ich meinen Blutzuckerspiegel ein wenig nach oben bringen. »Ich kaufe dir morgen eine neue, Luki!«, versprach ich ihm still, um mein schlechtes Gewissen in Schach zu halten. Dann steckte ich mir gleich drei Gummitiere auf einmal in den Mund. Wenngleich ich sonst kein Fan von solchem Süßkram war, tat mir der Zucker in diesem Moment unwahrscheinlich gut. Es war, als fließe er warm durch meinen Körper und hinterließe hier und da kleine Päckchen mit Energie, die mich wieder schärfer sehen und stabiler fühlen ließen. Fast trat so etwas wie Entspannung ein. Ich war dankbar, liegen zu können. Auch meine zittrigen Beine stabilisierten sich langsam.

Ich legte den Kopf auf meinen ausgestreckten rechten Arm und drehte Mio auf die Seite, sodass wir uns ansehen konnten. Er blinzelte und blickte mich schließlich direkt an. Sein friedliches kleines Gesicht strahlte. So ein wunderschönes Baby! Sein Händchen wedelte unkoordiniert vor meinem Gesicht herum und landete dann auf meiner linken Hand, als wollte er mich aufmunternd tätscheln. Ich streichelte seine weiche Babywange. »Danke, dass du bei mir bist, mein kleiner Schatz«, flüsterte ich und küsste seine winzigen Finger. Die Worte quetschten sich tapfer vorbei an dem riesengroßen Kloß in meinem Hals. Ich zog Mio näher an mich ran und kraulte sanft seinen kleinen Rücken. Ich fühlte mich schlecht, dass er wegen mir hier sein musste, in dieser unschönen Umgebung, und bestimmt meine Anspannung spürte.

Ich dachte daran, wie damals, vor meinem Abitur, meine Englischlehrerin uns bei Aufregung und Anspannung geraten hatte zu singen. Irgendwie kam mir dieser Gedanke auf einmal, und so begann ich leise zu summen:

Schlaf, Mio, schlaf nur ein, bald kommt ein Traum.
Schlüpft dir zum Ohr hinein, merkst ihn erst kaum.
Fährst mit dem Traumschiff ans Ende der Nacht,
bis dir der Morgen die Äuglein aufmacht …

Meine Stimme versiegte. Ich schluckte und schob die Tränen beiseite, um weitersingen zu können. Nicht nur Mio entspannte sich sichtlich, auch ich spürte, wie mein Atem nach und nach gleichmäßiger wurde und sich eine gewisse Ruhe im Raum breitmachte.

Wie in einer kleinen Blase erlebten wir so inmitten des hektischen Krankenhauses am Abend dieses schlimmen Tages einige kostbare Minuten großer Zweisamkeit. Abgeschottet von allem, was in dieses wertvolle Glück so gar nicht reinzupassen schien.

*

»Hallo? Sie sind Frau Käferlein?«

Ich schreckte auf. »Käflein, ja!«, murmelte ich verschlafen. Ich war wohl tatsächlich kurz eingenickt. Wie groß doch meine Erschöpfung gewesen sein musste, um mich hier einschlafen zu lassen …

»Alles klar bei Ihnen?« Die zierliche Frau im weißen Mantel schaute mich fragend und leicht irritiert an.

»Jaja, alles okay. Wir sind scheinbar kurz eingenickt«, sagte ich, während mein Blick auf die laut tickende Wanduhr fiel. Oh je, so spät schon? Von wegen kurz eingenickt … Es war kurz vor sieben!

Die zierliche junge Frau teilte mir mit, dass in der Ambulanz heute besonders viel los sei. Ihr grellroter Lippenstift war akkurat aufgetragen und ihre schwarzen Haare waren mit einem breiten Haarband zusammengebunden. Sie stellte sich mir als diensthabende Ärztin vor. Verwundert reichte ich ihr die Hand. Ich selbst war siebenundzwanzig und hätte sie höchstens für gleich alt, wenn nicht sogar deutlich jünger als mich eingeschätzt. Wie kann man in dem Alter schon eine fertige Ärztin sein?

Sie kündigte an, meinen Hals erst einmal mit Ultraschall zu untersuchen. Ich solle einfach liegen bleiben und es mir gemütlich machen, flötete sie mit ihrer hohen, fast kindlichen Stimme.

»Mhm«, murmelte ich. Es gab ja auch kaum einen gemütlicheren Ort als diese harte Krankenhausliege, beleuchtet von einem grellkalten Licht. Mulmige Gefühle kehrten zurück und krochen langsam in mir hinauf, während die Ärztin das Ultraschallgerät richtete und dann immerhin das grelle Licht ausknipste. Sie setzte den Ultraschallkopf auf den Knoten und sah auf die Tastatur des Geräts. Sie schien einen bestimmten Knopf zu suchen und hatte dabei wohl keine Eile. Die Uhr tickte. Wenn ich nicht bald nach Hause kam, würde ich meine zwei Großen nicht einmal mehr ins Bett bringen können. Ich musste an Milenas Hundebuch denken und wie traurig sie bestimmt war, dass ich keine Zeit gehabt hatte, es mit ihr zu lesen. Lukas war sicher schon ganz unruhig und verstand nicht, warum ich so lange wegblieb. Bevor Mio geboren wurde, hatte ihn nie jemand anderes zu Bett gebracht, und abends auf seine Mama zu verzichten, war für ihn noch immer sehr schwer. Ich seufzte. Es gab nichts Schlimmeres für mich, als meine Kinder enttäuschen zu müssen.

Meine Augen suchten Mio, ohne dabei meinen Kopf zu drehen, um die Ärztin nicht beim Schallen zu stören. Er schlummerte neben mir. Immerhin, er war zufrieden. Dann blickte ich wieder auf den Monitor neben der Liege. Hatte ich in den vergangenen Monaten die Ultraschalltermine bei meiner Frauenärztin heiß herbeigesehnt und das »Babyfernsehen« sehr genossen, lösten diese für mich mysteriösen Bilder nun alles andere als Freude aus. Ich starrte auf den Monitor und versuchte angestrengt, irgendetwas in dem schwarz-weißen Geflimmer zu erkennen. Keine Chance! Und auch aus der Ärztin wurde ich nicht schlau. Sie schallte und schallte, schaute immer wieder abwechselnd auf den Bildschirm und meinen Hals, tippte auf verschiedenen Knöpfen herum und schwieg. Keine Erklärung über das, was sie gerade tat oder sehen konnte, kein beruhigender Blick zu mir, nichts.

Während dies minutenlang so weiterging und ich sie bei ihrer stillen Arbeit betrachtete, dachte ich darüber nach, ob sie wohl selbst schon mal eine solche Situation als Patientin erlebt hatte. Unruhig und unwissend irgendwo liegen zu müssen, behandelt zu werden und nicht die geringste Ahnung davon zu haben, was gerade passiert. Ich räusperte mich.

»Und ... wie schaut's aus? Was sehen Sie?«, fragte ich dann.

»Hmm ... ich weiß auch nicht,« antwortete sie. »Sie haben da irgendwie was ... Komisches.« Sie kicherte.

Aha! Na denn ... Das ist ja wirklich lustig!, dachte ich wütend. Ewig hatte sie geschwiegen, um mir jetzt mitzuteilen, dass ich etwas »Komisches« am Hals habe?

»Ich habe so etwas noch nie gesehen«, fuhr sie fort. »Ich glaube, ich muss da mal einen Kollegen hinzuziehen.« Sie stand auf. »Mal sehen, ob vielleicht jemand Zeit hat, da mal kurz mit draufzuschauen.« Sie schlenderte Richtung Tür.

»Es wäre toll, wenn es nicht mehr so ewig dauern würde«, rief ich ihr nach. »Meine Kinder warten zu Hause auf mich.« Ich musste mich um einen einigermaßen höflichen Ton bemühen. Immerhin schien sie die Gefährlichkeit des Hubbels bei Weitem nicht so hoch einzuschätzen, wie es Dr. Schapsky und Dr. Greiner heute Vormittag getan hatten. Sollte sie ernsthaft erschrocken sein über das, was sie eben gesehen hatte, hätte sie bestimmt anders reagiert. Und ich ging davon aus, dass sie in diesem Krankenhaus schon einiges gesehen hatte. Zugleich konnte ich nicht ignorieren, dass diese Theorie etwas hakte und mich daher nicht wirklich beruhigte. So jung wie diese

Ärztin war, lag ihre Unbekümmertheit vermutlich auch in mangelnder Erfahrung begründet ...

Ich seufzte. Diese permanente innere Überzeugungsarbeit, sich alles so hinzudrehen, dass ein positiver Ausgang weiter möglich blieb, strengte mich wahnsinnig an. Zudem knurrte mein Magen wieder. Die Energie, die die paar Gummibärchen gebracht haben, war längst aufgebraucht. Ich wollte endlich nach Hause. Ich sehnte mich nach meiner Familie und griff nach meinem Handy. Oh! Drei Anrufe in Abwesenheit. Während ich schlief, hatte Daniel mehrfach versucht, mich anzurufen. Schnell wählte ich seine Nummer. Als er abnahm, hörte ich, schon bevor er sich meldete, Lukas im Hintergrund weinen.

»Hey!« Daniels Stimme klang gestresst.

»Sorry, ich hatte das Handy nicht gehört. Ich bin immer noch im Krankenhaus. Es tut mir leid.« Mein schlechtes Gewissen nahm überhand und ließ mich meine anderen Sorgen fast vergessen. Gerade als Daniel den Hörer an Milena weiterreichte, die mir unbedingt etwas erzählen wollte, ging die Tür auf und Frau »Dr. Jungspund« kam hereingestöckelt. »Der Oberarzt ist noch in einer Not-OP, danach kommt er aber vorbei«, sagte sie.

Ich deutete auf mein Handy, um ihr zu signalisieren, dass ich das Gespräch noch beenden wollte. Vielleicht verstand sie diese Bewegung nicht, vielleicht ignorierte sie sie einfach auch, aber sie quasselte in einem fort weiter und machte erst eine kurze Pause, als ich mich zwangsläufig von Milena verabschieden musste. »Geh schon mal ins Bett, meine Große, ich glaube, bei mir wird's später. Wir lesen das Buch morgen früh ganz in Ruhe, okay?« Die Ärztin schaute mich verwirrt an. »Meine Tochter«, erklärte ich knapp und steckte mein Handy weg.

»Sie haben schon mehrere Kinder?«
»Ja, das Baby hier ist mein drittes Kind.«
Ihre Augen wurden größer. Verwundert, fast ein wenig herablassend musterte sie mich. »Krass!« Mehr als dieser qualifizierte Kommentar schien ihr nicht einzufallen. Krass, ja, doch, es soll Menschen geben, die tatsächlich noch Kinder vor ihrem vierzigsten Geburtstag bekommen. Die mit Mitte zwanzig erst einmal Windeln statt einem Doktortitel in Händen halten und keine schicken Markenklamotten, sondern Verantwortung tragen. Gerne hätte ich meine Gedanken ausgesprochen, aber meine wenige Energie reichte dazu nicht, also schluckte ich die Worte herunter. Ich war gewohnt, Erstaunen auszulösen, wenn ich sagte, ich hätte mit Mitte zwanzig bereits drei Kinder. Egal ob auf dem Spielplatz, auf Elternabenden oder im Studium. Jung Mutter zu werden war in unserer Gesellschaft etwas Exotisches geworden. Umso mehr genoss ich das Zusammenleben in unserem Haus mit anderen jungen Eltern, die sich ebenso wie ich noch alle in ihrer Ausbildung befanden. Es tat gut, nicht immer die Einzige im Umfeld zu sein, die sich um weitaus mehr kümmern musste, als um das rechtzeitige Lernen für die nächste Klausur und die nächste Kneipentour am Wochenende.

Weil mein Magen abermals knurrte, fragte ich die Ärztin, ob es möglich wäre, etwas zu essen zu bekommen, da ich nun schon seit mehreren Stunden hier sei und großen Hunger habe. Leider nicht möglich! Zu viel Organisation. Nur bei stationärer Aufnahme. Wäre ja auch zu schön gewesen, den Abend dieses unendlich langen Tages mit einer leckeren Krankenhausmahlzeit krönen zu können. An meinem zynischen und zunehmend schnippischen Denken merkte ich, dass ich wirklich sehr hungrig und müde war. Notgedrungen griff ich noch einmal in Lukas' Gummibärchentüte. Ich streckte der

Ärztin die Packung entgegen, um ihr höflicherweise auch etwas anzubieten.

»Oh nein, so etwas esse ich nicht«, sagte sie schnell und rümpfte ihr Näschen.

Mensch, wie blöd von mir, wie konnte ich nur ... Immer stärker überdrehte ich und war kaum noch imstande, klar zu denken. Fast musste ich kichern, als ich ihren leicht angewiderten Blick bemerkte, mit dem sie beobachtete, wie ich mein Gummibärchenmahl verspeiste.

Als Mio eine halbe Stunde später aufwachte und ich ihn mit der letzten Windel wickeln musste, die ich dabeihatte, war noch immer kein Oberarzt zu sehen. Fräulein Jungärztin hatte das Zimmer längst wieder verlassen, und weit und breit war kein Klinikpersonal zu sehen. Mir reichte es. Ich packte meine Sachen zusammen, legte Mio zurück in den Wagen und lief den Gang hinunter zur Anmeldung. Die ehrlich freundliche Dame hinter der Glasscheibe war sofort bereit, noch einmal nachzufragen, wann der Oberarzt denn nun endlich käme. Insistierend sprach sie in den Hörer: »Ja, Käflein, wie Käfer. Sie wartet hier schon sehr lange zusammen mit ihrem Säugling ... Oh? Tatsächlich? Das gibt's doch nicht ...« Die Wortfetzen verhießen nichts Gutes. Verärgert legte sie auf und sah mich mitleidig an. »Es tut mir leid, Frau Käflein, da scheint es ein Missverständnis mit der jungen Kollegin gegeben zu haben.« Sie schnaubte. »Der Oberarzt, Dr. Waldvogel, ist leider schon seit einiger Zeit im Feierabend. Sie sollen morgen früh wiederkommen.«

Ich lehnte mich gegen die Glasscheibe. »Mhm ... danke«, sagte ich mit schwacher Stimme. Zu mehr war ich nicht mehr in der Lage. Angst, Hunger, Müdigkeit und Wut – alles zusammen kochte langsam in mir hoch. Rasch schob ich den

Wagen zum Aufzug und flüchtete nach draußen in die milde Abenddämmerung, bevor sämtliche Dämme brachen. Laut schluchzte ich auf, Tränen liefen mir die Wangen hinunter. Mit schweren Beinen ging ich durch die Straßen. Am Ende meiner Kräfte, ausgehungert, verheult und noch immer nicht schlauer als am Morgen, kam ich nach einer halben Stunde endlich zu Hause an.

3

Durststrecke

Das erste Mal seit Mios Geburt musste mich Daniel am nächsten Morgen wecken, als mein Baby schon vor Hunger schrie und ich nicht aufwachen wollte. Müde rieb ich mir die Augen, während ich ihn zu mir zog und anlegte.

»Du bist ganz schön erschöpft, hm?« Daniel sah mich beunruhigt an. Wenn es so weit kam, dass ich vom Weinen meines Kindes nicht wach wurde, musste es ziemlich heftig um mich stehen, das wusste er.

»Sind die Großen schon munter?«, fragte ich, um eine Antwort auf seine Frage zu umgehen. Ich wollte ihn nicht mit meinen Gefühlen belasten und auch selbst nicht gleich wieder über all das nachdenken müssen, was gestern passierte.

»Lukas schlummert noch. Milena ist schon auf und bastelt was für dich in der Küche.«

Ich lächelte. Meine große Milena. Sie nutzte jede Gelegenheit, um mir eine Freude zu machen. Ungewöhnlich selbstständig war sie seit jeher gewesen und sehr reif für ihr Alter. Sie hatte es sowohl mir als auch Theo, ihrem Vater, von Beginn an leicht gemacht und uns damit sehr geholfen, uns gut in unsere junge Elternschaft einzufinden, die uns unmittelbar nach dem Abitur ungeplant überrascht hatte. Auch der Wechsel zwischen mir und ihrem Papa, bei dem sie seit unserer Trennung vor vier Jahren die andere Hälfte der Woche lebte, steckte sie gut weg. Zuträglich hierfür war sicher, dass das Verhältnis zwischen Theo und mir stets sehr gut und freundschaftlich geblieben war. Sie spürte, dass großes Vertrauen zwischen uns herrschte. Sie war ein wirklich tolles Mädchen und die fürsorglichste große Schwester für Lukas und seit Kurzem nun auch für Mio, die wir uns hätten wünschen können.

Die Küchentür öffnete sich, und ich hörte, wie sie sich flüsternd bei Daniel erkundigte, ob ich endlich aufgewacht sei. Mein rücksichtsvolles Mädchen! Ich lächelte und mein Herz hüpfte, als sie strahlend ins Zimmer kam und mir ihr eben fertiggestelltes Kunstwerk überreichte.

»Hier, ein Wachhund für dich, Mama! Der passt auf dich auf.«

Gerührt gab ich ihr einen Kuss. »Danke, mein Schatz, der ist ja toll!«, sagte ich und dachte still: Den kann ich gut gebrauchen. Mein Bewusstsein war leider wach genug, um schon wieder zu rotieren: Was wird man heute in der Klinik untersuchen? Was wird der Oberarzt sagen? Wird er mich dank seiner Erfahrung beruhigen können? Ich bemühte mich, das Gedankenkarussell zu stoppen, um wenigstens diese knappe Zeit zu Hause genießen zu können, bevor ich wieder in die Klinik aufbrechen musste. Als Mio genug getrunken hatte, nahm Daniel ihn mir ab, und ich ging mit Milena ins Kinderzimmer, um Lukas zu wecken. Verschlafen kuschelte er sich auf meinen Schoß und krallte sich an mich fest. Er schien mir klarmachen zu wollen, dass er mich heute auf keinen Fall gehen lassen würde. Ich seufzte tief. Wie gern ich ihm diesen Wunsch erfüllt hätte.

Nachdem ich mit Milena und Lukas das Hundebuch angeschaut hatte, ging ich in die Küche, um mir zwei Äpfel und ein paar Müsliriegel einzupacken. Den gleichen Fehler wie gestern wollte ich nicht noch einmal machen. Ich hoffte jedoch, bis zum Mittagessen wieder zurück zu sein.

»Ich gehe jetzt noch mal zu den Ärzten, die wollen sich den Hubbel an meinem Hals anschauen und geben mir vielleicht Medizin, dass der weggeht«, erklärte ich Milena und Lukas. Ich blickte in traurige Gesichter und fügte schnell hinzu: »Danach komme ich gleich wieder, und heute Abend grillen wir, in Ordnung?«

Widerwillig stimmten sie zu.

Ich legte den von Daniel frisch gewickelten Mio in den Kinderwagen. »Bald machen wir schönere Ausflüge, versprochen«, flüsterte ich ihm zu. Dann machte ich mich widerstrebend erneut auf den Weg in die Klinik, zwar ausgeschlafener als gestern, aber noch immer wie betäubt. Es war schwer, diese Ungewissheit weiterhin ertragen zu müssen. Meine Ungeduld wuchs.

*

Dr. Waldvogel rief mich persönlich ins Behandlungszimmer. Nicht einmal eine halbe Stunde hatte ich heute warten müssen. Immerhin. Der Oberarzt schien kein Mann der vielen Worte zu sein. Er deutete mir, Platz zu nehmen, dann betrachtete er lange und ausführlich meinen Hals. Sonderlich beunruhigt schien er mir nicht zu sein, als er nach einigen Minuten zu reden begann. Mit monotoner Stimme erklärte er, dass er auf den ersten Blick davon ausgehe, dass es sich um eine laterale Halszyste handle. Veranlagungen dazu seien wohl angeboren, sie sei aber an sich harmlos und man könne sie operativ gut entfernen. Das sei eine häufige Operation bei ihnen im Haus, also kein Problem.

Eine OP? Schon wieder eine?, fuhr es mir durch den Kopf. Meine Kaiserschnittnarbe war noch so frisch, und schon sollte ich erneut operiert werden? Dann würde ich wieder ins Krankenhaus und meine Kinder zu Hause zurücklassen müssen. Andererseits war das Ganze damit dann gegessen und ich könnte es endlich abhaken. Ich spürte auf einmal Leichtigkeit, als ich daran dachte, wie es sich wohl anfühlen wird, wenn dieser Knubbel wieder fort und alles beim Alten sein würde. Der Gedanke, mit diesem Thema abschließen zu können, war mächtiger als die Angst vor einer weiteren OP, und so plädierte ich sogar fast euphorisch für eine baldige Durchführung. Bat aber darum, die OP auf keinen Fall vor den 25. Juli zu legen, da an diesem Tag die Hochzeit unserer Freundin Siska anstand, auf die ich mich schon seit Monaten gefreut hatte.

»Ja, ich denke, so eilig wird das nicht sein«, erwiderte Dr. Waldvogel und schien etwas zu überlegen, bevor er fortfuhr. »Zuvor allerdings müssten wir eh noch einige Untersuchungen durchführen, um andere Eventualitäten ausschließen zu können …«

Welche Eventualitäten? Ich schwieg aber, um nicht das Risiko einzugehen, Antworten zu erhalten, die ich nicht hören wollte. Nach so vielen schlimmen Ängsten war ich dankbar für einen klaren Plan. Ich war nicht bereit, mich durch weitere Unsicherheiten erneut aus der Bahn werfen zu lassen. Eine OP war wirklich nicht das, was ich mir erträumt hätte, aber wenn sich dieser erfahrene Arzt sicher war, das Problem damit aus der Welt schaffen zu können, war ich gerne bereit, sie auf mich zu nehmen.

Als Dr. Waldvogel mir erklärte, dass nun noch verschiedene Blutuntersuchungen anständen und er einen schnellen MRT-Termin für mich ausmachen werde, war ich mir plötzlich nicht mehr ganz so sicher, wie überzeugt er tatsächlich von seiner eigenen ersten Einschätzung war. Da er weiterhin in einem solch monotonen und gelassenen Ton mit mir redete, beschloss ich, dass man so nicht sprach, wenn man sich sorgen würde. Fast ein wenig trotzig wehrte ich mich inzwischen gegen jegliche Art neuer Verunsicherungen, und das tat ich auch, als ich anschließend von A nach B lief, um die verschiedenen Untersuchungen hinter mich zu bringen.

Nach einer Odyssee durch verschiedene Stationen entdeckte ich endlich das gesuchte Labor, in dem die Blutabnahme stattfinden sollte. Eine ältere Dame öffnete mir missmutig die Tür und wies mich darauf hin, dass der Kinderwagen hier nicht reindürfe. Als ich ihr erklärte, dass ich mein Baby nicht unbeaufsichtigt auf dem Flur stehen lassen werde, grummelte sie vor sich hin und winkte uns schließlich gereizt herein. Tut mir leid, ich kann mir auch Schöneres vorstellen, dachte ich genervt und machte meinen Arm frei. Mir graute vor Spritzen, und Blutabnahmen empfand ich schon immer als furchtbar unangenehm.

»Soo, und was müssen wir bei Ihnen machen?« Wenig begeistert blickte die unfreundliche Krankenschwester in die Akte, um nachzulesen, welche Werte bei mir untersucht werden sollten. Grimmig schaute sie auf die Blätter in dem weißen Schnellhefter, den mir Dr. Waldvogel in die Hand gedrückt hatte. Auf einmal wurden ihre Augen groß, und sie starrte erst das Blatt und dann mich an. »Oh«, entfuhr es ihr. Ihr gereizter Ausdruck veränderte sich. So recht konnte ich nicht einschätzen, wie ich das deuten sollte. Vielleicht wollte ich es auch nicht.

Ohne ein weiteres Wort zu sagen, legte sie mir die Manschette an und suchte eine gute Vene, was bei mir keine leichte Aufgabe war. Sie murmelte etwas, das nach »'tschuldigung« klang, nachdem sie das erste Mal nicht die Vene getroffen hatte und noch einmal neu ansetzen musste. Sie schien auf einmal nervös zu sein. »Sie haben aber keine guten Venen, oh je, das wird ja was ...« Ihr Verhalten stieß mir bitter auf. In meiner

Magengrube begann es wieder unruhig zu werden. Ihre vorherige Unfreundlichkeit wäre mir deutlich lieber gewesen. Als sie es schließlich geschafft hatte, eine Vene zu treffen, und unzählige Spritzen mit Blut gefüllt hatte, stand ich rasch auf, um den engen Raum hinter mir zu lassen.

Weiter irrte ich durch die Gänge, um den Raum zu finden, in dem die Vorbesprechung für das MRT stattfinden sollte. Dabei redete ich mir selbst immer wieder Mut zu. »Alles ist okay, Vera. Nicht schon wieder Panik kriegen! Das sind jetzt alles nur Routineuntersuchungen, die abgehakt werden müssen. Dann der kleine Eingriff, zack, Knoten raus, und alles ist gut. Fertig.« Mein Magen knurrte. Seltsam, dachte ich. Ich hatte doch vorhin erst gefrühstückt. Ich schob den Hunger auf das Stillen und schnappte mir den Apfel aus der Tasche. Erst viel später realisierte ich, dass es in dieser Zeit nicht nur das Stillen war, was mich hungriger machte als sonst. Das permanente innere Umdeuten sämtlicher beängstigender Bemerkungen, das zwanghafte Umwandeln von negativen Bauchgefühlen zu etwas Positivem kostete mich in diesen Tagen wahnsinnig viel Energie.

*

Ich starrte den jungen Arzt schockiert an. »Wie bitte? Das geht nicht!« Gerade hatte er mir den Ablauf der MRT-Bildgebung erklärt und mir mitgeteilt, dass ich aufgrund des Kontrastmittels, welches hierfür gespritzt werden musste, am Tag der Untersuchung nicht stillen könne. »Das ist unmöglich, Mio wird voll gestillt.« Mein Herz raste. Ich selbst war bereit, sämtliche Unannehmlichkeiten auf mich zu nehmen, die scheinbar nötig waren, um dieses olle Ding an meinem Hals endlich loszuwerden, aber wenn es nun mein Kind betreffen sollte – nein, das konnte ich nicht akzeptieren. »Gut, dann lässt man die Untersuchung und operiert gleich«, platzte es aus mir heraus.

»Frau Käflein, das ist nicht möglich. Wir brauchen die Bilder, bevor wir operieren. Wir müssen sehen, wie sich die Raumforderung gestaltet und ob noch andere Bereiche betroffen sind.« *Andere Bereiche? Und was meint er mit betroffen?* »Sie müssen dann eben Milch abpumpen oder Ihrem Kind die Flasche geben, das müssen Sie nach der OP ja ohnehin«, fuhr er fort.

Herrje! Daran hatte ich noch gar nicht gedacht. Die Narkose! All die Medikamente, die sich in meinem Organismus tummeln und in die Muttermilch übergehen werden ... oh nein! Aber Mio hatte doch noch nie aus einer Flasche getrunken! Wollte bisher noch nicht einmal einen Schnuller in den Mund nehmen. Wie sollte das gehen?

Ich blickte in den Kinderwagen. Mios winziges Händchen schaute unter der Babydecke hervor und zuckte leicht im Schlaf. Mein Mutterherz krampfte sich zusammen. Warum musste diese laut dem Oberarzt harmlose OP solch bittere Nebenwirkungen für Mio haben? Er konnte doch nichts für den ganzen Schlamassel. Ich versuchte ruhig zu atmen und die Tränen zu unterdrücken.

»Sie haben da jetzt auch gar keine große Wahl, so blöd das klingt.« Der junge Arzt, dessen Namen ich schon wieder vergessen hatte, schaute mich emotionslos, fast ein wenig genervt an. Mit der linken Hand hielt er meine Akte, mit der rechten stellte er den Kragen seines Polohemds zurecht, das er unter dem weißen Arztmantel trug. Er schien viel Wert auf sein akkurates Erscheinungsbild zu legen. »Das ist ja jetzt auch kein Weltuntergang, dem Kind mal 'nen Tag die Flasche zu geben. Der Termin ist übermorgen. Bitte erscheinen Sie um acht hier auf Station, dann wird Ihnen der Zugang gelegt. Um elf kommen Sie dann in die Röhre.« Ob ich noch Fragen hätte, nuschelte er beiläufig, während er bereits im Begriff war, den Raum zu verlassen. Schwach schüttelte ich den Kopf. Zack. Gespräch beendet. Die Tür fiel zu. Ich legte meinen Arm auf den Tisch vor mir und stützte meinen Kopf darauf ab. Meine Gedanken kreisten in einem schwindelerregenden Tempo. Bilder tauchten auf, wie ich Lukas wochenlang verzweifelt versucht hatte, an die Flasche zu gewöhnen, nachdem er sich über ein Jahr vehement gegen jede andere Nahrung gewehrt und nur meine Brust akzeptiert hatte. Etliche schlaflose Nächte und Unmengen an Kraft und Durchhaltevermögen hatte es gekostet, bis er endlich das erste Mal bereit war, an einem Sauger zu nuckeln. Niemals hätte ich das innerhalb weniger Tage geschafft. Und nun sollte ich Mio bis übermorgen dazu gebracht und zusätzlich genügend Milch für vierundzwanzig Stunden abgepumpt haben? Wozu all dieser Aufwand, wenn es sich laut Dr. Waldvogel um die Routineentfernung einer Zyste handelte? Oder hatte ich das falsch verstanden? Drehte ich mir Worte nun schon zurecht und wandelte sie um, bevor sie mein Hirn erreichten, um ja keine neue Angst aufkommen zu lassen? Ich wusste nicht mehr, ob ich mir selbst trauen konnte.

Niedergeschmettert hob ich meinen Kopf und griff nach meinem Handy. Seit heute Morgen sollte meine Freundin Annie aus dem Urlaub zurück sein. Ich musste sie unbedingt sehen und ihr ausführlich erzählen, was geschehen war, seit sie vor zwei Wochen nach Südfrankreich aufgebrochen war. *Annie, bist du schon in Freiburg? Ich brauch dich!*, tippte ich angestrengt. Mehr schafften meine Finger nicht. Mehr war aber auch nicht nötig. Keine zwei Minuten später, ich saß noch immer unverändert auf dem Stuhl, klingelte das Telefon. Annie wollte wissen, wo sie mich abholen könne. Ich schluchzte, als ich ihre vertraute Stimme hörte. Erst jetzt merkte ich, wie sehr sie mir gefehlt hatte. Zwar hatte ich ihr in einigen SMS knappe Updates geschickt, doch war in den Kurzmitteilungen nur Platz für bloße Fakten. Alles, was nicht hineingepasst hatte, brodelte nun heraus, als Annie nicht mal eine halbe Stunde später an die Tür klopfte und wir uns in die Arme fielen. Tränenüberströmt sprudelten zusammenhangslose Sätze aus mir heraus, zwischen Schluchzen kaum zu verstehen. Annie sah mich mit ihren dunklen Augen mitfühlend an, drückte mich dann, hielt mich fest und zeigte mir wieder, dass es keine Worte braucht, um eine Freundin zu verstehen.

Ihre langen dunkelbraunen Haare wehten ein wenig im Wind, als Annie mit hüpfenden Schritten den Wagen mit Mio schob. Sie pfiff ein Kinderlied und tänzelte, Mio anlachend, vor mir, als wir uns auf den Weg nach Hause machten. Zuvor hatte sie für mich bei der Anmeldung noch einige Dinge bezüglich der weiteren Untersuchungen geregelt und mir ein Eis gekauft, während ich auf einer Bank im Park saß und Mio stillte. Annie, mein Engel! Wie froh ich war, dass sie wieder da war. Seit wir vor fünf Jahren mit unserem Studium der »Sozialen Arbeit« begannen, waren wir unzertrennlich. Obwohl die zierliche Annie etwas jünger und kinderlos war und wir sehr unterschiedliche Leben lebten, weder ähnliche Hobbys noch einen gemeinsamen Freundeskreis hatten, war das Band, das uns von Anfang an verknüpfte, stärker und fester als die meisten anderen Beziehungen zu meinen Mitmenschen. Wir vertrauten uns blind. Auch für die Kinder war sie in den letzten Jahren eine zuverlässige Bezugsperson und für uns alle ein Teil der Familie geworden.

Annie ging mit Milena und Lukas in den Garten, nachdem wir zu Hause angekommen waren, sodass ich in Ruhe mit Daniel reden konnte. Erschrocken sah er mich an, als er von der anstehenden OP hörte. Ein weiterer Krankenhausaufenthalt so kurz nach der Geburt war nun wirklich nicht erfreulich. Lukas zu erklären, dass Mama noch einmal wegmusste, würde schwierig werden, das wussten wir beide.

»Wann genau die OP stattfinden soll, wusste der Arzt noch nicht, aber er meinte, es hätte noch Zeit bis nach Siskas Hochzeit«, versuchte ich Daniel und wohl auch mich selbst zu beruhigen. »Das ist zwar jetzt doof, aber danach können wir das Thema abhaken und endlich entspannen«, fügte ich hinzu.

»Hoffentlich«, murmelte Daniel und seufzte tief, während er mich umarmte.

Ich sah die Anspannung in seinem Gesicht, spürte aber, dass wir beide gerade lieber nicht weiter über die OP sprechen wollten. Die Zeit, in Ruhe und ohne die Kinder reden zu können, war stets knapp, und mir schien, als wollten wir dieses unliebsame Thema in den wenigen Momenten zu zweit bewusst lieber verdrängen. Daniel nahm Mio aus der Tragetasche und trug ihn ins Wohnzimmer, um ihn zu wickeln. Danach wollte er sich auf den Weg zur Apotheke machen, um Babyflaschen und eine Milchpumpe zu organisieren. Wenn Mio übermorgen nach der Kontrastmittelgabe keine Muttermilch trinken durfte, musste ich schleunigst damit beginnen, mit ihm das Trinken aus der Flasche zu üben und nach seinen normalen Stillmahlzeiten zusätzliche Milch für ihn als Vorrat abzupumpen. Dass er aufgrund meiner Untersuchung Pulvermilch trinken musste, wollte ich unter allen Umständen vermeiden, und so begann ich sogleich Unmengen an Milchbildungstee zu trinken, in der Hoffnung, seine Wirkung möge bald einsetzen.

Nebenher bereitete ich unseren geplanten Grillabend vor. Milena und Lukas noch einmal zu vertrösten, kam für mich nicht infrage, und so aktivierte ich noch einmal all meinen Optimismus, um diesen Tag so schön und unbeschwert wie möglich für meine Kinder zu gestalten, bevor ich zwei Tage später wieder in die Fänge der Uniklinik zurückkehren musste.

4

Das Entenorakel

Warme Sommerluft strömte mir entgegen, als sich die Schiebetür öffnete. Noch zwei Schritte und ich war raus aus der künstlichen sterilen Kühle, die mich hatte frösteln lassen die letzten Stunden. Der Zugang in meiner Armbeuge schmerzte, als ich den Kinderwagen anhob, um vom asphaltierten Klinikeingangsbereich auf das kleine Wiesenstück zu gelangen. Während ich den Wagen über die Wiese schob, versuchte ich mit einer Hand Mio aus seiner Babydecke zu wickeln, die ihn zuvor vor der kalten Luft der Klimaanlage schützen sollte. Nun war sie aber viel zu warm für die heiße Julihitze, die uns draußen erwartete.

Mio maunzte kurz, schlief dann aber weiter. Mein kleiner tapferer Ritter! Ich empfand Stolz, als ich daran dachte, wie gut er sich in den letzten zwei Tagen geschlagen hatte, als er sich ans Fläschchen gewöhnen musste. Es hatte sich für mich befremdlich angefühlt, ihm den Plastiksauger in den kleinen Mund zu schieben, während ich nebenher von der Milchpumpe gemelkt wurde. Anders als Lukas damals hatte Mio die Flasche aber Gott sei Dank sofort akzeptiert und schnell gelernt, aus ihr zu trinken. Mir kam der Gedanke, ob Mio vielleicht gespürt hatte, dass es keine Alternative gab und dass er seiner Mama sehr damit half, wenn er so unkompliziert mitmachte.

Im Klinikpark wurde gelacht und Eis gegessen. Keine Wolke am Himmel. Ich atmete tief ein, versuchte diesen fröhlichen Frieden zu inhalieren, so vermeintlich er auch sein mochte.

»Das ist aber ein süßer kleiner Wurm! Der ist ja noch ganz frisch! Sie kommen bestimmt gerade aus der Geburtsklinik, oder?«

Ich zuckte zusammen, denn ich hatte die ältere Dame gar nicht bemerkt, die sich uns genähert hatte. »Ja, ähm ... ja, er ist noch ganz frisch«, antwortete ich mit belegter Stimme. Ich musste mich räuspern.

»Wie toll! Das ist doch die schönste Zeit, wenn die noch so klein sind ... Ruhen Sie sich gut aus! Das Wochenbett ist heilig!«

Ich versuchte etwas zu sagen, doch es gelang mir nicht. Also nickte ich nur und lief weiter, während der Kloß in meinem Hals wuchs.

Ob ich aus der Geburtsklinik komme ... Schön wär's, dachte ich. Ich konnte sie sehen, dort hinten, das gelbe Gebäude am Ende des Parks. War es wirklich erst einige Tage her, dass ich dort Mio in den Armen hielt und vor Glück und Dankbarkeit über die Geburt meines dritten Kindes schier hätte platzen können? Wenige Tage nur, und doch war sie so schmerzhaft weit entfernt, die ungetrübte Sorglosigkeit. Das *heilige Wochenbett* – wie hatte ich mich darauf gefreut. Kuscheln, stillen, staunen, lieben. Völlig konträr zu dem, was ich seit der Geburt tatsächlich erlebt hatte. Wieder stiegen Tränen in mir auf, und da meine Beine schwer wurden, sah ich mich nach einer Sitzgelegenheit um.

Am Ententeich fand ich ein schattiges Plätzchen und ließ mich erschöpft auf eine Bank fallen. Mio wurde wach und bekundete mir, dass er Hunger hatte. Einarmig hob ich ihn aus dem Wagen, um ihn anzulegen. Der Zugang im linken Arm, den sie zuvor gelegt hatten, tat weh und zerstörte jäh das friedliche Bild meines wunderschönen, an der Brust trinkenden Babys. Der gesamte Unterarm war übersät mit blauen Flecken.

Zu oft war in den letzten Tagen Blut abgenommen worden, zu oft hatte man abermals die Vene nicht getroffen.

»Komm, mein Kleiner, trink noch ein bisschen«, sagte ich und stupste sein Bäckchen leicht an, als Mio nach wenigen Zügen schon wieder einschlafen wollte. »Stärke dich gut«, flüsterte ich, wissend, dass ich ihn nach der gleich anstehenden MRT-Aufnahme an diesem Tag nicht mehr stillen durfte. Abgepumpte Milch aus dem Fläschchen dank Kontrastmittel in der Muttermilch ... Mein Herz stach, bis der Verstand übernahm. Stark bleiben! Da müssen wir jetzt durch. Diese letzte Untersuchung noch! Danach noch die OP, aber mit ihr wird dieses leidige Kapitel endlich beendet sein.

Mein Blick wanderte über den kleinen Teich. Am gegenüberliegenden Ufer watschelte eine stolze Entenmama, gefolgt von einer Handvoll gerade geschlüpfter Entenküken. »Die sind bestimmt ungefähr so alt wie du, Mio«, murmelte ich, »und können schon laufen ... Wahnsinn! Wie es wohl sein wird, wenn du erst läufst?« Meine Stimme erstickte plötzlich vor lauter Angst. Kaum zu ertragender Schmerz überrollte mich. Obwohl ich mich gezwungen hatte, stur der Aussage von Dr. Waldvogel zu vertrauen und mir keine weiteren Sorgen zu machen, erwischte es mich in diesem Moment wieder eiskalt.

Die Entenmama sprang mit einem kleinen Satz in den Teich und drehte entspannt ihre Runden, gefolgt von ihren Kindern. Weiter und weiter. Weiter wollte ich auch. Das wollte ich aus ganzem Herzen. Doch wusste ich gerade nicht, wie ich das bewerkstelligen konnte. Ich fühlte mich so schwach, war erschöpft davon, mich immer und immer wieder aufzurichten und mein Umfeld nicht zu beunruhigen.

Die Entenmama erklärte die Schwimmrunde nun für beendet und spazierte mit ihrer Kinderschar aus dem Wasser. In meiner Anspannung verfiel ich in frühkindliche Verhaltensweisen und spielte Orakel. Liebe Ente, wenn du jetzt zu meiner Bank läufst, dann wird alles gut!, dachte ich nervös. Als würde mein Leben davon abhängen, begann mein Herz wie wild zu klopfen. Die Ente kletterte mit ihren Kleinen einen Hügel herab, um dann tatsächlich abzubiegen und in unsere Richtung zu laufen. Ich seufzte vor Erleichterung. Doch dann, kurz bevor sie unsere Bank erreichte, schoss plötzlich ein kleiner Dackel um die Ecke. Bellend raste er auf die Entenfamilie zu, die voller Panik zurück ins Wasser floh. Der Hund harrte am Ufer aus, kläffend und knurrend, ließ nicht ab von der verängstigten Entenmama, die ihre Kleinen in Sicherheit zu bringen versuchte. Ich schluckte erschrocken. Das Orakel hatte gesprochen. Panik statt Erlösung. Bei den Enten. Und bei mir.

*

Die Krankenschwester, die mich auf der MRT-Liege positioniert hatte, überreichte mir große Kopfhörer und erklärte mir, dass ich während der Untersuchung Musik hören könne, um von den lauten Geräuschen nicht so viel mitzubekommen. Ich solle mich nicht bewegen und keine Angst haben, sie und die Radiologen seien im Nebenraum und könnten mich hören und mit mir sprechen, falls was sei. Na dann. Seit jeher litt ich unter Klaustrophobie, und diese Röhre, in die ich gleich reingeschoben werden sollte, sah wirklich sehr schmal aus ... Ich sollte mich entscheiden, ob ich Schlager oder Abba hören wollte, und wählte aufgrund der fulminanten Auswahl Letzteres. Zu den ersten Takten von »Mamma Mia« wurde ich langsam in die Röhre gefahren. Beklemmende Enge. Trotz der Musik konnte ich die hämmernden Geräusche deutlich hören. Wumm ... wumm ... wumm. Eine gefühlte Ewigkeit rotierte es um mich herum. Irgendwann wurde die Musik kurz gestoppt, und ich hörte stattdessen die Stimme des Radiologen. Man würde mir nun das Kontrastmittel durch den Zugang spritzen, ich solle ruhig liegen bleiben. Ich presste ein »Okay« heraus und bemühte mich, stillzuhalten und ruhig zu atmen. Ungeduldig wartete ich darauf, dass wieder die Musik gespielt wurde, aber ich vernahm nur ein leises Rascheln. Als sich der Radiologe räusperte, bemerkte ich, dass die Liveschaltung in den Nebenraum noch immer bestand. Er hatte wohl vergessen, sie durch Musik zu ersetzen. »Mach da noch mal eins«, hörte ich den Arzt zu seinem Kollegen sagen. »Da ist was! Da seh ich was …« Dann brach der Ton ab. Ein erneutes kurzes Rascheln. »Mamma Mia, here I go again«, dröhnte es nun erneut in meinen Ohren. Ich lag wie versteinert da. Trotz der kreischenden Abba-Stimmen und der lauten Geräusche war es jetzt mein eigener Herzschlag, den ich am deutlichsten hörte. Bumm … bumm … bumm. »My my, how can I resist ya.« Niemals mehr werde ich den Song hören können, ohne an diesen Moment im Juli 2014 denken zu müssen, als »Mamma Mia« der unfreiwillige Soundtrack meiner augenblicklich in mir aufsteigenden Todesangst wurde.

*

Der Motor der Milchpumpe brummte laut. Die Luft in dem kleinen Raum, den mir eine Krankenschwester zum Abpumpen zugewiesen hatte, war heiß und stickig. Meine Brüste waren hart und taten weh. Als die Flasche endlich mit Milch gefüllt war, schaltete ich den Apparat ab, dankbar, dass das nervtötende Geräusch verstummte. Ich stand auf und ging zum Waschbecken, um die Flasche in den Ausfluss zu kippen. Erschöpft sah ich dabei zu, wie die mühevoll gewonnene, jedoch kontrastmittelverseuchte Muttermilch leise gluckernd im

Abguss verschwand. Was für eine Scheiße, dachte ich. Was für eine riesengroße Scheiße.

Mir war schlecht vor Anspannung. Ständig rief ich mir die Worte ins Gedächtnis, die der Radiologe während des MRT zu seinem Kollegen gesagt hatte. »Da ist was! Da ist was. Da ist was.« Nur: Was war da gewesen? Was? Unruhig sah ich auf die Uhr. Dr. Waldvogel hatte mir versprochen, er würde noch vor Feierabend mit mir die Bilder besprechen. Daniel war mit den Kindern im Klinikpark ein Eis essen gegangen und wollte mich danach mit dem Auto mit nach Hause nehmen.

Im Flur hörte ich Schritte, dann klopfte es an der Tür.

»Ja?« Meine Stimme klang dünn.

»Hallo, Frau Käflein! Ich habe mir die Bilder angesehen.« Mein Bauch krampfte sich zusammen. Dr. Waldvogel schob den Stuhl zu mir und setzte sich. In den Händen hielt er die Aufnahmen. »Ich muss Ihnen sagen ... Wir werden aus den Aufnahmen nicht richtig schlau. Dieser Knoten an Ihrem Hals sieht von der Struktur her eher unauffällig aus, jedoch wölbt er sich auch nach innen stark aus.« Er zeigte auf das Bild.

Auch mit meinen ungeschulten Augen konnte ich den Knoten deutlich erkennen. Wie ein großer, runder Sack an der linken Seite des abgebildeten Halses ... meines Halses. »Der ist ja riesig«, flüsterte ich erschrocken.

»So ist es. Leider. Wir sollten nun doch nicht mehr allzu lange warten und die OP vorziehen. Die Raumforderung ist zu groß, um noch länger zu warten ...«

Der Boden unter meinen Füßen begann zu schwanken. Mit einer Hand klammerte ich mich am Tisch fest. *Raumforderung. Zu groß.* Die Worte schossen in meine Ohren und verbreiteten in rasender Geschwindigkeit das Gift der Angst in meinem Körper.

»Ich erkläre Ihnen nun, wie wir vorgehen werden, um

die Raumforderung zu entfernen. Sie liegt sehr nahe an der Hauptschlagader, daher ist bei dem Eingriff Vorsicht geboten.« Ich sah, wie Dr. Waldvogel weitersprach, wie sich sein Mund bewegte, während er wieder und wieder auf das Bild zeigte und gestikulierte. Seine Worte verschwammen, wie von Ferne drang nur ab und zu ein Satzfetzen zu mir vor. *Raumforderung.* Still wiederholte ich das Wort. *Raum ... forderung ...* Da fehlte doch was! Da fehlte ein Buchstabe! *Traumforderung* müsste es heißen! Ich würde einen Traum einfordern und danach gleich aufwachen. Dann wäre alles wieder gut. Ich bräuchte nur ein einziges T ... Wie betäubt driftete ich weiter ab in meinen kindlich-diffusen Gedankenstrudel, der mich fernhalten wollte von der Realität.

»Frau Käflein? Haben Sie verstanden, was ich Ihnen erklärt habe?« Eindringlich sah mich Dr. Waldvogel an.

Ich schüttelte benommen den Kopf. »Nein. Ich habe nichts verstanden.«

Er streckte mir das Bild entgegen. »Sehen Sie? Das Problem ist die Position.« Der Arzt zeigte auf eine große weiße Stelle. »Hier, in diesem Bereich, ist alles sehr eng. Hier ist die Hauptschlagader, hier die Luftröhre und hier direkt neben der Raumforderung befindet sich Ihre Schilddrüse.«

Mein Blick fiel auf das schmetterlingsförmige Gebilde, auf das Dr. Waldvogel wies. In dunklen Farben stellte die Aufnahme das Organ dar. Aber halt! *Da ist was!* Ein kalter Schauer lief über meinen Rücken. *Da ist was!*

»Ähm ... dieser weiße Punkt hier ... gehört der dahin?« Dr. Waldvogel unterbrach irritiert seinen Satz, ich hatte nicht bemerkt, dass er bereits weitergesprochen hatte.

»Ja, dieser Punkt, wie Sie sagen, der ist den Radiologen auch gleich aufgefallen.« Also hatte ich richtig gehört ... »Aber seien Sie unbesorgt. Solche sogenannten Knoten auf der Schilddrüse sind nichts Ungewöhnliches. Gerade Frauen haben sie häufig, und sie sind in den allermeisten Fällen völlig harmlos.« Auf meine Nachfrage, ob man das nicht näher untersuchen solle, winkte er ab. Solche Knoten seien nicht unüblich, jetzt habe man vor allem die Raumforderung im Kopf, die man schnellstmöglich operieren müsse. Irgendwas in mir wehrte sich gegen diese Begründung, protestierte dagegen. Dr. Waldvogel aber sprach bestimmt weiter und ließ keine Zeit für weitere Fragen.

»Ich habe Sie für Donnerstag in den OP-Plan eingetragen.« Ich zuckte zusammen.

»Nein!«, rief ich. »Donnerstag geht nicht! Nicht diese Woche! Am Freitag heiratet meine Freundin.«

Dr. Waldvogel stieß Luft aus und sagte: »Frau Käflein, wir können jetzt keine Rücksicht auf solche Dinge wie Hochzeiten nehmen. So schade das auch ist.«

Fassungslos starrte ich ihn an. Monatelang hatte ich mich auf dieses Fest gefreut. Viele Freunde und auch meine Schwester Carla, die mit ihrer Familie in einer anderen Stadt lebte, waren eingeladen. Ich hatte es nicht erwarten können, alle wiederzusehen, ihnen mein Baby vorzustellen und die Hochzeit von Siska zu feiern. Und jetzt sollte ich stattdessen im Krankenhaus liegen? Was geschah nur momentan mit meinem Leben?

»Das darf doch alles nicht wahr sein«, schluchzte ich.

»Es bringt Ihnen nichts, wenn Sie sich dagegen sträuben, Frau Käflein. Die OP muss und wird stattfinden. So oder so.«

Da war sie, die unverblümte Wahrheit. Sämtliche rosaroten Fluchtwege ins Schönredeland verriegelten augenblicklich ihre Pforten. Ich blinzelte in die viel zu grelle Realität, die sich wie ein unheimliches Gebirge vor mir aufbäumte. In diesem Moment wurde mir klar, dass Dr. Waldvogel recht hatte. Es gab keinen Ausweg. Ich würde da durchmüssen. Ob ich wollte oder nicht. So oder so.

5

Erste Operation

Die Krankenschwester band mir vorsichtig die Schleife meines OP-Hemds zu und sprach mit leiser Stimme. Die Tablette, die ich gerade geschluckt hätte, solle mich ruhig machen, bevor der Anästhesist gleich kommen und mir die richtige Narkose setzen würde. Tatsächlich fühlte ich mich seltsam gedämpft und blickte wie durch verschwommene Scheiben auf das Geschehen um mich herum. Weit weg das Stimmengewirr der Schwestern und anderen Patienten im OP-Vorbereitungssaal. Meine Sorgen und Ängste wurden weniger aufdringlich, leiser, und noch bevor die Vollnarkose in meine Venen floss, machte sich eine unfassbare Müdigkeit in mir breit. Fast entspannt fühlte ich mich, als der Anästhesist schließlich ankündigte, in zehn Sekunden die Narkose zu spritzen. »Jetzt schlafen Sie schön, wir holen diesen Knoten da raus, und danach haben Sie Ruhe!« So verschwommen seine Worte schon klangen, so schläfrig ich war, ich weiß noch, dass das Letzte, was ich dachte, ein zweifelndes »Schön wär's!« war, bevor es schwarz vor meinen Augen wurde und ich in den tiefsten Schlaf seit vielen Wochen fiel.

*

»Können Sie mich sehen? Frau Käflein?« Von weit weg hörte ich die Stimme der OP-Schwester, erkannte undeutlich, wie sie ihre Hände vor meinem Gesicht bewegte. Noch bevor ich richtig wach war, bemerkte ich den stechenden Schmerz in meinem Nacken. Ich griff mit meiner mit einem Schlauch versehenen Hand an meinen Hals. Ich konnte mich bewegen. Immerhin! »Haben Sie Schmerzen?« Die Schwester sah mich an, und ich konnte sie nun klar erkennen. Farben und Schärfe waren zurückgekehrt und mein Sehvermögen wiederhergestellt.

»Ja, mein Nacken tut sehr weh«, antwortete ich schwach.

»Das kann gut sein, Ihr Kopf war die letzten Stunden während der OP nach hinten positioniert und stark überdehnt.«

OP, ja genau, deswegen war ich hier ... Ich sah die Schwester eindringlich an und zeigte auf meinen mit Pflastern und Verbänden zugeklebten Hals.

»Ist er draußen? Konnten sie den Knoten rausschneiden?«

»Dr. Waldvogel wird bald zu Ihnen kommen und persönlich von der OP berichten«, versprach mir die Schwester, während sie einen neuen Infusionsbeutel anschloss und dann zum nächsten Patienten im Bett neben mir eilte.

Der Aufwachraum war rappelvoll. Mindestens sechs Betten konnte ich erkennen. Ein Raum dicht gedrängt mit frisch operierten, dämmrigen Menschen. In jedem Bett ein anderes Schicksal. Wie sah meines aus? Sollte der Albtraum der letzten Wochen mit diesem Eingriff nun wirklich beendet sein? Ich versuchte mit meiner Hand meinen Hals abzutasten und durch den Verband zu fühlen, ob tatsächlich wieder alles in Ordnung war. Stechende Schmerzen ließen mich zusammenzucken, als ich auf die Stelle drückte, und so ließ ich meine Hand wieder zurück auf die Matratze fallen. Ich atmete tief aus. Mein Blick fiel auf die Uhr über der Tür. Ich erschrak. Schon so spät! Wie es Mio wohl ging? Hatte die abgepumpte Milch gereicht? Ob er mich vermisste? Milena und Lukas hatte ich erklären können, dass ich nochmals ins Krankenhaus musste, damit die Ärzte den Knoten am Hals rausoperieren konnten. Sie wussten, dass Daniel sie von der Krabbelgruppe und der Schule abholen würde und sie mich spätestens morgen besuchen durften. Mio war natürlich viel zu klein für solcherlei Erklärungen, dennoch musste er damit zurechtkommen, nicht bei seiner Mama sein zu können. Der Gedanke war kaum auszuhalten, deshalb fragte ich die Schwester, ob ich kurz telefonieren könne. Ich wollte Daniel und meiner Mutter Bescheid geben, dass ich wieder wach und so weit alles in Ordnung sei. Die Schwester reichte mir ein Telefon.

Zuerst tippte ich die Nummer meiner Eltern ein. Oft hatte ich sie seit Mios Geburt nicht gesehen. Sie waren momentan sehr beschäftigt und arbeiteten viel. Zudem hatte ich sie mit meinen Sorgen nicht zusätzlich belasten wollen. Jetzt aber spürte ich, dass ich sie unbedingt bei mir haben wollte. Meine Mutter versprach, sich in der nächsten Stunde auf den Weg zu machen. Sie fragte, ob sie mir etwas mitbringen solle. Ich wollte antworten, doch in dem Moment sah ich, wie sich die Tür öffnete und Dr. Waldvogel den Raum betrat. Schnell beendete ich das Telefonat und schaute ihn an, um seinen Blick deuten zu können. Wirkte er unruhig? Besorgt? Erleichtert? Seine neutrale Mimik ließ nichts erahnen.

»Frau Käflein, wie fühlen Sie sich?«, fragte er, als er an mein Bett trat.

»Gut eigentlich. Mein Nacken tut weh. Sonst ist alles in Ordnung. Wie war die OP?«

»Der Eingriff verlief ohne Komplikationen. Wir konnten den Knoten entfernen. Es war ein stark vergrößerter Lymphknoten.« Ich hielt die Luft an. »Aber glücklicherweise war die Struktur sehr flüssig, was tatsächlich für eine Zyste spricht. Wir warten nun den histologischen Befund ab, aber ich gehe davon aus, dass sich das Ganze mit dieser OP für Sie erledigt hat.«

Mein Herz schlug wie wild. Am liebsten wäre ich auf der

Stelle aufgesprungen und hätte Dr. Waldvogel umarmt. Seine positiven Worte durchströmten meinen Körper wie ein warmer Schauer.

»Das ist gut«, seufzte ich. »Das ist wirklich gut.«

Eine Schwester zog gerade die schweren Vorhänge ein wenig beiseite, um das Fenster zu kippen. Warmes Sonnenlicht fiel auf mein Bett. Ich blinzelte ins Helle und versuchte zu realisieren, was eben Gehörtes für mich bedeutete. Wenngleich ich mich auf einmal viel leichter fühlte, so richtig ankommen wollte die Nachricht nicht in meinem Kopf. Alle Sorgen waren umsonst gewesen? All die Angst und mein Bauchgefühl, auf das ich mich sonst doch so gut verlassen konnte, hatten mich dieses Mal tatsächlich getäuscht?

»Also, Frau Käflein«, die Stimme von Dr. Waldvogel riss mich aus meinen Gedanken, »dann kann ich mich ja mit gutem Gefühl in den Urlaub verabschieden.«

»Oh, Sie sind die nächsten Tage gar nicht da?«, fragte ich überrascht. Ich konnte mich nicht erinnern, dass er zuvor etwas von Ferien erzählt hatte.

»So ist es, heute ist mein letzter Arbeitstag. Ich fliege morgen für zehn Tage auf die Malediven. Wenn ich zurückkomme, sind Sie schon längst wieder fit und zu Hause und genießen den Freiburger Sommer!«

Ich reichte ihm meine Hand und verabschiedete mich. »Danke Ihnen«, sagte ich noch, bevor er sich umdrehte und den Raum mit zügigen Schritten verließ. Flüchtet der vor irgendetwas?, fragte ich mich, beschloss dann aber, mir nicht weiter Gedanken darüber zu machen. Ich wollte mich einfach nur freuen.

Erneut griff ich zum Telefon, um Daniel anzurufen und ihm die Neuigkeiten zu erzählen. »Ich bin wach, und die OP ist gut gelaufen! Das Ding ist raus, es war wohl tatsächlich eine

Zyste!« Ich hatte Mühe, meine Zunge zu kontrollieren. Fast überschlug sich meine Stimme, während ich sprach. Wie gut es sich doch anhörte, was ich zu berichten hatte.

»Zum Glück!« Daniel seufzte erleichtert auf. Es war ihm anzumerken, wie groß die Anspannung in den letzten Tagen auch für ihn gewesen war. Er versprach, so schnell wie möglich zu kommen, um mir Mio vorbeizubringen. Lukas und Milena wollte ich mit meinem frisch operierten Anblick lieber noch einen Tag verschonen. Sie hatten in der letzten Zeit unterschwellig bestimmt viel Stress und negative Schwingungen gespürt, da wollte ich sie nicht zusätzlich damit belasten, ihre Mama so schwach sehen zu müssen. Zumal Dr. Waldvogel sich ja sicher gewesen war, dass ich bald wiederhergestellt sein würde. Ich schüttelte vorsichtig den Kopf. Auch wenn ich momentan noch starke Schmerzen hatte und mich körperlich ziemlich elend fühlte, war es an der Zeit, dass ich dieses furchtbare Kapitel meines Lebens für immer abschloss. Ich atmete tief aus. Mein Verstand hatte scheinbar noch Schwierigkeiten, diese positive Neuigkeit zu begreifen, die Entspannung wollte sich noch nicht so recht einstellen. »Ich bin ja wegen der Narkose auch noch völlig durch den Wind«, sagte ich zu mir selbst, um sich leise anbahnende Zweifel gar nicht erst zuzulassen.

Gerade als mich die Schwester auf mein Zimmer schieben wollte, betrat meine Mutter den Aufwachraum. In der linken Hand hielt sie einen Strauß bunter Rosen, in der rechten ihre rote Fahrradtasche und ihren Helm. Ihre braunen Haare waren etwas verschwitzt, und es war ihr anzusehen, dass sie sich beeilt hatte, um zu mir zu radeln. Ihrem Blick konnte ich entnehmen, dass sie sich sehr sorgte. Es versetzte mir einen Stich zu erkennen, was ich meinen Liebsten auferlegt hatte. Zwar hatte ich versucht, viel mit mir selbst auszumachen und die anderen so wenig wie möglich mit meiner Angst zu belasten, doch offensichtlich war mir das nur bedingt gelungen.

Auf dem Weg zur Station erzählte ich ihr daher, wie gut alles verlaufen sei und wie positiv der Arzt die Sache einschätzte. Mir konnte es gar nicht schnell genug gehen, ihr den Kummer zu nehmen, und ich war froh, schon deutlich entspanntere Züge in ihrem schmalen Gesicht wahrzunehmen, als wir mein Zimmer erreicht hatten und die Schwester mein Bett in die freie Ecke schob.

»So, machen Sie sich's gemütlich, Frau Käflein«, sagte sie. »Wir haben Ihnen ein Einzelzimmer gegeben, damit Sie Ihr Baby nachher zu sich holen können, wenn Sie fit genug sind!«

Dankbar lächelte ich sie an. Der Zugang in meiner linken Hand brannte, und die Drainage in meinem Hals, aus der die Wundflüssigkeit über einen kleinen Schlauch in einen Behälter lief, tat weh. Das Wissen, Mio gleich wieder im Arm halten zu können, machte alles jedoch erträglicher.

Meine Mutter zog zwei Flaschen Malzbier aus ihrer Fahrradtasche. Auch wenn ich vorhin nicht dazu gekommen war, ihre Frage nach einem besonderen Wunsch zu beantworten, hatte sie instinktiv genau das Richtige mitgebracht. Seit jeher war Malzbier eines meiner Lieblingsgetränke gewesen.

»Ist gut für die Milchbildung, jetzt nach der Narkose«, sagte sie und goss mir etwas Malzbier in einen Schnabelbecher.

Vorsichtig nahm ich einen kleinen Schluck. Ich spürte schmerzhaft offene Stellen in meinem Hals. Der Beatmungsschlauch, der die letzten Stunden die Sauerstoffzufuhr für mich übernommen hatte, schien Spuren hinterlassen zu haben. Egal, dachte ich, noch ein oder zwei Tage, dann geht es mir besser, dann kann ich dieses Kapitel endlich abschließen! Ich lächelte meine Mutter an, die sich auf einen Stuhl neben mein Bett gesetzt hatte. Sie richtete mir liebe Grüße von meinem Vater aus und sagte, dass er mich gegen Abend besuchen werde.

»Jetzt hast du's bald geschafft, Vera«, sagte sie und streichelte meine Hand. Durch das geöffnete Fenster wehte Wind herein. Ich schloss die Augen und genoss, wie er kühl mein Gesicht umstrich. Milde, weiche Luft. Luft zum Atmen.

Danke. Danke, dass es endlich vorbei ist.

*

Früh am nächsten Morgen besuchte mich Daniel mit Milena und Lukas. Sie hatten mich sehr vermisst und wollten nach dem Aufstehen sofort zu Mio und mir ins Krankenhaus. Kurz zuvor hatte ich nach der Schwester gerufen und gebeten, die Schmerzmittelzufuhr zu erhöhen. Die Schmerzen in Hals und Nacken hatten über die Nacht zugenommen. Jede kleinste Bewegung meines Halses tat höllisch weh, und ich wollte mir auf keinen Fall anmerken lassen, dass es mir nicht gut ging, wenn meine beiden Großen mich gleich sahen. Dass alles wieder gut sei, das wollte ich ihnen zeigen. Keine leidende Mama, um die sie sich sorgen mussten.

Mio war in der Nacht zum Glück friedlich gewesen und hatte die Milch aus der Flasche gut vertragen. Das nächtliche Abpumpen hingegen war mit all den Schläuchen und Zugängen eine Herausforderung gewesen. »Meinen Sie nicht, dass es einfacher wäre, den Kleinen an Fläschchenmilch zu gewöhnen?«, hatte mich die Nachtschwester gefragt, als sie mich mitleidig dabei beobachtet hatte, wie ich vorsichtig mit der Pumpe hantierte, darum bemüht, nicht an die Schläuche zu kommen. »Auf gar keinen Fall!«, hatte ich entschieden geantwortet. So weit kam es noch, dass Mio bei diesem mir verschuldeten ungemütlichen Start ins Leben nun auch noch auf seine kostbare Muttermilch verzichten musste. Da nahm ich das anstrengende nächtliche Abpumpen und Wegschütten der noch narkosebelasteten Milch gerne in Kauf.

Strahlend spazierte Lukas mit einer riesigen Sonnenblume in der Hand durch die Tür. Neugierig trat er näher an mein Bett. Er schien nicht sonderlich beeindruckt von all den Geräten um mich herum, fand sie im Gegenteil eher äußerst spannend. Milena aber, die hinter ihm lief, sah man an, dass ihr die Situation nicht recht geheuer war. Sosehr ich mich um Fröhlichkeit bemühte, dennoch spürte sie wohl, dass es mir nicht so gut ging, wie ich vorgab. Daniel überreichte mir Muffins, die er gestern mit den Kindern für mich gebacken hatte, und Lukas erzählte stolz, dass er selbst den Backofen anmachen durfte. Danach inspizierte er die Schläuche an meiner Hand und wollte wissen, was das für eine Steckdose an meinem Handgelenk sei.

»Da fließt ganz viel Zaubermedizin rein, die mich schnell wieder gesund macht«, erklärte ich ihm. »Wenn ich sie schlucken würde, müsste sie sich erst noch einen Weg durch meinen Körper suchen, aber so geht es rucki, zucki, und zack, ist die Mama wieder gesund!«

»Ruuuuuckiii, zuuckkiii.« Lukas lachte und hüpfte stürmisch aufs Bett. Stechende Schmerzen schossen vom Nacken durch meinen gesamten Körper. Daniel beugte sich erschrocken vor, um Lukas hochzunehmen, aber ich deutete ihm, dass er ihn bei mir lassen solle. Ja, es tat verdammt weh, aber Lukas hatte so lange auf mich verzichten müssen, jetzt sollte er wenigstens diese kurze Zeit mit mir haben. Doch sosehr ich mich bemühte, ich hielt den Schmerzen nicht stand. Traurig ließ ich meinen Kopf zurück auf die Matratze fallen. Warum tat das nur so höllisch weh? Ich sah Daniel an, der mich besorgt beobachtete, und bemühte mich um ein tapferes Lächeln. Müde sah er aus. Lukas habe heute Nacht nicht gut geschlafen, erzählte er. Immer wieder sei er aufgewacht und hätte nach mir gefragt. Bei der Vorstellung schmerzte mein Hals noch ein bisschen mehr. Ein innerer Kloß drückte fies gegen die Wunden.

Um etwas dagegenzusetzen, sagte ich mit vergnügter Stimme: »Hey, aber wisst ihr was? Der Doktor hat gemeint, dass ich ganz bald wieder zu euch nach Hause kommen darf.«

»Und wann genau, Mama?« Milenas prompte Frage kam wie aus der Pistole geschossen. Mit großen Augen blickte sie mich an.

»Du ... das weiß ich noch nicht.« Ihr ernster, mich durchbohrender Blick brachte mich aus dem Konzept. Ich wollte sie trösten, schaffte es aber nicht. Meine Tochter so ernst und bekümmert zu sehen, schnürte mir schier die Kehle zu. »Meine Maus. Wenn ich wieder bei euch bin, machen wir einen tollen Mädels-Filmabend mit ganz viel Bibi und Tina, mit Fanta und Popcorn, okay?« Ich lächelte sie an. Wenngleich ihre schönen grünen Augen kurz aufleuchteten, merkte ich, dass es mir nicht gelungen war, ihr ihre Sorge um mich zu nehmen. Auch wenn ich mit aller Kraft weiter versuchte, sie davon zu überzeugen, dass alles gut sei, merkte ich doch, als wir uns später voneinander verabschiedeten und Daniel mit ihr und Lukas zur Hochzeitsfeier unserer Freundin aufbrach, dass sie nicht gänzlich beruhigt war. Nachdenklich blickte ich ihr nach, wie sie in ihrem schönen Blumenkleid und den geflochtenen dunkelblonden Haaren still hinter Daniel und Lukas zur Tür lief und mir noch einmal zuwinkte, bevor sie zusammen das Zimmer verließen. Meine Milena. Schon immer war sie sehr empathisch und feinfühlig gewesen. In der letzten Woche hatte ich ihr angemerkt, wie sehr sie die Situation verstört hatte. Doch warum schaffte ich es jetzt, wo endlich alles wieder in Ordnung war, nicht, sie zu beschwichtigen? Müde schloss ich die Augen. Mein Hals pochte. Das automatische Blutdruckmessgerät piepste und drückte sich an meinem Arm zusammen, der Tropf schickte Tropfen für Tropfen der schmerzlindernden Flüssigkeit in meine Venen. *Zaubermedizin, die die Mama wieder schnell gesund macht.* Ich wiederholte die Worte, während ich immer müder wurde und meine Gedanken langsam verschwammen. Kurz bevor ich einschlief, schlich sich ein einzelner klarer Gedanke in mein Bewusstsein. Hoffentlich, so dachte ich, habe ich meinen Kindern nicht zum ersten Mal etwas versprochen, was ich nicht einhalten kann ...

6

Fünf vor zwölf

Die Sonne schien grell ins Zimmer, es war stickig und ich fühlte mich verschwitzt und klebrig. Mio lag schlafend auf meinem Arm. Eine kleine Schweißperle hatte sich auf seiner Stirn gebildet. Das Handy brummte. Meine Schwester Carla. Sie schickte mir Bilder von der feiernden Hochzeitsgesellschaft. Vom Brautpaar. Von den Freunden. Dem Festessen. Und viele liebe Grüße von allen. Alle seien so froh, dass ich es nun hinter mir habe, schrieb sie. Ich seufzte. Wie sehr ich mich auf diese Feier gefreut hatte … Wehmütig betrachtete ich die Fotos. Ich fühlte mich irgendwie schwer, und noch immer setzte das Gefühl der allumfassenden Erleichterung nicht so recht ein. Na ja, dachte ich, vielleicht bin ich einfach noch zu erschöpft.

Der Kollege, der Dr. Waldvogel vertrat, war vormittags kurz da gewesen und hatte aufgrund meiner anhaltenden Schmerzen in den Hals geschaut. Während der OP hatte ich mir wohl eine Infektion eingefangen, der Hals war entzündet und eitrig. Ich bekam nun zusätzlich ein Antibiotikum über die Infusion. Statt wie geplant am Samstag solle ich nun doch lieber noch bis Montag bleiben, hatte er mir beim Rausgehen gesagt. Da seien dann auch die endgültigen Ergebnisse der histologischen Untersuchung da. Mir tat es leid, Milena und Lukas weitere drei Tage warten zu lassen. Gleichzeitig fühlte ich mich aber körperlich tatsächlich noch nicht fit genug, das Krankenhaus am Wochenende zu verlassen. Ich wollte kraftvoller sein, wenn ich heimkam. Mobiler. Und ja, ich wollte vor allem das positive Ergebnis der histologischen Untersuchung schwarz auf weiß in Händen halten, um wirklich abschließen zu können.

*

Übers Wochenende konnte ich mich zum Glück gut erholen. Am Samstagmorgen wurde endlich die Drainage an meinem Hals gezogen, was zwar zu den schmerzhaftesten Erlebnissen zählte, die ich bis dato erlebt hatte, doch danach ging es mir wesentlich besser. Ich konnte meinen Hals wieder mehr bewegen, meine Haltung entspannte sich, und ich hatte sehr viel weniger Schmerzen. Daniel und die Kinder kamen mich ein- oder zweimal am Tag besuchen, und am späten Sonntagnachmittag tauchten gute Freunde meiner Eltern auf, die, wie so viele andere, Mio noch gar nicht kennengelernt hatten. Ich freute mich sehr über den Besuch von Tosca und Christian, mit denen ich zwar nicht verwandt war, die mir aber schon immer sehr nahestanden. Während meiner Kindheit hatten die beiden häufig schöne Ausflüge mit Carla und mir und ihren eigenen zwei Kindern unternommen, und die hübsche schwarzhaarige Tosca war für mich immer wie eine Patentante gewesen.

Ich fühlte mich so wohl, dass wir gemeinsam in die Cafeteria spazierten und dort ein großes Eis aßen. Mio war wach und aktiv wie nie zuvor, und alle erfreuten sich an den süßen Geräuschen, die er von sich gab, und an seiner bezaubernden Mimik. Mir tat gut, dass es an diesem Mittag kurz vor meiner morgigen Entlassung endlich mal wieder vor allem um mein Baby ging, und ich genoss die unbeschwerte Atmosphäre in vollen Zügen.

Als mich später die Krankenschwester fragte, wie es mir körperlich gehe, auf einer Skala von null bis zehn, lachte ich glücklich und sagte: »Mindestens neun plus!« Ich war froh darüber, dass die heftigen Schmerzen nachgelassen und das Antibiotikum angeschlagen hatte. Die Entzündung war abgeklungen, und auch sonst fühlte ich mich kräftiger. Die Zugänge waren alle gezogen worden, und ich konnte Mio wieder wickeln und stillen, ohne auf all die Schläuche achten zu müssen. Herrlich war das.

So schlief ich an diesem Sonntagabend zufrieden ein, in wohliger Vorfreude, am nächsten Tag nach Hause entlassen zu werden.

Früh am nächsten Morgen wurde ich wach. Mio schlief friedlich neben mir, erst vor einer Stunde hatte ich ihn das letzte Mal gestillt. Dennoch war ich nicht mehr müde. Ich fühlte mich getrieben, stand auf und begann, noch bevor es richtig hell wurde, meine Tasche zu packen. Um acht Uhr war die Abschlussuntersuchung im Arztzimmer geplant, danach sollte ich entlassen werden. Ich räumte alles zusammen und ging sogar das erste Mal nach der OP alleine duschen. Mio schlief noch immer, als ich aus dem Badezimmer zurückkam, und so hob ich ihn vorsichtig aus meinem Bett in den Kinderwagen, damit er während der Untersuchung weiterschlafen konnte.

Auf dem Flur traf ich die nette ältere Krankenschwester, die mich die letzten Tage liebevoll umsorgt hatte und ein großer Fan von Mio geworden war.

»Na, heute geht's heim, Ihr beiden, nicht wahr?«, begrüßte sie uns freundlich. »Oh, der kleine Mann schläft noch.« Entzückt schaute sie in den Wagen und streichelte sanft sein Händchen.

Ich sagte, dass ich nun zur Untersuchung müsse. Kurzerhand entschloss sie sich, uns zu begleiten. Sie wollte sich um Mio kümmern, sollte er währenddessen aufwachen. Ich lächelte sie an. Natürlich wusste ich, dass sie insgeheim darauf hoffte, dass Mio wach wurde und sie ihn auf den Arm nehmen konnte. Sie grinste mich an und hielt mir die Tür zum Arztzimmer auf, damit ich den Kinderwagen durch den engen Eingang schieben konnte.

»Guten Morgen«, rief ich gut gelaunt in den Raum.

Ein jüngerer Mann, etwa in meinem Alter, stand am Fenster und drehte sich überrascht um, als er meine fröhliche Stimme hörte. Erst jetzt fiel mir sein weißer Mantel auf. Ach, das ist ein Arzt? Er sah tatsächlich noch sehr jung aus und war mir bisher auf der Station noch nie aufgefallen.

»Guten Tag, Frau Käflein, mein Name ist Hetzer. Ich bin heute für Sie zuständig.«

Reflexhaft wollte ich ihm die Hand reichen, sah aber, dass er keine Anstalten machte, mir dies gleichzutun. Und so zog ich die Hand wieder zurück. Seltsamer Typ, dachte ich. Er schwieg und sah mich an. Um die unangenehme Stille zu unterbrechen, entschied ich mich, etwas zu sagen.

»Also, der Mio und ich, wir würden gerne zum Mittagessen zu Hause sein, bringen wir's somit schnell hinter uns.« Ich lächelte ihn an, um die Stimmung etwas zu lockern.

Dr. Hetzer verzog keine Miene und wich meinem Blick aus. »Ähm ... ja ... ich befürchte, wir können Sie heute Morgen doch noch nicht entlassen«, stammelte er dann.

»Was? Wieso denn nicht? Mir geht's doch wieder viel besser!«, platzte es aus mir heraus. Ich sah die Schwester an, die mich ebenso fragend anblickte und mit den Schultern zuckte.

»Ja ... äh ... Also, es ist so, dass die Ergebnisse aus der Histologie jetzt da sind ...«

»Das ist doch super. Und? Wie sehen die aus?« Ich hätte ihn am liebsten gepackt und geschüttelt, als er auf meine Frage weiterhin schwieg.

»Nun ja …«, murmelte er dann zögerlich. »Da ist was so, wie wir's nicht haben wollen …«

Ich starrte ihn an. »Wie meinen Sie das?«

Er schaffte es nicht, mir in die Augen zu sehen. »Hmm, das kann ich Ihnen jetzt noch nicht sagen, ich möchte in diesem Fall warten, bis mein Kollege da ist, und der hat heute noch einige OPs vor sich. Es wäre gut, wenn Sie so lange auf Ihrem Zimmer warten könnten, bis er eine Lücke hat und wir gemeinsam zu Ihnen kommen können.«

Im Augenwinkel sah ich, wie die Schwester fassungslos Dr. Hetzer anstarrte. »Sie können mir also im Moment nicht sagen, was los ist, und ich soll stattdessen wieder zurück auf mein Zimmer und dort warten, bis Ihr Kollege irgendwann Zeit hat, mit mir zu sprechen?«

Dr. Hetzer schaute mich unsicher an. Die Überforderung war ihm deutlich anzumerken, und mehr als ein leises »Ja« brachte er nicht heraus. Ich schüttelte leicht den Kopf, lief zum Kinderwagen, schob ihn zur Tür und verließ den Raum. Ich wollte einfach nur noch hier raus. In schnellen Schritten rannte ich über den Gang zu meinem Zimmer, trat ein und knallte die Tür zu. Dann ließ ich mich auf das Bett neben die fertig gepackte Tasche fallen und versuchte, ruhig zu atmen. Vergeblich. Mein Herz raste. Ich stand auf, um die Tür zum Balkon zu öffnen. Ein dunkelgrünes Taubennetz war vor dem Balkongeländer gespannt, und ich fühlte mich wie in einem Käfig. Ich schnappte nach Luft und lehnte mich gegen die Wand. Was war hier los? Fast schon wieder verdrängte schlimmste Gefühle kehrten in rasantem Tempo zurück und dominierten alle anderen.

Kalter Schweiß bildete sich auf meiner Stirn. Sämtliche Sirenen schrillten. *Da ist was so, wie wir's nicht haben wollen.* Was bedeutete das? War die Zyste vielleicht doch größer als gedacht? Oder hatten sie versehentlich ein bisschen zu viel rausgeschnitten? Mein Kopf dröhnte vor Möglichkeiten, die mein Unterbewusstsein sofort zu etwas Positivem zusammenbastelte, um Beruhigung zu finden.

Im Zimmer hörte ich mein Handy klingeln. Bestimmt Daniel, der sich wunderte, warum ich noch nicht angerufen hatte. Ich gab mir einen Ruck. »Ruhig, Vera. Ganz ruhig.«

Ich nahm das Gespräch an, während ich mich auf mein Bett setzte. »Hey, Daniel. Leider kann ich doch noch nicht heim. Die wollen noch was mit mir besprechen, aber erst später. Alles gut, aber irgendwie passt das wohl heute Vormittag nicht rein ...« Wieder einmal wunderte ich mich, wie ruhig ich nach außen klingen konnte, obwohl ich innerlich bebte.

»Ach schade, ich dachte, wir könnten Lukas nachher zusammen abholen«, sagte er enttäuscht.

Ich versprach, mich zu melden, sobald ich mehr wüsste, dann legte ich schnell auf. Keine Sekunde länger hätte ich durchgehalten. Mio rekelte sich im Wagen und fing an zu quengeln. Ich blieb auf meinem Bett sitzen. Oh Gott, mein Kleiner, was passiert hier nur? Du bist noch so winzig. Du brauchst mich doch noch ... Prompt fing Mio kräftig zu schreien an. Ich nahm ihn hoch, legte ihn aber sofort aufs Bett, als ich spürte, wie wacklig meine Knie waren. Wütend protestierte er. Sein Köpfchen lief tiefrot an, mit kräftiger Säuglingsstimme brüllte er seine Wut über seinen Hunger heraus.

Das Klopfen an der Tür konnte ich dadurch nicht hören, und erschrak, als plötzlich die Schwester neben mir stand und mir beruhigend ihre Hand auf meine Schulter legte. »Ach je, ach je, Sie Arme ...«, murmelte sie, während ich Mio anlegte.

»Es geht schon«, entgegnete ich. »Ich war vorhin nur etwas verwundert, aber ich sammele mich schon wieder.« Warum klang ich immer so viel beruhigender, wenn ich mit anderen Leuten sprach, als wenn ich mir selbst zuredete?

Die Schwester schaute mich ernst an. Ihr Blick gefiel mir nicht. »Ja, Frau Käflein, das ist doch völlig verständlich, dass Ihnen Angst gemacht hat, was dieser Vogel von sich gegeben hat. Das hätte jedem Menschen Angst gemacht.« Aufgebracht und zugleich außerordentlich mitfühlend sah sie mich an.

Ich schüttelte in Gedanken den Kopf. Nein, das war es nicht, was ich jetzt hören wollte. Danke Ihnen für Ihre Hilfe dachte ich, aber pessimistische Gedanken bringen mich in diesem Augenblick bestimmt nicht weiter … »Frau Käflein«, fuhr sie fort, »es ist eine Zumutung, Sie nach einer solchen Ansage so lange warten zu lassen. Ich werde sehen, dass ich den Oberarzt erreiche, damit er sofort zu Ihnen kommt.«

Mein Unterbewusstsein lief weiter auf Hochtouren und filterte brav den viel zu ernsten Ton der Schwester heraus, bevor er mein Bewusstsein erreichen konnte. Ich schaute aus dem Fenster und sagte: »Wenn es wirklich was Dramatisches wäre, würden die mich bestimmt nicht so lange hinhalten. Aber danke für Ihre Hilfe, Sie Liebe!« Ich lächelte sie an, jedoch nur kurz, um nicht zu lange in ihr besorgtes Gesicht sehen zu müssen.

»Ich hoffe, Sie behalten recht, Frau Käflein …«, flüsterte sie leise. Noch einmal drückte sie liebevoll meine Schulter und verließ dann das Zimmer.

Mir war schlecht. Ich wollte einen Schluck Wasser trinken, während ich Mio weiter stillte, aber es klappte nicht. Ich griff deshalb nach dem Handy und wählte die Nummer meiner Schwester. Carla war, wann immer es mir schlecht ging, wie eine Löwin. Als meine große Schwester wollte sie mich seit jeher vor allem Bösen beschützen. Nach zweimaligem Läuten hörte ich die mir so wohlvertraute Stimme. »Vera? Alles klar? Ich habe gerade an dich gedacht.«

Wie so oft schien die Gedankenübertragung zwischen uns

Schwestern gut zu funktionieren. Ich erzählte ihr von dem jungen Arzt und seiner seltsamen Aussage und dass ich nun wie in einem Gefängnis in meiner Zelle säße und auf meine Entlassung warten müsse.

Carla schnaubte wütend ins Telefon. »Was ist das denn für ein Idiot?«, ärgerte sie sich. »Aber mach dir nichts draus, der wusste bestimmt nur nicht, wie das alles genau heißt, und möchte deswegen seinen Kollegen dabeihaben, um nichts Falsches zu sagen. Aber was Schlimmes wird es schon nicht sein, sonst lassen die dich doch nicht so lange warten.«

Ha! Auf meine Schwester war einfach Verlass. »Gell? Das habe ich auch gedacht«, entgegnete ich erleichtert. »Das Warten nervt trotzdem.« Ich spürte, wie sich wieder Hoffnung in meinen angststarren Körper schlich.

Carla befahl mir, sobald Mio fertig mit Trinken sei, in die Cafeteria zu gehen und mir ein riesengroßes Stück Torte und eine Cola zu bestellen. »Ich überweise dir auf der Stelle 20 Euro, und du lässt es dir richtig gut gehen.«

Meine große Schwester ... Die unbeschreibliche Liebe und Dankbarkeit, die ich in diesem Moment empfand, ließen Tränen in mir hochsteigen. Was war ich momentan nah am Wasser gebaut! »Danke«, flüsterte ich ins Telefon. »Ich melde mich, sobald ich Entwarnung habe.« Dann legte ich auf und nahm Mio hoch. Er roch so gut ... süßer, friedlicher Babyduft ... »Das wird schon wieder, mein Schatz.« Meine Stimme brach, und neue Tränen machten sich auf den Weg nach draußen.

Schnell stand ich auf und wischte mir übers Gesicht. Mit Mio auf dem Arm ging ich in die Cafeteria. Den Kinderwagen ließ ich stehen, ich wollte meinen Sohn ganz nah bei mir haben. Im Aufzug betrachtete ich uns beide im Spiegel. Mio schaute mit seinen dunklen Äuglein aufmerksam umher. Langsam konnte er schon mehr von seiner Umwelt erkennen, das war nicht zu übersehen. Seine kleinen Finger umklammerten meinen mit blauen Flecken übersäten Unterarm. Mein Gesicht war blass und fahl. Die Stelle an meinem Hals, die bis gestern ein riesiges Pflaster überdeckt hatte, war geschwollen und gelblich verfärbt. Eine lange, wulstige Narbe klaffte über der linken Halshälfte. Sieht wirklich schlimm aus, fuhr es mir durch den Kopf. Dann zuckte ich aber mit den Schultern. Was soll's, wenn das der Preis war, den ich zahlen musste, um diesen Knotenhorror zu beenden, wollte ich mich nicht beschweren. Was ist schon eine Narbe gegen all die Sorgen und Ängste der letzten Zeit …

In der Cafeteria bestellte ich das größte und leckerste Stück Torte, das ich auf der Karte finden konnte. Mit extra Sahne und einer großen Cola mit Eis. Ich setzte mich mit Mio an den Tisch am geöffneten Fenster, um ein bisschen frische Luft, ein wenig Freiheit atmen zu können. Ich holte mein Handy hervor, um Carla ein Beweisfoto der von ihr finanzierten XXL-Bestellung zu machen.

»Entschuldigung? Dürfen wir kurz durch?«, fragte mich eine ruhige Männerstimme. Ich hatte gar nicht bemerkt, dass hinter mir Gäste durch den Hintereingang in die Cafeteria gekommen waren. Schnell stand ich auf, um meinen Stuhl etwas beiseitezuschieben. Als ich mich umdrehte, zuckte ich zusammen. Der Mann, der mich gebeten hatte, Platz zu machen, schob einen Rollstuhl. Darin saß eine glatzköpfige Frau, vielleicht ein paar Jahre älter als ich. Auf ihrem Schoß saß ein Mädchen in Lukas' Alter. An ihrem Arm waren mehrere Infusionen befestigt. Sie lächelte mich müde, aber sehr freundlich an. Das Mädchen stupste sie und sagte: »Schau mal, Mama, die Frau mit dem Baby hat auch eine Narbe. Wie deine am Bauch, wo sie den Krebs rausgeholt haben.« Ich erstarrte. »Und guck mal, was die für eine leckere Torte hat!« Der Mann, der meinen Blick bemerkt hatte, schob schnell seine Frau und die Tochter weiter. Es gelang mir nicht, meine Augen von ihnen zu lösen. Wie versteinert stand ich mit Mio auf dem Arm da und umklammerte die Stuhllehne. Bevor sie in den Gang abbogen, drehte die Frau ihren Kopf nochmals zu mir um, winkte mir zu und sagte leise: »Alles Gute Ihnen.«

»Danke ... Ihnen auch!«, flüsterte ich. Ich musste mich räuspern, und die Stuhllehne unter meiner Hand geriet ins Wanken. Erst jetzt bemerkte ich, dass ich zitterte. Ohne nachzudenken, lief ich fort. Raus aus der Cafeteria, weg von der Torte und den fragenden Blicken der anderen Besucher. Ich drückte Mio an meine Brust, ging immer schneller und schneller, immer weiter weg vom Klinikgebäude. Erst als die Wunde an meinem Hals stark zu pochen begann und ich spürte, wie mein Kreislauf immer schwächer wurde, ließ ich mich auf die altbekannte Bank vor dem Ententeich fallen.

Am Ufer liefen die Entenkinder entlang. Sie waren seit neulich schon ordentlich gewachsen. »Platsch« – das erste Entchen hüpfte mit einem kleinen Satz in den Teich. Ich schaute ihm nach. Und während es ihm nacheinander all seine Geschwister gleichtaten und sich vom Ufer entfernten, beschloss ich, selbst nicht länger davonzulaufen. Nicht länger zu flüchten und mich zu wehren gegen etwas, was ich mit aller Macht verdrängt, aber doch von Beginn an klar gespürt hatte. Ich begann in diesem Moment am Ententeich zu akzeptieren, dass mein Bauchgefühl wohl doch vom ersten Augenblick an recht behalten hatte ...

7

28. Juli 2014, 17:36 Uhr

Daniel lief unruhig auf dem Balkon hin und her. Ich beobachtete ihn durch die Scheibe. Wie ein Hamster in einem viel zu kleinen Käfig. Seine Nervosität war nicht zu übersehen. Ihm sei zu heiß im Zimmer, hatte er gesagt. Ich wusste aber, dass es die Situation war, mit mir gemeinsam zu warten, die er kaum aushalten konnte. Er hatte mich beruhigen wollen, ohne eine Idee zu haben, wie er das anstellen sollte. Ich war froh gewesen, als er auf den Balkon gegangen war. Ich selbst fühlte mich seltsam ruhig, seit ich vom Ententeich zurück in mein Zimmer gekehrt war. Bevor Daniel die Kinder zu meinen Eltern gebracht und in der Klinik erschienen war, hatte ich sogar noch ein wenig gedöst, als ich auf einmal von einer unglaublichen Müdigkeit überfallen wurde. Viel später kam mir einmal der Gedanke, dass mein Zustand seit der Begegnung mit der kranken Frau in der Cafeteria am Vormittag fast einer Narkose glich. Immer ruhiger wurde ich, immer weniger nahm ich wahr, bis ich irgendwann die schmerzhafte Unruhe kaum noch spüren konnte, die ich zuvor empfunden hatte.

Im Nachhinein betrachtet, waren der Schock und die Erkenntnis am Ententeich vielleicht sogar eine Art Schutz für mich gewesen, der mir half, die fast zehn Stunden, die nach der morgendlichen Ankündigung vergingen, zu überstehen, bis Dr. Hetzer und sein Kollege am frühen Abend endlich mein Zimmer betraten. Ich weiß noch, wie ich einen Blick auf meine Handyuhr warf, bevor Dr. Hetzer zu reden begann. »28. Juli 2014, 17:36 Uhr«, las ich und schloss die Augen.

»Frau Käflein, Sie hatten leider recht mit Ihrem unguten Gefühl. Der Knoten an Ihrem Hals war keine Zyste. Wir haben uns getäuscht. Es war eine Metastase. Sie haben Krebs.«

Langsam öffnete ich die Augen. Das Ticken der Wanduhr erzählte von Sekunden, die vergingen. In mir selbst ging jedes Zeitempfinden verloren. Ich weiß nicht mehr, wie lange ich dort stand, ans Bett gelehnt, mit dem schlafenden Mio auf dem Arm. Es war nicht der harte Aufprall, den ich erwartet hatte. Es war nicht, wie zuvor befürchtet, die schlimme Überraschung, die mir den Boden unter den Füßen wegzog. Ich hatte es gewusst. Vom ersten Augenblick an, als ich den Knoten im Schlafzimmerspiegel entdeckt hatte.

Wochenlang war ich hektisch, panisch, voller Angst umhergeirrt, war von A nach B gerannt, hatte immens viel Kraft investiert, um meinen doch so deutlich sprechenden Bauch zu übertönen. Nie hatte ich verharrt, und bis zuletzt hatte ich trotz vermeintlich positiver Wendungen keine endgültige Beruhigung finden können. Und jetzt war es, als würde mich jemand packen und vorsichtig, aber bestimmt ein bisschen tiefer in mein Leben drücken, mich auf den Boden der Tatsachen bringen und den furchtbaren Schwebezustand der letzten Zeit endlich beenden.

Rückblickend glaube ich zwar, dass schon in diesem Augenblick ein Stück Schwerelosigkeit für immer aus meinem Leben verschwand, doch empfand ich diese Erdung bizarrerweise in diesem allerersten Moment eher als eine Art schwer zu begreifender Erleichterung. Die inneren Suchmaschinen, die tagelang jedes noch so kleine Indiz für oder gegen meine schlimme Befürchtung analysiert und untersucht hatten, die Alarmanlagen, die permanent auf ihren Einsatz warteten, vor allem aber mein Verstand, der unter größter Kraftaufwendung gegen mein Bauchgefühl gearbeitet hatte – all das hatte ungemein viel Energie gekostet. Sie alle wurden in diesem Augenblick von ihrem Dienst befreit. So entsetzlich und einschneidend die Nachricht auf lange Sicht für mich gewesen war, so bezeichnend finde ich noch immer die Gefühle in ebendiesen allerersten Augenblicken nach der Diagnose. Wie unvorstellbar verzweifelt und ungehört ich mich in den schweren Wochen zuvor gefühlt haben musste, dass ich nun gar so etwas wie Erlösung empfinden konnte.

Ein Blick zu Daniel holte mich ins Hier und Jetzt zurück. Er stand blass in der Ecke des Zimmers, schwankte ein wenig und ließ sich auf den Stuhl neben sich fallen. »Oh nein!«, entfuhr es ihm. Seine Stimme klang schwach. So hatte ich ihn noch nie gesehen. Ich wollte zu ihm rüber, spürte dann aber, dass auch meine Beine mich nicht trugen. So legte ich erst Mio auf mein Bett, deckte ihn zu und ging dann langsam zu Daniel.

Ich legte eine Hand auf seine Schulter.

»Wir schaffen das«, flüsterte ich und merkte, wie auch meine Stimme dünn und brüchig klang. Ich räusperte mich und sah zu den beiden Ärzten. Wie lange hatten sie schweigend dagestanden und uns beobachtet? Waren es zwei Minuten gewesen? Vier? Oder gar länger? Ich versuchte, mich zusammenzureißen und mich zu konzentrieren. Schritt für Schritt!, dachte ich. Das sind jetzt die Tatsachen, und nun werde ich einen Weg suchen, damit umzugehen. Im Nachhinein kann ich kaum glauben, wie klar und abgeklärt ich daraufhin begann, Fragen an die beiden sich sichtlich unwohl fühlenden Ärzte zu stellen.

»Gut. Und was ist das für ein Krebs? Ist es die Schilddrüse?«

Dr. Hetzer antwortete, ohne mich dabei anzusehen. »Hm, ja, also wir gehen jetzt erst mal davon aus, ja.«

Aha. Fast widerwillig hörte er sich an, als sei jedes weitere Wort eine Zumutung für ihn. Er presste noch ein paar Sätze heraus, in denen er mir knapp schilderte, dass in der Lymphknotenmetastase Krebszellen gefunden wurden, die zu einer der vier Schilddrüsenkrebsarten passen würden. Doch erst bei der Untersuchung des Haupttumors könne gänzlich sichergestellt werden, ob diese Annahme stimmt.

»Okay, und was ist dann jetzt der nächste Schritt?«, hakte ich nach. Ich stand unter Schock, das half mir dabei, ruhig zu bleiben. Anders kann ich mir nicht erklären, wie ich es schaffte, relativ geduldig nach und nach einige wenige Informationen aus Dr. Hetzers Nase zu ziehen. Es war deutlich zu spüren, wie unwohl er sich in der Situation fühlte und wie anstrengend er es empfand, nun auch noch Fragen beantworten zu müssen. Er sagte, dass meine Schilddrüse komplett entfernt werden müsse. Dass der kleine weiße Punkt, den man auf dem MRT-Bild gesehen habe, wohl ein Tumor gewesen sei. Der Tumor, der in meine Lymphknoten gestreut habe. Also doch, dachte ich. Mehr könne er mir aber auch nicht erzählen, nur dass er einen Termin für mich beim Chefarzt ausgemacht habe, der würde mich nämlich operieren. Der Gesprächstermin sei in zwei Tagen, da könne ich dann ja alle Fragen in Ruhe klären.

»Entschuldigung?« Auch mein Schockzustand konnte die in mir aufsteigende Wut nicht mehr stoppen. »Erst in zwei Tagen? Wissen Sie, wie lang zwei Tage sind?«

»Ja, tut mir leid, da kann ich auch nichts machen. Das ist nicht meine Aufgabe. Wenn Sie nicht zurechtkommen, wenden Sie sich an einen Klinikseelsorger, ich muss jetzt weiter, die anderen Patienten warten.«

Mein Mund stand offen. »Komm, Daniel, wir fahren nach Hause.« Ich drehte mich um, um Mio in den Wagen zu legen, als Dr. Hetzer mich darauf hinwies, dass ich jetzt nicht sofort heimkönne. Eine Kollegin werde nachher noch Blut für ein großes Blutbild abnehmen.

»Dann sagen Sie Ihrer Kollegin bitte, dass sie das gleich machen soll, ich muss hier raus.« Mein Herz raste.

Dr. Hetzer sah mich genervt an. »Sie macht gerade die Abendrunde auf der Station. Wenn sie mit den anderen Patienten fertig ist, wird sie zu Ihnen kommen.«

Ich versuchte, ruhig zu atmen. »Dr. Hetzer, wäre es vielleicht möglich, Ihre Kollegin zu bitten, mich zuerst dranzunehmen? Können Sie nicht verstehen, dass ich nach dieser Nachricht und dieser langen Warterei jetzt gerne nach Hause gehen würde?«

»Es geht nicht darum, ob ich Sie verstehe, das sind hier einfach die Abläufe. Wir müssen jetzt auch weiter. Bis dann«, murmelte er, während er zusammen mit seinem Kollegen, der noch immer kein Wort gesagt hatte, ohne weitere Verabschiedung das Zimmer verließ.

Hätte Daniel all dies nicht miterlebt und mir nicht später bestätigt, dass die Situation genau so abgelaufen war, hätte ich sie mir selbst nicht mehr geglaubt und wohl angenommen, in meinem Schockzustand fantasiert zu haben.

Fassungslos ließ ich mich auf den Stuhl neben ihn fallen, als die Tür ins Schloss gefallen war. Wir sahen uns an. Daniel war noch immer kreidebleich. Seinen verzweifelten Blick konnte ich kaum ertragen. »Wir schaffen das!«, wiederholte ich und versuchte zu lächeln. Er sah an mir vorbei. Als in diesem Moment mein Handy klingelte, zuckte ich zusammen. Meine Mutter! Oh je, sie wartete längst darauf, dass wir die Kinder bei ihr abholten.

»Hallo?«

»Ja, Vera! Sag mal, ist alles bei dir in Ordnung?«

Wie ein Messerstich fuhr mir ihre Frage ins Herz. Die

Worte selbst auszusprechen, würde das Ganze gefährlich real machen. Ich überlegte kurz, entschied mich dann aber, ihr vorerst nichts zu sagen. Ich wollte vermeiden, dass meine Kinder um sie herum waren, wenn sie die Nachricht erfuhr.

»Ich rufe dich später noch mal an und erzähle dir dann in Ruhe, was los ist. Daniel macht sich jetzt auf den Weg zu euch und holt Milena und Lukas ab, ja?« Daniel schaute mich überrascht an. Als ich aufgelegt hatte, erklärte ich ihm, dass es so wohl am besten sei, ich würde später mit Mio nachkommen, dann, wenn ich hier endlich fertig sei. Ich wollte weder meine beiden großen Kinder noch meine Eltern länger warten lassen, und insgeheim spürte ich auch, dass ich Ruhe brauchte, einen Moment nur für mich. Einen Moment, um durchzuatmen und zu realisieren, was in den letzten zwanzig Minuten passiert war.

Sobald Daniel die Zimmertür hinter sich zugezogen hatte, änderte sich mein Zustand drastisch. Die vorherige Wut auf den Arzt war schlagartig verpufft, alle Kraft wich auf einmal aus meinem Körper. Völlig erschöpft legte ich mich vorsichtig zu Mio ins Bett. Unter keinen Umständen wollte ich ihn wecken. Sachte streichelte ich über sein weiches Babyköpfchen. Ich lag so nah an seinem kleinen Gesicht, dass ich seinen sanften Atem spüren konnte, als er ruhig ein- und ausatmete. »Mio, mein Mio«, flüsterte ich. »Die Mama hat Krebs.« Wie fremd sich diese Worte anfühlten. Wie fremd und wie schmerzhaft. Tränen liefen über mein Gesicht. »Ich möchte sehen, wie du laufen lernst, hörst du?« Ich schluchzte. In genau diesem Moment öffnete er sein kleines, zur Faust geballtes Händchen und umschloss meinen Finger, mit dem ich ihn gestreichelt hatte. Der Damm brach. Mehr und mehr Tränen stiegen in meine Augen, während Mio weiter im Schlaf meinen Finger fest umklammerte und mich mit seinem gleichmäßigen Atem streichelte. Diese Minuten waren es, in denen ich erst wirklich begriff, was sich in den letzten zwei Wochen angekündigt und was ich heute erfahren hatte. Nichts in meinem Leben zuvor war je so schwer für mich gewesen, als diesen endgültigen Weg in die Realität einzuschlagen. Doch so unfassbar schwer dieser Moment für mich zu ertragen war, so unvergessen wird für mich für immer bleiben, wie mich mein kleiner, ein paar Wochen alter Mio auf diesen ersten Metern stützte und begleitete. Wie er nicht aufhörte, meinen Finger festzuhalten, während ich weinte und mich auf dem Bett krümmte und wie er mir durch seine wohltuende, wunderbare Nähe den größten Mut und die wahrhaftigste Hoffnung spendete, die ich in diesem Augenblick hätte erfahren können.

*

Über eine Stunde musste ich warten, bis die Ärztin schließlich mit ihrem Rundgang auf der Station fertig war und endlich Zeit hatte, mir Blut abzunehmen. Mio war kurz zuvor wach geworden, und ich war gerade dabei, ihn zu wickeln, als es an der Tür klopfte. Die Ärztin bat mich, mein Tun zu unterbrechen, denn sie hätte es eilig und müsse nun wirklich los. Meine Güte, dachte ich, wollen nun alle vor mir flüchten, um nicht der Situation ausgeliefert zu sein, unangenehme Fragen beantworten zu müssen? Ist es so unzumutbar, sich Zeit zu nehmen für eine junge Patientin, die soeben ihre Krebs…, ich musste schlucken, die soeben ihre Krebsdiagnose erhalten hat? Dr. Waldvogel und sein distanziertes Verhalten nach der OP schossen mir in den Kopf. War er zu diesem Zeitpunkt tatsächlich noch der Meinung gewesen, mir eine harmlose Zyste entfernt zu haben? Oder hatte er sich womöglich davor drücken wollen, derjenige zu sein, der mir erste schlimme Einschätzungen vermitteln musste? Warum hatte er mir nicht in die Augen sehen können, als er im Aufwachraum mit mir geredet hatte? Hätte ich noch mal nachhaken sollen, wo ich doch so klar gespürt hatte, dass irgendwas nicht stimmte?

»So, es piekst kurz.« Ein Ruck und die Nadel steckte in meiner Vene. Immerhin das klappte heute auf Anhieb. Ich schaffte es nicht hinzusehen, spürte und hörte aber, wie sie begann, mein Blut zu ziehen. Diesen Moment nutzte ich, um wenigstens ein paar Fragen klären zu können.

»Wissen Sie zufällig, was jetzt an weiteren Therapien geplant ist?« Ich hatte meinen Satz noch nicht zu Ende gesprochen, da begann sie schon ihren Kopf zu schütteln.

»Nein, da kann ich leider nichts sagen, das ist nicht mein Bereich. Ich bin bei Ihnen nur fürs Blutabnehmen zuständig.« Eilig zog sie die Nadel heraus, sammelte die Blutproben ein und stand auf. »Warten Sie den Besprechungstermin in zwei Tagen ab, da wird sich bestimmt alles Weitere klären.« Sie war schon im Begriff, den Raum zu verlassen, als es aus mir herausbrach: »Wissen Sie eigentlich, wie lang zwei Tage sind, wenn man gerade erfahren hat, dass man Krebs hat? Kann mir nicht bitte mal jemand erklären, was genau los ist?« Ich schluchzte laut und brach erneut in Tränen aus. Es war nicht zu übersehen, dass die Ärztin am liebsten aus dem Raum gerannt wäre. »Eine Frage, bitte. Eine einzige.« Ich schaute sie flehend an und presste mit aller Kraft die Worte heraus, die so schmerzhaft in mir brannten. »Werden meine Kinder ohne ihre Mama aufwachsen müssen?«

Ihre Gesichtszüge entgleisten kurz, dann sah sie zu Mio, der noch immer ohne Windel auf meinem Bett lag und vergnügt mit seinen Beinchen strampelte. »Wie gesagt, Frau Käflein, ich bin zu wenig über Ihren Fall informiert, um da jetzt eine zuverlässige Aussage treffen zu können. Klar, das ist jetzt kein Schnupfen, den Sie haben, aber die Medizin ist inzwischen schon sehr weit … Ich wünsche Ihnen jedenfalls alles Gute!«, sagte sie schnell und nickte mir noch einmal zu, bevor sie hastig den Raum verließ.

Und dann waren wir wieder alleine, mein kleiner Mio, der Krebs und ich.

8

»Ich habe Krebs«

Mit ihren zwei kleinen Kindern im Gepäck hatte sich meine Freundin Tini sofort auf den Weg ins Krankenhaus gemacht, um mich abzuholen, nachdem ich ihr per SMS in Kurzform Bescheid gegeben hatte. Daniel war damit beschäftigt gewesen, die Großen ins Bett zu bringen, und so war ich Tini sehr dankbar, dass sie sich dazu bereit erklärte, Mio und mich heimzufahren. Tini und ich waren seit unserer Schulzeit befreundet. Die fast parallelen Schwangerschaften hatten unsere Freundschaft weiter verfestigt. Viel Zeit hatten wir gerade in den letzten Jahren miteinander verbracht, waren inzwischen sehr vertraut, und so sah ich ihr schon beim Betreten meines Krankenhauszimmers an, wie sehr sie um Fassung rang. Sie lächelte mich tapfer an und nahm mich fest in den Arm. Vor ihren Kindern wollten wir nicht sprechen, das war klar, und das kam mir auch ganz gelegen, denn ich fühlte mich unglaublich kraftlos.

Wir fuhren im Aufzug nach unten und liefen nahezu schweigend zum Auto. Ihr zweijähriger Sohn Leon erzählte, dass er heute Morgen in der Krabbelgruppe mit Lukas eine große Sandburg gebaut habe. Währenddessen schnallte Tini ihn in seinem Kindersitz auf der Rückbank an und ich befestigte daneben die beiden Babyschalen von Mio und Tinis kleiner, auch erst ein paar Wochen alter Tochter Emma. Beim Hantieren spürte ich die Narbe an meinem Hals. Erschöpft ließ ich mich auf den Beifahrersitz fallen, als wir es schließlich geschafft hatten und losfuhren.

Leon bespaßte auf der Rückbank die beiden Babys, frische Sommerabendluft strömte durch die geöffneten Fenster des Kombis. Ich lehnte meinen Kopf an die Lehne und ließ mich tief in den Sitz sinken. Tini und ich redeten kaum, doch bei jeder roten Ampel sah sie mich liebevoll an oder drückte kurz meine Hand. »Egal, was kommt, ich bin für dich und die Kinder da.« Sie sah bei diesen Worten auf die Straße, und ich konnte erkennen, wie sich Tränen in ihren blauen Augen sammelten. Sie stellte den Motor aus und nahm mich in den Arm. Ihre Tränen tropften auf meine Schulter.

»Danke dir, Tini«, flüsterte ich.

Mehr als diese zwei Sätze hatten wir auf der gesamten Heimfahrt nicht gesprochen. Mehr war nicht möglich, und mehr wäre auch nicht nötig gewesen. Sie war für mich da. Das hatte sie mir gesagt, und das hatte sie mir vor allem gezeigt. Das war das Einzige und Beste, was sie an diesem Abend für mich hätte tun können.

*

Es war ruhig in der Wohnung, als ich mit Mios Babyschale in der einen und meiner Kliniktasche in der anderen Hand unsere Wohnung betrat. Die Tür zum abgedunkelten Kinderzimmer stand leicht offen, und ich konnte erkennen, dass Daniel bei Lukas im Bett lag. Er schien mit ihm eingeschlafen zu sein. Ich stellte die Tasche im Flur ab und trug die Babyschale mit dem ebenfalls schlafenden Mio ins Wohnzimmer. Dann ließ ich mich auf das große rote Sofa fallen. Hier bin ich wieder, dachte ich. Hier bin ich wieder, ohne Knoten, aber … mit Krebs! Ich zuckte zusammen. Wie fremd das klang. Wie fremd und unheimlich. Krebs. Ich habe Krebs. Ich spürte ein scharfes Ziehen in der Magengegend.

Ich musste unbedingt meinen Eltern Bescheid geben. Und meiner Schwester. Und Annie. Aber wie machte man das? Ich umschlang meine Knie. Wie um Himmels willen sagt man seiner Familie, dass man Krebs hat? Mein Handy fiel aus meiner Hosentasche, und ich wertete das als Zeichen, nicht länger damit zu warten. Zuerst meine Eltern, dachte ich und wählte angespannt ihre Nummer.

»Ja, hallo?« Die Stimme meiner Mutter klang angespannt.

»Hi, ich bin's, Vera.«

»Gut, dass du dich endlich meldest! Wir machen uns Sorgen, Daniel war ja völlig durch den Wind, als er die Kinder vorhin abgeholt hat. Was ist denn los?«

Ich nahm Anlauf, um meiner Mutter alles zu erzählen, bog dann aber vorerst noch mal ab. »Ich bin jetzt zu Hause, die Kinder schlafen alle, Daniel auch. Ich glaube, der war heute sehr müde und geschafft.« Ich atmete tief durch. Sag es, Vera!

»Ach, dann ist ja gut. Ich hatte mich schon irgendwie gewundert...«

Noch einmal nahm ich Anlauf. Die Worte wollten nicht heraus aus meinem Mund. Wie gelähmt reagierte das Sprachzentrum meines Gehirns, weigerte sich, die entscheidenden Worte auszusprechen. Worte, die meiner Mutter, meinem Vater und allen, die mich lieben, zur tonnenschweren Last werden würden. Ich schluckte. Es tat mir im Herzen weh, ihr das antun zu müssen. »Pass auf, die Ärzte kamen heut Abend noch mal...«

Sie unterbrach mich. »Ja und? Was haben sie gesagt?«

Ich hörte das Ticken der Wanduhr, mein Herz raste, und ich zwang mich, es beim dritten Ticken zu sagen. Tick. Tick. »Ich habe Krebs.« Tick. Tick.

»Ach, du Scheiße.« Tick. Tick. Ich hörte meine Mutter unruhig atmen. Sag was!, befahl ich meinem Hirn. »Aber das wird schon. Ich weiß momentan noch nicht viel, habe aber übermorgen einen Termin, bei dem alles Weitere besprochen wird.« Tick. Tick. Tick.

»Was für einen Krebs?« Die Stimme meiner Mutter klang dünn, fast erstickt.

»Schilddrüsenkrebs, der Knoten am Hals war eine Lymphknotenmetastase.« Tonnenschwere Worte. Das Ticken der Uhr wurde immer lauter. Wie gerne ich etwas Tröstendes gesagt hätte. Wie gerne ich die Nachricht blumiger formuliert, die Fakten aufgehübscht, meine Mutter verschont hätte. Aber egal, wie ich es drehte oder wendete, es führte kein Weg mehr vorbei an der Wahrheit. Nicht für mich und auch nicht für meine Mitmenschen.

Mios Schreien brachte Normalität in die kaum auszuhaltende Anspannung zurück. »Du, ich muss jetzt Mio stillen. Wir können später noch mal telefonieren, ja?« Schnell legte ich das Handy beiseite und nahm Mio aus der Babyschale heraus. »Komm her, mein kleiner Schatz«, sagte ich und drückte ihn an mich. Sein süßer Babyduft stieg in meine Nase. Ich gab ihm einen Kuss auf seine weiche Stupsnase. Kurz ließ er sich durch diese Kuscheleinheit beruhigen, erinnerte mich dann aber mit nachdrücklichem Schreien daran, dass er wirklich Hunger hatte und nicht länger auf seine Abendmahlzeit warten wollte. Ich überlegte einen Moment, welche Brust dran war, und legte ihn dann an. Gierig begann er zu trinken. »Gut, dass du mich erinnerst«, flüsterte ich ihm zu. »Gut, dass du mich daran erinnerst, dass es weitergehen muss.«

*

Spät am Abend dieses unendlich langen Tages legte ich mich erschöpft in mein Bett und kroch unter die Decke. Obgleich es in dieser heißen Julinacht viel zu warm dafür war, brauchte ich den Schutz einer kuschligen Höhle. Bis unter meine Nasenspitze zog ich die Decke hoch und hoffte inständig, mich so über Nacht vor den schlimmen Ängsten verbarrikadieren zu können und auf diese Weise wenigstens ein paar Stunden Schlaf zu bekommen. Eben hatte ich noch über eine Stunde mit meiner Schwester Carla telefoniert. Wie immer hatte sie es geschafft, mich ein wenig beruhigen zu können. Zusammen mit ihrem Mann Ferdi, der im vergangenen Jahr sein Medizinstudium beendet hatte und inzwischen als Arzt arbeitete, versuchte sie mir so gut es ging zu erklären, was die Ärzte im Krankenhaus schlichtweg unterlassen hatten. Bei den vier Arten von Schilddrüsenkrebs, so sagten sie, ließen sich zwei sehr gut therapieren.

»Und die anderen zwei?«, hatte ich ängstlich nachgefragt.

»Die sind so selten, die wirst du nicht haben.« Ferdi hatte das mit einer solchen Bestimmtheit geäußert, dass ich es ihm einfach glauben wollte. Aller Wahrscheinlichkeit nach, so erfuhr ich noch, würde noch einmal eine große Operation anstehen, in der man mir die Schilddrüse komplett entnehmen würde, danach müsse ich eine bestimmte Kapsel schlucken, radioaktives Jod, eine Art innere Bestrahlung, und das wäre es dann auch schon. Nicht einmal eine Chemotherapie sei bei dieser Krebsart notwendig. Als ich unter meiner Decke an diese Worte dachte, spürte ich ein kleines bisschen Hoffnung, die die furchtbare Belastung dieses Tages ein wenig beiseiteschob und mir so half, tatsächlich für ein paar Stunden Schlaf zu finden.

Mitten in der Nacht schreckte ich auf. Noch bevor ich klar denken konnte, sprang ein einziges Wort in meinen Kopf. KREBS! Schweiß lief mir über den Rücken. Dennoch wickelte ich mich noch fester in die viel zu warme Decke ein. Mit einer Hand drückte ich gegen die Stelle unterhalb des großen Pflasters auf meinem Hals. Irgendwo hier muss die Schilddrüse sein, irgendwo hier sitzt der Krebs. Oder war er schon weiter vorgedrungen als nur bis zu dem einen befallenen Lymphknoten? Hatte er sich womöglich schon in meinem ganzen Körper ausgebreitet? Hatte er vielleicht eine Weile hinterlistig gelauert, bevor er richtig zuschlug? Mio bewegte sich in der Babywiege neben meinem Bett. Ein Blick zum Funkwecker auf dem Nachttisch verriet mir, dass es bald an der Zeit war, ihn zu stillen … War ich etwa schon krank, während ich schwanger gewesen war? War der Krebs still und heimlich in mir gewachsen, während sich mein Körper auf die Geburt meines dritten Kindes vorbereitete und ich voller Vorfreude mein Baby erwartete?

Plötzlich ließ mich ein Gedanke unvermittelt aus dem Bett springen. Unkoordiniert lief ich in den Flur zu der großen weißen Kommode. Hastig zog ich die oberste Schublade auf und durchwühlte den Karton, in dem die Fotos lagen, die ich in den letzten Monaten hatte ausdrucken lassen. Lukas' Taufe, Milenas Einschulung. Daniel und ich auf dem Grönemeyer-Konzert am Bodensee. Leider sah man mich nicht gut, halb verdeckt im Publikum jubelnd und im Dämmerlicht. Hektisch blätterte ich weiter durch die Fotos, bis mir ein Kuvert auffiel, das neben dem Karton lehnte. Stimmt, da waren die Bilder drin, die ich für Annie nachmachen ließ und ihr schon längst hatte geben wollen. Anfang Juni hatten wir unten im Garten Fotos von meinem Babybauch gemacht, um eine Erinnerung an meine wohl vorerst letzte Schwangerschaft zu haben. Ich zog den Stapel heraus und blickte auf das obere Bild.

Ein dunkelgrünes Band hält meine braunen Haare zusammen. Strahlend lache ich in die Kamera. Meine Hand streichelt glücklich den riesigen Babybauch. Und mein Hals? Fast blieb mir die Luft weg. Mein Hals war dick! Wie hatte ich das übersehen können? Deutlich sichtbar prangte die Schwellung auf der linken Seite. Der Anblick ging mir durch Mark und Bein. Warum war das niemandem aufgefallen? Wie hatte ich selbst diesen enormen Knoten nicht bemerken können? Ich ließ das Foto auf der Kommode liegen und lief ins Bad, um mir kaltes Wasser über die Handgelenke laufen zu lassen. Ich musste mich beruhigen, bevor Mio gleich wach wurde und gestillt werden wollte.

»Vera?« Daniel stand in der Tür zum Badezimmer. Mein hektisches Werkeln im Flur hatte ihn bestimmt geweckt. »Alles klar?«, fragte er verschlafen.

Nein, nichts ist klar, gar nichts, dachte ich, nickte jedoch nur und umarmte ihn, bevor ich zurück ins Schlafzimmer ging. Ich hörte die Klospülung. Kurz danach stand Daniel in der Tür und sagte: »Das wird schon alles wieder, Vera. Wir kriegen das hin.« Er legte sich auf die andere Seite des Bettes. »Ich bringe Milena morgen früh zu Theo und Lukas in die Krabbelgruppe, dann hast du mehr Zeit für dich.«

»Danke.« Ich hatte ganz vergessen, dass Milena schon morgen mit ihrem Papa verreisen wollte. Erst danach werde ich ihr erzählen, was los ist. Gerade erst hatte sie die erste Klasse hinter sich gebracht, und schon bald würde sie mit dieser herben Nachricht umgehen müssen. Beim Gedanken an ihr kleines, ernstes Gesicht und ihren sorgenvollen Blick wurde mir augenblicklich schlecht, als hätte mir jemand in den Magen geschlagen. Mio war aufgewacht und brauchte meine Milch. Die konnte nur fließen, wenn ich mich wieder beruhigte. Reiß dich zusammen, Vera, ermahnte ich mich und begann ein Lied zu summen, mit dem sich alle meine Kinder immer hatten beruhigen lassen. In dieser Nacht sang ich es das erste Mal für mich selbst.

*

Die zwei Tage bis zu meinem nächsten Termin im Krankenhaus waren kaum auszuhalten. Den engsten Menschen um mich herum musste ich die schwere Nachricht überbringen – und das ohne selbst genau zu wissen, wie es nun weitergehen würde. Mein ungesunder Drang, es allen recht machen zu wollen und niemanden mit meinen Angelegenheiten zu belasten, machte es mir zusätzlich schwer. Mich quälte die Tatsache, meinen Lieben eine solche Last aufzubürden, fast mehr, als die Sache an sich. Permanent war ich darum bemüht, so gelassen und ruhig wie möglich zu wirken, um meinem Umfeld zu vermitteln, dass man sich um mich keine Sorgen machen brauchte.

Nebenher verabschiedete ich Milena so fröhlich wie möglich in ihren Papa-Urlaub und spielte so oft und so intensiv wie es ging mit Lukas. Ich wollte ihm beweisen, dass seine Mama wieder fit war. Auch Daniel gegenüber riss ich mich sehr zusammen. Der Stress der letzten Wochen hatte bei ihm bereits zu einem leichten Bandscheibenvorfall geführt, und mir war klar, es würde nicht mehr viel fehlen, um ihn komplett außer Gefecht zu setzen. Ich war der Meinung, dass wir es uns nicht leisten konnten, wenn wir in dieser Situation beide ausfielen, und so aktivierte ich meine letzten Kräfte, um die Fassade so gut es ging aufrechtzuerhalten. Alle sollten so wenig wie möglich Grund haben, sich um mich zu sorgen. Einzig in den Momenten, in denen ich mit Mio alleine war, kam ich wirklich zu mir und verstellte mich nicht. Niemand störte uns während des Stillens, wozu ich mich jedes Mal ins Schlafzimmer zurückzog.

Ich wollte weder einen besorgten Anruf entgegennehmen müssen noch mit Besuchern reden, während er trank. Ich genoss die Stille im Raum, Mios friedliche Trinkgeräusche und seine zarten Finger, die immerfort meine Hand umklammerten. Er hielt mich fest, hielt mich, während ich ihn stillte, weinte und mich wieder beruhigte. Mit keinen Worten der Welt lässt sich beschreiben, wie kostbar und wie rettend dieser Halt damals für mich war.

9

Wildsau-Wahnsinn

Die Stühle im Wartebereich waren hart und unbequem. Unruhig rutschte ich auf meinem Platz hin und her. Aus den Augenwinkeln sah ich, wie Daniel nervös mit seinem Bein wippte und im Takt dazu Mios Kinderwagen hin- und herschob. Da Mio längst eingeschlafen war, ahnte ich, dass sein Wippen wohl eher zu seiner eigenen Beruhigung diente. Ich selbst, auf einen weiteren Wartemarathon eingestellt, erschrak fast, als ich nur zwanzig Minuten nach unserer Ankunft im Krankenhaus aufgerufen wurde, ins Ärztezimmer zu kommen.

Daniel hatte Mühe, den Kinderwagen in dem kabuffartigen, fensterlosen und viel zu kleinen Raum zu parken, und stieß beinahe einen Hocker um.

»Haha, auf so was sind wir hier nicht eingestellt. So junge Patienten trauen sich normalerweise nicht zu uns.«

Ich schaute auf. Ein großer, breiter Mann mittleren Alters mit dunkelblonden, adrett frisierten Haaren betrat den Raum durch eine Tür auf der gegenüberliegenden Seite des Zimmers und schien große Freude daran zu haben, Daniels Versuche, einen freien Platz für den Kinderwagen zu finden, zu beobachten. »Ach, dann bleiben Sie besser draußen mit dem Kind, ist doch viel zu eng hier für uns alle, dauert ja nicht lang.«

Fragend sah Daniel mich an. Ich zuckte mit den Schultern, woraufhin er den Wagen Richtung Tür schob und den Raum verließ.

Der Arzt grinste schief, was sein offensichtlich künstlich

sonnengebräuntes Gesicht in Falten warf. Was gibt es denn hier bitte schön zu lachen? Bevor ich reagieren konnte, ging abermals die hintere Tür auf und ein weiterer Arzt, etwas jünger als der erste, erschien in dem stickigen Raum.

»Na, Matze, alles frisch?«, wurde er von seinem noch immer breit grinsenden Kollegen begrüßt.

Während sie sich, ohne weiter Notiz von mir zu nehmen, amüsiert über den zweitklassigen Geschmack des heutigen Mittagessens in der Kantine unterhielten, begann ich mich ernsthaft zu fragen, ob ich im richtigen Zimmer gelandet war. Dieser grinsende Typ sollte besagter Chefarzt sein, der nun für jede weitere Behandlung bei mir zuständig sein würde? Mein Unwohlsein wuchs.

»Soooo ... und Sie wollen also bei mir unters Messer?« Er rollte nun mit seinem Drehstuhl in meine Richtung, würdigte mich mit knappem Blick, nuschelte undeutlich seinen Namen – »Heideg« –, was wohl so etwas wie eine Vorstellung darstellen sollte, und wandte sich dann wieder seinem Kollegen zu. Der hatte sich an den PC gesetzt, um dort irgendein Programm zu starten. »Matze, kannste mal kurz zuhören, wenn du willst, Schilddrüsenkarzinom, siebenundzwanzig Jahre, könnte vielleicht ganz spannend sein.«

Wäre ich nicht nach den vergangenen Tagen schon so kraftlos und von der Gesamtsituation völlig überfordert gewesen, hätte ich spätestens in diesem Moment reagiert und auf irgendeine Weise mein Unwohlsein zur Sprache gebracht. So schluckte ich nur nervös, in der Hoffnung, endlich genauere Informationen zu bekommen. Statt mit mir zu reden, beugte sich Dr. Heideg jedoch einzig wortlos zu meinem Hals vor, sagte: »Darf ich«, ohne dass ich ein Fragezeichen hören konnte, und ohne auf meine Antwort zu warten, riss er mit einem Ruck das Pflaster ab.

»Aua!«

»Oha, wann war das?«

»Die OP?«, fragte ich verunsichert.

»Klar, was sonst?«

Ich schaute weg, um sein zurückgekehrtes breites Grinsen nicht ansehen zu müssen. »Die OP war genau vor sechs Tagen.«

»Jo. Blöd, ne? Matze?« Der Chefarzt rollte mit seinem Stuhl zurück zu seinem Kollegen. »Das Zeitfenster nach so einer Hals-OP ist relativ klein. Nach fünf, sechs Tagen ist der operierte Bereich schon so verklebt, dass eine neue OP nicht mehr direkt möglich ist.«

Da er seinen Kollegen anblickte, war mir nicht klar, ob er mit ihm sprach oder mit mir. »Und was bedeutet das?«, fragte ich, nachdem er nicht weitersprach.

»Tja, das heißt, dass wir mit Ihrer OP warten müssen. Ich denke mal, so nach Weihnachten können wir da rangehen.«

»Nach Weihnachten? Das sind über vier Monate!«

»Ja und?« Mit ausdrucksloser Miene drehte er sich zu mir um. »Dann können Sie sich jetzt entspannen und in Ruhe von dieser OP erholen. Ist doch super.«

»Super? Vier Monate Krebs im Körper zu haben, der schon fleißig streut? Das empfinde ich ganz ehrlich gesagt als wenig ... super.« Meine Stimme überschlug sich fast.

»Ach, Frau ...«, suchend schaute er auf meine Akte, »... Käfer? Haha, Käferlein ... Das ist doch bei Ihrer Art Krebs gar kein Problem. Sie haben sich ja für die Luxusvariante entschieden.« Ich starrte ihn an. »Papilläres Schilddrüsenkarzinom ... haha, easy.« Dr. Matzes fachmännischer Kommentar aus den hinteren Reihen gab mir den Rest.

»Mir wurde bisher noch nicht wirklich etwas zu meiner Krebsart erklärt«, sagte ich, eine Spur zu leise. Meine Stimme zitterte, doch nicht nur sie, mein ganzer Körper schien sich augenscheinlich gegen diese bizarre Konversation zu wehren.

»Ach, das ist wirklich kein Ding, wir holen Ihnen die Schilddrüse raus, zack, zack, alle Lymphknoten zwischen Ihren Ohren, da der kleine Kerl ja schon gestreut hat, danach bekommen Sie eine Radiojodtherapie, und dann ist der Braten gegessen. Ich operiere täglich Schilddrüsen, völlige Routine, alles kein Ding.«

Ich sah ihn an und fragte mich zum zweiten Mal in dieser Woche, ob es im Medizinstudium wohl so etwas wie eine Vorlesung namens »Empathie« gab.

»Ich habe mich gefragt ... also bei uns in der Familie gibt es niemanden, der an Krebs erkrankt ist, und da frage ich mich eben, wie das kommt, dass ich mit siebenundzwanzig Jahren diese Diagnose kriege?« Tapfer oder vielleicht auch ein wenig naiv wagte ich einen weiteren Anlauf.

Dass Dr. Heidegs Grinsen nichts Gutes verheißen konnte, ahnte ich bereits, was er dann jedoch von sich gab, überstieg all meine Erwartungen. »Haha! Ham'se vielleicht zu viel Wildsau in Bayern gegessen? Die sind doch da alle so verstrahlt, oder, Matze?« Er klopfte seinem brav lachenden Fan auf die Schulter.

Mir verschlug es die Sprache. Ich dachte an die lange Liste mit den Fragen, die ich mir in den letzten zwei Tagen notiert hatte und auf die ich gehofft hatte, eine Antwort zu bekommen. Nie und nimmer hätte ich mir ... so etwas ... vorstellen können.

Mit Nachdruck versuchte ich in meiner Not nun trotz allem noch einmal ein vernünftiges Gespräch aufzubauen.

»Ich habe einfach kein gutes Gefühl, als Mutter dreier kleiner Kinder mehrere Monate mit dem Wissen zu leben, streuenden Krebs in mir zu tragen. Ich möchte die OP gerne sobald wie möglich hinter mich bringen.«

Dr. Heideg wirkte nun genervt. »Ja gut, wenn Sie das so

möchten, dann müssen Sie sich einen anderen Arzt suchen, der das macht. Ich arbeite nicht in frisch operiertem verklebtem Gebiet. Ich sage Ihnen, dass es völlig unbedenklich ist, bis Weihnachten zu warten. Aber wenn Sie das so für sich nicht gebacken bekommen, suchen Sie halt wen anders. Ich kann Ihnen aber gleich sagen, das wird schwierig werden.« Er schaute zu »Matze«, um sich von ihm ein bestätigendes Nicken einzuholen, einen vielsagenden Blick zu ernten. Danach zog er eine Augenbraue hoch und sah auf die Uhr, als wolle er mir zu verstehen geben: »Na, Sie hysterisches junges Ding, wie viel Zeit wollen Sie mir noch rauben?«

Ich spürte, wie geballte Abneigung in mir aufstieg. Mein Herz klopfte stark vor Wut. »Ich habe mich entschieden, dass ich das so für mich nicht *gebacken* bekommen *möchte*. Ich werde keine vier Monate warten. Und ich werde mich auch nicht von Ihnen operieren lassen.«

Das selbstgefällige Grinsen wich aus Dr. Comedys Gesicht. Er schien für einen kurzen Moment tatsächlich keinen Spruch auf Lager zu haben, und auch sein Matze saß schweigend am PC und starrte mich an, während ich aufstand und mich zur Tür umdrehte, um augenblicklich aus dem engen Kabuff und dieser furchtbaren Situation zu fliehen.

*

Unter keinen Umständen wollte ich noch einmal zurück in diese Klinik. Ich wusste, es würde schwierig werden, auf die Schnelle einen anderen erfahrenen Operateur zu finden, erst recht wusste ich aber, dass ich mich auf gar keinen Fall diesem Menschen anvertrauen wollte. Wie wild googelte ich schon auf der Fahrt nach Hause auf dem Beifahrersitz neben dem fassungslosen Daniel nach möglichen Alternativen.

»Was für ein Arschloch«, murmelte Daniel, dem ich diese Begegnung der dritten Art haarklein nacherzählt hatte.

Ich konnte nur nicken. Verzweifelt klickte ich durch die ersten zehn Ergebnisse. Alle führten zu seinem Namen.

»Es wird doch in dieser Stadt noch jemand anderen geben, der Schilddrüsen operiert und damit nicht vier Monate wartet?« Tränen stiegen in meine Augen. Dr. Brigitte Elka. Der erste Link mit einem anderen Namen. Ich klickte auf die blau unterlegten Buchstaben und wurde auf die Homepage einer Fachärztin für Nuklearmedizin weitergeleitet. Eigene Praxis in Freiburg, Schwerpunkt Schilddrüsenkrankheiten. Auf dem Foto war eine Ärztin mittleren Alters zu sehen, die freundlich in die Kamera lächelte. Dort muss ich hin. Das war Eingebung, sagte mir mein Bauchgefühl. Ohne weiter nachzudenken, drückte ich auf das Telefonsymbol. »Ich habe jemanden gefunden«, sagte ich zu Daniel, während es wählte. Kurz darauf bekam ich von einer sehr verständnisvollen Sprechstundenhilfe einen Notfalltermin schon für den nächsten Morgen ausgehändigt.

Obwohl ich später, beim genaueren Durchlesen ihrer Homepage, herausfand, dass die Ärztin selbst leider keine Operationen durchführte, gab mir die Sicherheit, bei ihr einen Termin am nächsten Tag zu haben, eine gewisse Zuversicht. Schlimmer als heute konnte es nicht werden, und vielleicht konnte ich mit ihr wenigstens ein paar der unbeantwortet gebliebenen Fragen klären. Ich atmete tief aus, um meine noch immer unruhige Atmung zu normalisieren. Ich durfte jetzt nicht die Nerven verlieren. Immer wieder sprach ich mir Mut zu, versuchte die demütigenden Erinnerungen vom Vormittag abzuschütteln. Es würde einen Weg geben. Und zwar einen, der mich nicht erst in vier Monaten von meinem Krebs befreien würde. Und hoffentlich auch einen, auf dem mir mehr Verständnis und vor allem Menschlichkeit begegnen würde.

*

»Oh mein Gott, sind Sie noch jung! Das ist ja furchtbar.« Ich sah in die ehrlich entsetzten Augen von Dr. Elka, die mich in ihr Sprechzimmer gebeten und mir freundlicherweise ihren bequemen Sessel angeboten hatte, um Mio stillen zu können, der schon ungeduldig weinte. Während ich ihn anlegte, schaute sie mich mitleidig an, dann blickte sie in den von mir ausgefüllten Anamnesebogen, den ihr die Sprechstundenhilfe überreichte. »1986 geboren ... Sie sind genauso alt wie mein Sohn ...« Wieder sah sie mich lange an. »So jung, so kurz nach der Geburt ... unfassbar.«

Ich wusste nicht so recht, wie ich auf so unerwartet viel Mitgefühl reagieren sollte. War im Krankenhaus nicht einmal ein Hauch dessen zu spüren gewesen, verunsicherten mich ihre Empathie und ihre starken Emotionen nun fast ein wenig.

»Ähm ... aber was ich bisher durch meine Internetrecherchen erfahren habe, scheint meine Art von Krebs ja ganz gut therapierbar zu sein, oder?« Ich sah sie hoffnungsvoll an.

»Das schon, Frau Käflein, aber in Ihrem Alter Krebs ... was das alleine mit der Psyche machen wird ... Ach herrje, und dann Ihre armen Kinder. Meine Güte, tun Sie mir leid.« Sie schien tatsächlich ernsthaft ergriffen zu sein, schüttelte immer wieder schockiert den Kopf und seufzte tief, bevor sie sich dann meinem eigentlichen Anliegen zuwandte. »Und ja, Sie haben völlig recht. So eine lange Zeit abzuwarten, bis man Sie operiert – eine Zumutung! Unvertretbar in Ihrer Situation!«

Nun seufzte ich. Auch wenn mich ihre Anteilnahme in diesem unerwarteten Ausmaß etwas irritierte, tat es gut, diese Zustimmung zu hören.

»Wissen Sie was? Ich habe eine Idee!«, rief sie plötzlich erfreut. Ich zuckte zusammen. Die Gefühlsausbrüche dieser Frau waren eine Nummer für sich. Aufgeregt griff sie zu dem Telefon, das auf ihrem antiken Schreibtisch stand. »Ich kenne da einen ganz, ganz tollen Kollegen, der gerade erst nach Freiburg in die Marienklinik gekommen ist. Er ist dafür bekannt, Schilddrüsen super zu operieren. Er ist zwar Chefarzt und behandelt meines Wissens nur Privatpatienten, aber für eine Zweitmeinung wäre er perfekt. Vielleicht kennt er auch jemanden bei sich im Kranken... Hallo, Sie sind ja schon dran!« Sie lachte in den Hörer, und mir war, als würde ihre Stimme noch eine Spur weicher werden, während sie den Arzt am Ende der anderen Leitung herzlich begrüßte. »Mensch, Dr. Key, wie schön, Sie direkt zu erreichen. Wie geht's Ihnen denn? Haben Sie sich gut eingelebt in Freiburg?« Leise vernahm ich die freundliche Stimme am anderen Ende der Leitung durch den Hörer an ihrem Ohr. Mein Atem wurde auf einmal ruhiger, irgendetwas schien eine gewisse Entspannung in mir hervorzurufen. Ich spürte, wie ich müde wurde, und lehnte meinen schweren Kopf an die Sessellehne. »Ja, genau. Eine junge Frau, erst siebenundzwanzig Jahre alt, sie hat gerade ihr drittes Kind entbunden. Wäre es möglich, dass Sie sich den Fall mal anschauen und einschätzen, ob eine baldige OP vertretbar wäre?« Sie sah mich gespannt an, während sie der angenehmen Stimme im Telefonhörer lauschte. »Oh tatsächlich? Das ist aber lieb von Ihnen. Ja, Moment, ich frage sie gleich.« Sie drückte den Hörer gegen ihre Schulter und wandte sich mir zu. »Er sagt, Sie könnten sofort vorbeikommen? Er nimmt sich Zeit. Wollen Sie?« Sie zuckte die Schultern und lachte.

Ich sah sie überrascht an, zuckte auch mit den Schultern und sagte: »Ja! Ja, klar, gerne! Danke! Sagen Sie ihm vielen Dank!« Ich seufzte erleichtert. Heute schien es ja tatsächlich mal wieder gut zu laufen für mich.

Nachdem die Ärztin das Telefonat beendet hatte, verließ sie das Behandlungszimmer und kehrte mit einem Glas eiskaltem Orangensaft mit buntem Strohhalm zurück. »Jetzt stillen Sie Ihren kleinen Schatz erst einmal in Ruhe zu Ende und danach geht ihr zusammen zu Dr. Key. Der kann bestimmt einige Fragen klären.« Sie reichte mir das Glas und stellte mir den Keksteller von ihrem Schreibtisch auf den Schemel neben dem Sessel. Ich lächelte sie an und freute mich von Herzen über ihre ehrliche Fürsorglichkeit.

Die Kirchturmglocken des Freiburger Münsters begannen zu läuten. Die Sonne, die durch die großen Fenster des Altbaus schien, ließ das Zimmer in einem sanften gelblichen Ton leuchten. Ich trank den kühlen Saft und spürte bei jedem Schluck, dass mein Hals sich nicht mehr ganz so eng anfühlte wie zuvor. Ich atmete tief durch.

»Danke!«, sagte ich leise. Und fühlte es laut.

*

Die Marienklinik war ein kleineres Krankenhaus, und die persönlichere, viel freundlichere Atmosphäre war bereits bei der Anmeldung zu spüren. »Ach, das ist aber noch ein ganz kleiner Zwerg, den Sie da haben!« Die ältere Dame an der Rezeption beugte sich entzückt über den Tresen, um den schlafenden Mio im Kinderwagen besser beäugen zu können. »So ein hübsches Kerlchen!«, strahlte sie und fragte mich nach meinem Namen. »Ach, Frau Käflein, Sie sind das. Dr. Key hat mir schon Bescheid gegeben. Sie können direkt in sein Zimmer.

Er schreibt gerade Arztbriefe, hat aber gesagt, Sie dürfen sofort zu ihm reinkommen, damit Sie mit dem Kleinen nicht warten müssen.«

Nach all den langen Stunden in den verschiedensten Wartebereichen des Stadtkrankenhauses und in unterschiedlichsten Arztpraxen konnte ich mein Glück kaum fassen. »Das ist ja lieb«, sagte ich. »Und das, obwohl ich ohne Termin so spontan vorbeikommen durfte. Ganz lieben Dank!«

Die Dame kam hinter dem Tresen hervor und legte mir eine Hand auf die Schulter. »Bedanken Sie sich am besten gleich persönlich bei Dr. Key! Das ist ein ganz toller Arzt! Sie werden ihn mögen.« Sie lächelte mich an und zeigte mit der anderen Hand auf die Tür links von mir. »Hier sind wir schon, gehen Sie einfach rein. Er ist da nicht so ...«, sagte sie und verschwand wieder hinter dem Tresen.

Gerade als ich meine Hand ausstreckte, um anzuklopfen, ging die Tür mit Schwung auf. Überrascht zog ich die Hand zurück und sah auf. Vor mir stand ein junger, braunhaariger Mann in Poloshirt und Jeans und lächelte mich freundlich an. »Sorry, ich wollte Sie nicht erschrecken.«

»Äh ... Ne, ne, kein Problem«, antwortete ich verwirrt. Hatte ich mich etwa doch in der Tür geirrt? Das konnte unmöglich Dr. Key sein. Hatte Dr. Elka nicht etwas von einem Chefarzt erzählt? Da hatte ich spontan einen älteren weißhaarigen Herrn mit faltigem Gesicht im Kopf gehabt.

»Ach, Sie sind bestimmt Frau Käflein, oder?«, sagte er, als er den Kinderwagen neben mir bemerkte.

Ich nickte perplex. Dann war er es also doch?

»Schön, dann mal hereinspaziert. Setzen Sie sich ruhig schon mal hin, ich bin gleich wieder da.« Mit ein paar Akten unter dem Arm geklemmt lief er den Flur hinunter.

Ich schob Mios Wagen in den Raum hinein und nahm auf

einem der beiden Stühle Platz. Mein Blick fiel auf den großen Schreibtisch. In der Mitte sah ich einen Kalender liegen. Der heutige Tag war aufgeschlagen, und die Seite war von oben bis unten voll von mit Bleistift eingetragenen Terminen. Dazwischen jedoch leuchtete mit gelber Neonfarbe … mein Name! »!Fr. Käflein – Prio!« Die handschriftliche Notiz war mehrfach unterstrichen und von zwei Ausrufezeichen umrahmt. Ein warmes Gefühl machte sich in mir breit. Schon bevor ich mich selbst vorgestellt und meine Situation erklärt hatte, schien man mich hier ernst zu nehmen und mir wirklich helfen zu wollen. Nach all den Erfahrungen der letzten Wochen empfand ich eine große Erleichterung, die umso stärker wurde, als Dr. Key nach wenigen Minuten zurückkehrte und vorschlug, erst einmal in Ruhe über meine genaue Diagnose zu sprechen und dann Schritt für Schritt alle Fragen zu klären, die mir auf der Seele brannten.

»Das könnte aber lange dauern«, sagte ich, woraufhin er grinsend mit den Schultern zuckte und meinte, dass dies kein Problem sei, er käme eh nie vor zwanzig Uhr aus der Klinik heraus.

Die Art und Weise, wie er mich ansah und mir aufmerksam zuhörte, während ich ihm die einzelnen Stationen der letzten Wochen erzählte, vermittelten mir Sicherheit. Endlich hörte man mir wirklich zu. Er ließ mich ausreden, fragte ab und an kurz nach, unterbrach mich aber nie. Er wirkte ehrlich interessiert und zeigte Empathie, ohne mich jedoch mit Mitleid zu überschütten. Er schien zwar betroffen zu sein von dem, was ich berichtete, nicht aber besorgt, was für mich einen enormen Unterschied machte und meine in mir aufkommende Beruhigung weiter nährte. Um mir zu erklären, wie die anstehende Operation ablaufen wird, nahm er den gelben

Textmarker vom Tisch und malte Schilddrüse, mein frisches Narbengebiet und die umgrenzenden Lymphknoten in meinem Halsbereich auf. Da der Tumor auf meiner Schilddrüse ja schon gestreut habe, müsse man wahrscheinlich einige angrenzende Lymphknoten bis hoch zu beiden Ohren entnehmen, erklärte er mir mit seiner ruhigen, angenehmen Stimme. Dies sei aber kein Problem, das könne man bei der Entnahme der Schilddrüse einfach mitmachen. Vorsichtig löste er dann das große Pflaster an meinem Hals, um sich die Narbe ansehen zu können.

»Hui. Einen einzigen Lymphknoten haben die da nur rausgeholt?«, fragte er, als er die riesige Naht sah. Ich nickte. »Okay ... na denn. Aber die Narbe lässt sich mit der nächsten OP ja vielleicht etwas korrigieren.«

Er tastete nun vorsichtig meinen Hals ab. Obwohl der Bereich noch sehr empfindlich war, schaffte er dies, ohne mir dabei wehzutun.

»Das sieht schon mal ganz gut aus«, sagte er. »Das sollte kein Problem sein.« Er fragte, was die Kollegen mir denn bereits über die Krankheit und die weiteren Behandlungsmöglichkeiten erklärt hätten.

»Nicht viel«, entgegnete ich. Da ich keinerlei Arztberichte aus dem anderen Krankenhaus mitbekommen hatte, die ich Dr. Key hätte vorlegen können, musste ich mich konzentrieren, um die für mich so neuen Begriffe korrekt wiederzugeben. »Die sagten, es sei ein papillärer Schilddrüsenkrebs.« Zum Glück funktionierte die »Papi-Eselsbrücke«, die ich mir die Tage zuvor zurechtgelegt hatte. Von jeher fiel mir das Merken längerer Fremdwörter nicht leicht, und speziell diese medizinische Fachsprache war absolutes Neuland für mich.

»Papillär. Das ist schon mal gut. Das papilläre Schilddrüsenkarzinom ist der häufigste Schilddrüsenkrebs und gehört zu den differenzierten Schilddrüsenkrebsen, was bedeutet, dass bei dieser Variante das Krebsgewebe noch eine gewisse Ähnlichkeit mit normalen Schilddrüsenzellen hat und Jod aufnehmen kann. Das macht man sich bei der an die Operation anschließenden sogenannten Radiojodtherapie zunutze. Da schlucken Sie dann eine radioaktive Jodtablette, die alle noch schilddrüsenähnlichen und jodspeichernden Zellen in Ihrem Körper findet und zunichtemacht. Wobei ein guter Operateur eh so wenig wie möglich beziehungsweise im besten Falle gar kein Schilddrüsengewebe mehr übrig lassen wird.« Er hielt kurz inne und vergewisserte sich, ob ich ihm folgen konnte. Das konnte ich. Alles erschien auf einmal nicht mehr so komplex und vor allem gar nicht mehr so unendlich Furcht einflößend.

»Das heißt, ich muss nun diese große OP, die Thy…«

»Thyreoidektomie«, half er mir.

»Genau, die muss ich jetzt hinter mich bringen und dann diese innere Bestrahlung, und danach hab ich den Krebs schon los?«

Er nickte. »Das ist der Plan, ja.«

Ich seufzte. »Puh … dann muss ich jetzt nur noch einen guten Operateur finden, bei dem ich ein gutes Gefühl habe … so wie …« Ich sah Dr. Key ein wenig verlegen an, fügte dann aber hinzu: »So wie bei Ihnen.«

Er lächelte. Seine strahlend dunkelbraunen Augen verliehen seinem Gesicht etwas Spitzbübisches. Er sah wirklich jung aus, allerhöchstens wie vierzig. Ich überlegte, wie es gelang, in seinem Alter bereits Chefarzt zu sein, noch dazu einer, der es trotz seiner rasanten Karriere scheinbar geschafft hatte, sich seine Menschlichkeit zu bewahren.

»Ja, wenn Sie ein gutes Gefühl bei mir haben, müssen Sie ja eigentlich keinen mehr suchen, oder?« Ich sah ihn verdutzt an.

»Ich dachte ... also weil Sie Chefarzt sind und ja nur Privatpatienten behandeln und ich Kassen...«

»Ach ... Papperlapapp!«, winkte er ab. »Wenn Sie gerne möchten, dass ich Sie operiere, dann operiere ich Sie! Sagen Sie mir, wann es für Sie passt, und ich mach den Tag für Sie frei.« Ich riss die Augen auf. »Wirklich? Und ...« Meine Stimme brach vor Aufregung. »Und Sie glauben, wir müssen nicht bis Weihnachten warten?«

»Bis Weihnachten? Sind Sie verrückt? Bis dahin möchten wir Sie längst wieder ganz gesund haben, damit Sie in Ruhe mit Ihren Lieben feiern können.«

Als wäre das sein Stichwort, wachte Mio prompt auf und quakte etwas in seiner süßen Säuglingssprache, während er sich rekelte. Dr. Key stand auf und beugte sich über den Wagen. »Nicht wahr, kleiner Mann, dein erstes Weihnachtsfest feiert die Mama gefälligst ohne Krebs, nicht wahr?« Er streichelte Mios Fingerchen, die aufgeregt über seinem Kopf herumfuchtelten und im Gegensatz zu Dr. Keys starken Unterarmen und seiner großen Hand noch winziger als sonst wirkten. Irgendwo draußen auf der Straße parkte ein Auto mit laut dröhnenden Musikboxen. »Ein Hoch auf das, was vor uns liegt...« Andreas Bourani. »Dass es das Beste für uns gibt. Ein Hoch auf das, was uns vereint. Auf diese Zeit.« Leise summte ich das Lied mit. »Ein Hoch auf uuu-uuns! Auf dieses Leee-eben.« Ich lächelte. Auf dieses Leben! Was für eine riesengroße Lust ich in mir spürte, dieses Leben zu leben! Und explosionsartig breiteten sich auf einmal Glücksgefühle in mir aus, als mir in genau diesem Moment klar wurde, dass ich eine reelle Chance dazu haben würde.

*

Ich glaube, alles wird gut!, tippte ich einhändig in mein Handy, während ich mit der anderen Hand den Kinderwagen auf den Gehweg hievte. Ich schickte die SMS ausnahmsweise gleich an mehrere meiner Kontakte, einfach weil ich die Nachricht so wichtig fand und keine Zeit verlieren wollte, sie all meinen Liebsten möglichst schnell mitzuteilen.

Über eine Stunde war ich bei Dr. Key gewesen. Zum Schluss hatte er sich seinen Kalender geschnappt und mich konkret gefragt, wann ich operiert werden möchte. Mitte August sei er eine Woche im Urlaub, ansonsten könne ich mir einen Tag aussuchen. Er meinte also wirklich ernst, dass er mir freie Wahl ließ. Ich hatte kurz mit Daniel telefoniert und mich dann für den 2. September entschieden, da das der erste Tag war, an dem die Krabbelgruppe von Lukas nach den Ferien wieder geöffnet hatte, er dann also wenigstens tagsüber seinen gewohnten Rhythmus haben würde. Und Milena würde Anfang September noch einmal eine Woche mit ihrem Papa und seiner Mutter, ihrer geliebten »Nonna«, verbringen. Außerdem, und das war für mich am ausschlaggebendsten, konnte ich Mio dann immerhin noch den August über stillen. Es tat mir in der Seele weh zu wissen, dass ich ihn vor der nächsten OP endgültig würde abstillen müssen. Die Zeit bis dahin wollte ich bewusst mit ihm erleben und uns beiden wenigstens noch ein wenig Zeit geben.

Auch hoffte ich, ich könnte die drei Wochen nutzen, um mit meinen Kindern allgemein wieder ein wenig zur Ruhe zu kommen. Immerhin musste ich ihnen ja auch noch irgendwie erklären, was los ist und warum ihre Mama noch einmal ins Krankenhaus gehen muss. Jetzt, wo Dr. Key mir alles so ausführlich erklärt hatte und mir auf meine besorgten Fragen beruhigende Antworten gegeben hatte, fühlte ich mich ein wenig sicherer bei dem Gedanken, die Kinder einzuweihen. Vor zwei

Tagen hatte mich der Gedanke daran völlig überfordert. Es tat mir gut, nun einen klaren Plan zu haben, der mir vor Augen hielt, wann was zu tun war, welche Schritte anstanden. Das Gefühl der unerträglichen Ohnmacht, das mich die letzten Tage schier erdrückt hatte, wich langsam aus meinem Körper. Erleichtert atmete ich die milde, warme Luft ein und begann zu summen, während ich den Kinderwagen durch das hochsommerliche Freiburg zurück nach Hause schob.

»Ein Hoch auf das, was vor uns liegt, dass es das Beste für uns gibt …«

*

In den Tagen nach meinem Gespräch mit Dr. Key gelang es mir tatsächlich, ein wenig zur Ruhe zu kommen. Der Gedanke, dass sich diese unheimliche Krankheit noch immer in meinem Körper befand, war zwar stets präsent, doch jedes Mal, wenn Angst aufkam, wiederholte ich Dr. Keys Worte, dass alles gut werden würde und wir nur Schritt für Schritt unseren Plan abhaken müssten. So gelang es mir immer wieder, neuen Mut zu sammeln. Was mich jedoch viel Kraft kostete, war mein Umfeld. Allein die Tatsache, dass ich von meiner Erkrankung erzählen musste, wenn ich Kontakt zu Menschen hatte, die noch nichts von ihr wussten, bedeutete eine große Überwindung. Die bestürzten, oft panischen Reaktionen zu ertragen, war aber noch viel belastender. Ich versuchte möglichst locker und unbekümmert zu wirken, wenn ich die vielen ängstlichen Fragen beantwortete. Unbewusst machte ich es mir zur Aufgabe, meine Freunde zu trösten und ihnen ihre Angst um mich zu nehmen. Der Grund für so viele Sorgen zu sein, fiel mir extrem schwer, und so bemühte ich mich, so fit und stark wie möglich zu erscheinen. Erst viel später wurde mir bewusst, dass es genau das war, was die meisten meiner Kräfte raubte. Unbemerkt ging mir so mehr und mehr die Puste aus, während ich nach außen hin meine Mitmenschen damit überraschte, wie gefasst ich mit meiner frischen Diagnose umging.

10

Von bissigen und lieben Hunden

Daniel war mit Milena und Lukas tagsüber im Freibad gewesen. Annie hatte mich währenddessen besucht, die Wohnung geputzt, war einkaufen gegangen und hatte das Abendessen für uns vorgekocht, damit ich die Zeit ohne die großen Kinder nutzen konnte, um mich mit Mio auszuruhen. Meine liebe Annie. Während einige andere Freunde nicht so recht wussten, wie sie mit der Situation im Allgemeinen und mit mir im Speziellen umzugehen hatten, war Annie einfach da. Packte an, wo es etwas zu tun gab, ohne zu fragen, und vermittelte mir mit der Selbstverständlichkeit und Herzlichkeit, mit der sie all das tat, dass sie immer für mich da war und mich wirklich nicht alleineließ.

»Heute Abend sagt ihr es den Kids, nicht wahr?«, fragte sie und stellte die Tasse mit dem Stilltee, den sie mir gerade gekocht hatte, vorsichtig auf dem Couchtisch ab.

»Ja«, sagte ich. »Es wird Zeit. Die spüren ja, dass da was ist, und ich denke, Klarheit und Offenheit ist für alle besser als dieses latente Schweigen und Drumherumreden.«

Ein wenig mulmig war mir vor dem Gespräch, aber als Daniel wenig später die Tür aufschloss und Milena und Lukas hereingestürmt kamen, war ich fast froh darüber, nicht mehr länger damit warten zu müssen. Annie übernahm Mio, um ihn im Wagen spazieren zu fahren, und Daniel und ich setzten uns mit den beiden Großen aufs Sofa. Ich hatte den Kindern Bananenmilch gemacht und ein paar Kekse auf den Tisch gestellt, über die sich Lukas gleich gierig hermachte. Milena hingegen saß still auf dem Sofa und wartete gespannt ab, was es mit diesem ungewöhnlichen Familientreffen zu viert auf sich hatte. Ihr konnte man einfach nichts vormachen, und das wollte ich nun auch wirklich nicht mehr länger tun.

Ich gab mir einen Ruck. »Ihr beiden, ihr habt euch ja bestimmt schon gefragt, warum die Mama eigentlich noch mal ins Krankenhaus musste ...«

»Wegen der Kugel am Hals.« Die Kekskrümel flogen ihm beim Sprechen nur so aus seinem kleinen Mund, und Lukas griff schnell nach Nachschub.

Milena sah mich indessen ernst an und nickte nur.

»Die Ärzte haben diese Kugel jetzt genauer untersucht und herausgefunden, dass da eine Krankheit drin versteckt war«, erklärte ich vorsichtig weiter. »Ihr habt ja bestimmt schon mal von der Krankheit gehört, die genauso heißt wie ein Tier. Nämlich Krebs.« Ich atmete tief durch und fuhr dann fort. »Diese Krankheit heißt zwar immer gleich, aber es gibt ganz viele verschiedene Krebsarten. Wie bei Hunden. Da gibt es ja große gefährliche Hunde, welche, denen man nicht so leicht Kommandos beibringen kann und die sogar beißen, und dann gibt es welche, die sind ganz klein und lassen sich sehr einfach erziehen. Und so einen Krebs-Hund habe ich. Heißt zwar auch Krebs, ist aber ein lieber, der nicht so gefährlich ist wie andere Rassen.«

Ich machte eine kurze Pause. Lukas hörte überaus interessiert zu und war gespannt, wie es weiterging. Milena guckte auf die Narbe an meinem Hals. »Mein kleiner Krebs sitzt dort auf der Schilddrüse«, sagte ich und zeigte mit dem Finger auf meinen Hals. »Das ist ein kleines Organ, was ein bisschen aussieht wie ein Schmetterling und was einige wichtige Aufgaben im Körper übernimmt. Das Tolle ist aber, dass die Aufgaben auch ganz super von speziellen Tabletten übernommen werden können, und darum können die Ärzte die Schilddrüse mit dem kleinen Krebs drauf einfach aus meinem Körper rausoperieren. Danach schlucke ich noch eine Zaubertablette, die alles, was vom kleinen Krebs in meinem Körper übrig geblieben ist, auffindet und wegzaubert. Und dann – Simsalabim! – ist der ganze Krebs und alles, was er in Mamas Körper vergessen hat, draußen. Und die Mama ist wieder gesund.«

Lukas lachte. »Simsalabim! Tolle Tablette, die zaubern kann!«, rief er und sprang auf meinen Schoß, um sich meinen Hals genauer anzusehen und zu schauen, ob er den kleinen Krebs vielleicht doch von außen irgendwie erkennen konnte. Milena hatte sich ihr Hundebuch geschnappt, blätterte nun darin und überlegte, welche Hunderasse dann wohl am besten mit meinem Krebs vergleichbar wäre. Nach einer Weile entschied sie sich für den Pudel. Nicht aggressiv, klein und leicht erziehbar. Ich seufzte erleichtert. Die Stimmung war ruhig und erstaunlich ausgeglichen.

Milena wirkte zwar ernst, aber nicht besonders besorgt. Der Hundevergleich schien sie tatsächlich sehr zu beruhigen. Lukas rannte nach ein paar Minuten ins Kinderzimmer, um seinen Kuschelkrebs zu suchen, den Daniel letzten Winter vom »Schrottwichteln« seines Handballvereins mitgebracht hatte. War ich damals dagegen gewesen, diesem kitschigen Etwas in Neonpink einen Platz im eh schon viel zu überfüllten Kinderzimmer zu geben, war ich nun froh über den für Lukas greifbareren Namensvetter meiner Krankheit. Daniel folgte ihm, um ihm bei der Suche zu helfen, und ich rutschte rüber zu Milena und legte den Arm um ihre Schulter, während wir gemeinsam die Fotos der unterschiedlich farbigen Pudel ansahen. Auf der nächsten Seite war einer der lockigen Hunde beim Hundefriseur zu sehen, wo dem Pudel gerade sein Fell geschoren wurde.

Milena betrachtete das Foto mit großen Augen und schaute mich dann nachdenklich an. Plötzlich war mir klar, welcher Gedanke in ihr aufgetaucht war.

»Meine Haare werden nicht ausfallen, Milena. Ich bekomme nur die Zaubertablette, keine Chemotherapie. Außer einer weiteren Narbe am Hals wird man mir nichts ansehen.« Meine Tochter kuschelte sich in meinen Arm. »Mach dir keine Gedanken, meine Große, alles wird gut.« Sie drückte sich noch ein wenig fester an mich, und ich kraulte ihren Rücken, wie ich es damals immer getan hatte, als sie noch so klein wie Mio war und auf meinem Bauch gelegen hatte.

»Ich finde, Pudel sehen irgendwie komisch aus«, murmelte sie mit Blick auf das Foto des frisch frisierten Hundes beim Hundefriseur. Aber gut, dass sie nicht beißen«, fügte sie hinzu und legte ihren Kopf an meine Schulter.

»Das stimmt, mein Schatz«, flüsterte ich und küsste ihren Kopf. »Das ist wirklich gut.«

Hatte ich zuvor Angst gehabt, die Kinder könnten nach unserem Gespräch belastet oder in sich gekehrt wirken, stellte sich genau das Gegenteil heraus. Besonders Milena war eine viel größere Lebendigkeit anzumerken. Sie stellte immer wieder Fragen, und ich spürte, wie mit jeder weiteren Erklärung die Anspannung ein bisschen mehr von ihr wich. Ihr schien, ähnlich wie mir, der genaue Plan, wie es nun weitergeht, sehr zu helfen. Natürlich war ihr meine Unsicherheit angesichts der Unklarheit zuvor nicht verborgen geblieben. Und nun konnte sie spüren, dass auch ich zwar die harten Tatsachen verdauen musste, aber nicht mehr diese schreckliche Unruhe in mir trug.

Solange wir zusammen in unserer Familienblase blieben, ging es uns also relativ gut. Weiterhin schwer waren jedoch Reaktionen und Verhalten unseres Umfelds zu ertragen. Ich konnte nicht verstehen, dass sich erwachsene Menschen nicht ein wenig zusammenreißen konnten, solange meine Kinder in der Nähe waren. Bestürzt bekundeten sie laut ihr Mitleid und ihre Angst um mich und ließen sich auch durch eindringliche und bittende Blicke meinerseits nicht davon abhalten, ihre panischen Gedanken unverblümt mitzuteilen. Sie waren scheinbar so überfordert von der Situation, dass Feingefühl und Empathie meinen Kindern und mir gegenüber nicht mehr möglich war.

So kam es, dass ich mich in den Wochen vor der großen OP immer mehr abkapselte, mich möglichst nur mit meinen Kindern und den vertrautesten Menschen umgab, sodass negative Gefühle gar nicht erst an mich und meine Lieben rankamen. Zum Glück zählten die Freunde aus unserem Haus zu den Menschen, die verstanden, was ich momentan brauchte. Statt vor meinen Kindern negativ über die Diagnose zu sprechen und Angst zu schüren, unterstützten sie Daniel und mich stattdessen sehr in diesen Wochen. Sie nahmen uns die Kinder ab, kochten abwechselnd für uns, gaben Privatkonzerte im Garten oder in unserem Wohnzimmer, um mich bei Laune zu halten. Ich fühlte mich wohl in ihrem Beisein und fand zuhörende Ohren, wann immer mir danach war.

Vor ihnen musste ich mich auch nicht verstecken, wenn ich mal einen schweren Moment hatte und weinen musste. Genauso gut konnte ich mit ihnen dann auch wieder herumalbern und ließ mich gerne von banalen Dingen ablenken. Meine Mitbewohner ermöglichten mir, dass ich diese erste Zeit nach meiner Diagnose im Kreise unserer Hausgemeinschaft weitgehend normal und unbeschwert verbringen konnte.

*

Meine Eltern waren kurz nach meiner Diagnose für drei Wochen nach Norwegen in den Urlaub aufgebrochen. Da sie sich dadurch nicht wie sonst um meine Großmutter kümmern konnten und ich sie seit Mios Geburt noch nicht gesehen hatte, war es mir ein großes Bedürfnis, Oma für ein paar Tage mit den Kindern zu besuchen und ihr Mio vorzustellen. Auch wollte ich ihr ein wenig von ihrer großen Angst um mich nehmen.

Die Kinder freuten sich, im wunderschönen und noch immer liebevoll von ihr gepflegten »Uroma-Garten« zu spielen. Ich genoss die Ruhe der kleinen Ortschaft, in der sie lebte, die frische Luft, die leckeren Beeren aus ihrem Garten, die nach Sommer und Kindheit schmeckten, und den Geruch ihres Hauses. Der wunderbare Duft von selbst gemachter Marmelade, gebackenem Apfelkuchen und frischem Pfefferminztee kroch von meiner Nase in mein Herz und löste da ein inniges Gefühl von Frieden aus. Oma hatte diesmal einen Apfelkuchen mit besonders vielen Zimtstreuseln zubereitet, da sie wusste, wie sehr ich sie liebe. Seit jeher hatte ich eine besonders innige Beziehung zu meiner Großmutter. Nicht nur äußerlich ist sie die Verwandte, die am meisten Ähnlichkeit mit mir hat. Wir beide reden und lachen gerne und viel, haben denselben Humor, und wir verstehen uns blind.

Bei diesem Besuch konnte ich ihr deutlich ansehen, wie schlimm sie die momentane Situation belastete. Immer wieder sah sie mich besorgt an, streichelte meine Hand und sagte: »Mensch, Vera, so was Schreckliches. So ein junges Maidli wie du …«

Die letzten Monate waren gesundheitlich aber auch für sie nicht leicht gewesen. Sie hatte schwer mit ihrem Herz und der Atmung zu kämpfen gehabt, und öfter hatte sie erwähnt, dass wohl langsam die Zeit für sie gekommen sei zu gehen. Jedes

Mal, wenn sie so etwas geäußert hatte, erschrak ich zutiefst. Mir war bewusst, dass sie auf die neunzig zuging und dass alle Großeltern irgendwann sterben mussten. An den Gedanken aber, meine über alles geliebte Oma nach dem schmerzlichen Verlust meines wunderbaren Großvaters vor einigen Jahren nun auch noch zu verlieren, konnte und wollte ich mich nicht gewöhnen. Gerade jetzt brauchte ich sie, unseren Zusammenhalt, ihre herzliche und bedingungslose Liebe – mehr als je zuvor.

An einem heißen Nachmittag bauten sich die Kinder eine schattige Höhle unter den Pfirsichbäumen und veranstalteten dort ein Früchte-Picknick mit allerhand selbst gepflügten Beeren. Oma stand lächelnd am Balkongeländer und beobachtete ihre Urenkel. Ich stellte mich neben sie und legte meinen Arm um sie. Sie schaute zu mir auf.

»Na, mein Schatz?«

Mir wurde warm ums Herz. Niemand sonst aus meiner Familie nannte mich so.

»Na, Oma?«

Ihre Augen, mit denen sie mich liebevoll ansah, füllten sich mit Tränen. »Vera, du musst wieder gesund werden.« Ihre Stimme brach und sie musste heftig husten.

Ich nahm sie in den Arm und streichelte sanft über ihren Rücken. »Das werde ich! Und ich brauche dich dafür, Oma. Du darfst mich jetzt nicht alleinelassen, versprichst du mir das?«

Sie drückte mich, sah mich dann lange an und sagte mit fester Stimme: »Ich halte durch, bis du wieder ganz gesund bist. Verspochen.«

Ich hörte, wie schwer ihr Atem ging, sah, wie ihre Hand, mit der sie sich am Geländer festhielt, vor Anstrengung zitterte. Sie war wirklich schwach auf den Beinen. Aber als sie mich so ansah und diese Worte sagte, da wusste ich, dass meine Oma ihr Versprechen halten und mich auf dem schweren Weg, der vor mir lag, nicht alleine lassen würde.

*

Nach den friedvollen Tagen bei Oma auf dem Land begann ich nach meiner Rückkehr nach Freiburg langsam damit, Mio abzustillen. Ich spürte, wie die emotionale Belastung dabei wieder stark zunahm. Mio wegen dieser noch immer in mir lauernden Krankheit nicht mehr stillen zu dürfen, brach mir das Herz. Auch wenn er die Fläschchen gut annahm, schmerzte mich die Umgewöhnung emotional sehr. Ich hatte in den letzten Wochen, ohne viel zu hadern und zu jammern, akzeptiert, dass ein paar unangenehme Schritte notwendig sein würden, um wieder gesund zu werden. Ich hatte das hingenommen und war bereit gegen den Krebs zu kämpfen. Dieser eine Punkt jedoch setzte mir schwer zu. Die Stillzeit war bei jedem Kind etwas Heiliges für mich gewesen. Intensivste Zeit zu zweit, Frieden, Liebe, Mama-Kind-Nähe de luxe. Bis zum heutigen Tag ist es der Aspekt der »vom Krebs gestohlenen Nähe« zu Mio, der mir in Bezug auf meine Krankheitsphase am allermeisten wehtut.

Nie werde ich den Moment vergessen, als ich ein paar Tage vor der OP die letzte Abstilltablette schluckte. Ich versuchte, tapfer zu bleiben, brach dann aber völlig zusammen, als Mio in genau diesem Moment prompt und aus voller Kehle zu schreien anfing. Sein Weinen klang, als wolle er rufen: »Nein, Mama, nein! Bitte tu das nicht!«

*

Nachdem wir am Abend des 1. Septembers gemeinsam Pizza gegessen hatten und ich die letzten Dinge in meiner Kliniktasche verstaut hatte, schickte ich die Kinder zum Zähneputzen ins Bad, sodass ich in ihrem Zimmer die kleinen Geschenke verstecken konnte, die ich für sie vorbereitet hatte. Auch wenn ich der OP gegenüber prinzipiell optimistisch eingestellt war und ein sehr gutes Gefühl bei der Wahl des Krankenhauses und des Arztes hatte, machte sich langsam Unruhe in mir breit. Ich war froh, den Kindern eine Kleinigkeit besorgt zu haben, die sie in den Tagen, in denen ich nicht da sein würde, begleiten würde. Dem schwarzen Stoffpudel für Milena hatte ich einen Brief umgebunden, in dem ich sie daran erinnerte, wie stolz ich auf sie war, wie sehr ich sie liebte und dass ich in Gedanken immer bei ihr sei. Ich setzte den Pudel ins Bücherregal, hinter ihr großes Kinderlexikon.

Für Lukas hatte ich eine weiche Kuscheldecke ausgesucht, die mit Ankern und Schiffen bestickt war. »Für meinen kleinen Matrosen, den ich sehr liebhabe. Von deiner Mama« hatte ich auf ein Foto von uns beiden geschrieben, das ich an die Schleife befestigt hatte, die die Decke zusammenhielt. Ich zog die Legoschublade der Spielzeugkommode auf und legte die Decke hinein.

Wie es wohl gerade um mich stand, wenn die Kinder morgen die Geschenke finden würden? Dass die morgige Operation eine ganz andere Nummer sein würde als der letzte Eingriff, das war nicht von der Hand zu weisen. Das, was vor mir lag, war kein Spaziergang. Ich seufzte. Aber egal wie unangenehm die nächsten Tage werden würden, egal wie stark die Schmerzen und wie groß meine Furcht war, etwas könne schieflaufen, das Gefühl der Erleichterung, diesen unheimlichen Tumor dann los zu sein, überwiegte. Der dunkle Schatten, der mich in all den letzten Wochen begleitet hatte, er würde endlich fort sein.

*

»Alles wird gut!«, raunte mir meine Schwester Carla ins Ohr, als sie mich am nächsten Morgen fest an sich drückte. Schon vor sechs Uhr war sie zu uns gekommen. Sie wollte bei den Kindern bleiben, wenn Daniel mich in die Klinik fuhr. Von Lukas und Milena hatte ich mich schon am Abend zuvor verabschiedet, sie sollten meine Angespanntheit an diesem Morgen nicht mitbekommen. Mio allerdings war schon wach. Als würde er ahnen, dass wir diesmal länger als die vergangenen Male getrennt sein würden. Es schien, als wollte er die letzten Minuten mit mir noch, so gut es ging, nutzen. Ich hatte ihm sein Fläschchen gegeben, ihn gewickelt und war noch einmal die Listen durchgegangen, die ich Carla aufgeschrieben hatte. Wann und wie Mio seine Fläschchen kriegen sollte, wo die Windeln waren, die Telefonnummer von Lukas' Kita und Milenas Freundin, dem Krankenhaus. Mir, die ich immer alles perfekt planen und organisieren wollte, fiel es ungemein schwer, die Verantwortung für meine drei Liebsten nun völlig aus der Hand zu geben. Viel schwerer jedoch als die organisatorischen Fragen brannte der Schmerz, die Kinder schon wieder alleinelassen zu müssen und nicht da sein zu können, wenn sie mich vermissten. Das schnürte mir regelrecht die Kehle zu. Besonders der Abschied von Mio, dem ich noch nicht einmal erklären konnte, was vor uns lag, fiel mir unendlich schwer. Wie immer umklammerte er meinen Finger, während ich mit ihm redete und er mich mit seinen kleinen Äuglein betrachtete.

Daniel rief schon zum zweiten Mal aus dem Flur, dass wir nun wirklich gehen sollten, aber ich wollte Mios Griff nicht lösen und wartete, bis er mich von sich aus losließ. »Du hältst die Mama aber ganz schön fest, mein Süßer. Ich möchte auch nicht gehen, das kannst du mir glauben.« Meine Augen füllten sich mit Tränen. »Doch weißt du, wenn die den ollen Krebs da rausgeholt haben, dann geht's mir endlich wieder besser.« Die Tränen tropften auf Mios Köpfchen. Schnell küsste ich sie weg. Gehe es mir nach der OP gut, könne mein Baby schon am selben Abend wieder bei mir sein, hatte Dr. Key mir versichert, und an diesen Gedanken versuchte ich mich zu klammern. Ich bettete Mio auf mein Kopfkissen, damit er wenigstens meinen Geruch um sich hatte. Dann verließ ich das Schlafzimmer, verabschiedete mich von meiner Schwester und machte mich mit Daniel auf den Weg in die Klinik.

11

Jenseits

Die große Schwingtür zum OP-Vorbereitungsraum öffnete sich automatisch. Daniel und ich traten ein und wurden von einer dunkelhaarigen Krankenschwester in Empfang genommen. »Sie sind bestimmt Frau Käflein«, sagte sie freundlich. »Ich zeige Ihnen Ihr Bett und einen Spind, in den Sie Ihre Kleider und Wertsachen während der OP verstauen können. Sie können sich nun verabschieden, und dann geht's auch schon los.«

Ich nickte. Wenngleich sie sehr sympathisch und ich dankbar über die nette Ansprache war, kam nichts über meine Lippen.

»Okay, dann ... dann mach's mal gut«, sagte ich zu Daniel und lehnte mich an seine Brust. Sein Herz schlug aufgeregt. Er drückte mich an sich, dann wandte ich mich schnell ab. Auf keinen Fall durfte ich jetzt schwach werden und die Fassung verlieren. »Grüße die Kinder von mir.« Hastig folgte ich der Schwester.

»Viel Glück, wir denken an dich«, rief Daniel mir nach, bevor ich im Nebenraum verschwand.

Zum dritten Mal innerhalb weniger Wochen schlüpfte ich in ein OP-Hemd. Die Krankenschwester half mir beim Zubinden und reichte mir ein paar flauschige Antirutschsocken.

»Hier, die können Sie anziehen, dann kriegen Sie keine kalten Füße. Dürfen Sie danach auch behalten. Ein Geschenk des Hauses quasi«, sagte sie lachend.

»Oh, vielen Dank!« Ich freute mich ehrlich. Kuschelige Socken zu tragen half vielleicht, mich ein wenig in den Minuten zu entspannen, in denen ich auf die Narkose warten musste.

Während die Krankenschwester meinen Blutdruck maß, schloss ich die Augen. Ich hatte noch keine Tablette bekommen, fühlte mich aber schon jetzt seltsam müde und gedämpft. Obwohl diese Operation deutlich risikoreicher sein würde als die letzte, fühlte ich weniger Aufregung. Dr. Key hatte mir alles genau erklärt, und der Gedanke, dass er es war, der den Eingriff hauptverantwortlich durchführte, beruhigte mich zusätzlich.

»Guten Morgen.«

Ich riss die Augen auf. Gerade noch hatte ich an ihn gedacht, da stand er plötzlich neben meiner Liege.

»Guten Morgen, Dr. Key«, sagte ich überrascht.

»Ich dachte, ich schaue noch kurz nach Ihnen, bevor wir gleich starten … Alles okay?« Er blickte mich fragend an.

Ich nickte. »Bin bereit für die Krebsbefreiung!«

»Na, dann wollen wir mal!« Er lächelte mich aufmunternd an. »Die OP dauert zirka drei bis vier Stunden. Heute Nachmittag haben wir's hinter uns.«

Ich nickte und seufzte tief. Ich konnte den Moment kaum erwarten, es endlich geschafft zu haben.

Dr. Key blieb noch einige Minuten bei mir, bis der Anästhesist hereinkam. Seine ruhige Stimme, mit der er mit mir sprach, entspannte mich sehr, und auch der Anästhesist machte einen kompetenten und sehr freundlichen Eindruck. Er sprach besänftigend mit mir, während er den Zugang und die Medikamente für meine Narkose vorbereitete. Die Augen hatte ich geschlossen. Statt des grellen Krankenhauslichts versuchte ich mir Sonnenstrahlen vorzustellen, die auf mich schienen und mich wärmten.

»Ist Ihnen kalt, Frau Käflein? Sie zittern ein bisschen.«

Ich wollte die Augen nicht öffnen, nickte nur leicht. Stimmt, ich fror wirklich ein wenig. Das war mir nicht aufgefallen.

Die OP-Schwester kam mit einer angewärmten Decke und legte sie über mich. Zugleich umhüllte mich angenehm wohlige Wärme.

»Frau Käflein, ich spritze Ihnen jetzt gleich das Mittel. Sie dürfen sich entspannen.«

Abermals nickte ich. Ich sah Milena, Lukas und Mio vor mir und lächelte. Gedanklich winkte ich ihnen zu und machte mich auf den Weg Richtung Traum.

»Schlafen Sie schön«, sagte der Anästhesist mit ruhiger Stimme. Ich fühlte mich wie ein Kind, das liebevoll in den Schlaf begleitet wird. »Ich passe auf Sie auf.« Das waren die letzten Worte, die ich hörte, bevor ich ins stille Narkosen-Land verschwand.

*

Helles Licht schien durch eine Scheibe herein. Ich versuchte mich zu orientieren, vorsichtig bewegte ich meine Füße. Mit den Zehen stieß ich gegen eine Wand. Erstaunt blickte ich an mir herab. Wo war ich? Der Raum, in dem ich mich befand, war klein und eng. Direkt über meinem Kopf die Decke, an der rötlich glühende Stäbe befestigt waren. Sie schienen den Raum zu beheizen. Es war unglaublich heiß. Schweißperlen tropften von meiner Stirn. Als ich sie wegwischen wollte, bemerkte ich, dass meine Hände mit einer eng um mich geschlungenen Decke an meinem schwitzenden Körper fixiert waren. Trotz meiner Unbeweglichkeit und der extremen Enge stieg kein beklemmendes Gefühl in mir auf. Im Gegenteil, ich fühlte mich gar losgelöst. Ich bewegte meinen Kopf ein wenig nach oben, um besser durch das kleine Fenster blicken zu können, das sich schräg neben meinem Kopf befand. Das Licht schien immer heller zu werden. Gelblich weiß und ungeheuer warm strahlte es mich an, umhüllte mich und erwärmte meinen erhitzten Körper mehr und mehr.

Plötzlich vernahm ich ein Geräusch. Jemand klopfte von außen gegen das Fenster. Da die Scheibe inzwischen beschlagen war und mich das helle Licht blendete, hatte ich zunächst Schwierigkeiten, etwas zu erkennen. Zudem bemerkte ich seltsame schwarze Linien auf dem Fensterglas, die mein Sichtfeld zusätzlich einschränkten. Das Klopfen wurde lauter. Ich sah eine große Hand immer schneller gegen die Scheibe trommeln. »Vera, mein Schatz?« Verschwommen hörte ich die mir wohlvertraute Stimme. »Opa?« Ich erschrak. Im selben Moment, in dem ich meinen verstorbenen Großvater erkannte, wurde mir bewusst, dass der Raum, in dem ich mich befand, kein Zimmer war, sondern dass ich in einer Art überdimensional großen Backofen lag und mein Opa von außen gegen die Backofentür klopfte.

»Opa? Was machst du denn hier?«, fragte ich erstaunt. Ich konnte nun ein wenig von seinem Gesicht erkennen. Seine dunkelbraunen Augen strahlten mich fröhlich an. Mein über alles geliebter Opa! Wie hatte ich ihn vermisst! »Ich komme, um dich abzuholen«, antwortete er und lächelte. Ich freute mich so sehr, ihn nach all den Jahren wiederzusehen. Am liebsten wäre ich ihm sofort in die Arme gefallen. »Oh Opa, das ist lieb von dir, aber ich kann nicht mit dir gehen ... Weißt du, ich habe vor ein paar Wochen ein Baby bekommen. Du hast noch einen Urenkel mehr.«

Opa freute sich. »Das sind aber schöne Nachrichten, Vera!« Dann erkannte ich, wie sich seine Gesichtszüge verdunkelten und er mich besorgt durch die Scheibe betrachtete. »Aber mein Kind, ich sehe, dir geht es gar nicht gut. Ich hab dich rufen gehört ...« Ich schluckte. Mein Hals fühlte sich trocken an und schmerzte. »Alles in Ordnung, Opa ... mir ging es tatsächlich nicht so gut, aber ich werde jetzt wieder gesund! Die Kinder brauchen ihre Mama.«

Das Licht schien nicht mehr ganz so hell. »In Ordnung, mein Schatz, dann pass auf dich auf. Ich hab dich lieb.« Ich sah hoch, blinzelte, aber konnte Opas Gesicht nicht mehr erkennen. »Ich hab dich auch lieb, Opa«, wollte ich rufen, doch meine Stimme brach und ging verloren. Der Hals schmerzte, und ich nahm einen blutigen Geschmack wahr. Verschwommen drang hektisches, immer lauter werdendes Piepsen zu mir durch. Nach und nach konnte ich nun auch aufgeregtes Stimmengewirr hören. »Sie ist total überhitzt, schnell, Decken weg! Kühlakkus! Rufen Sie im Ärztezimmer an!« Die Luft, die beim Ausatmen aus meiner Nase wich, war knallheiß. Nasser Stoff klebte warm und schwer an mir. Mein ganzer Körper schien zu dampfen. Ich wollte meine Augen öffnen, etwas sagen, war aber zu schwach. Dann sank ich, ohne richtig wach geworden zu sein, nochmals in eine tiefe Schlafphase und bekam nicht mit, wie Schwestern und Ärzte währenddessen verzweifelt versuchten, meinen rebellierenden Körper zu beruhigen und meinen kritischen Zustand zu stabilisieren.

*

»Nach dem sensationellen WM-Erfolg im Juli wurde heute bekannt, dass Bastian Schweinsteiger der neue Kapitän der Nationalelf sein wird.« Die Stimme des Radiomoderators drang erst brüchig, dann immer klarer in mein Bewusstsein. Ich öffnete meine Augen. Ich lag in einem Bett in einem großen

Raum. Um mich herum Monitore und Tropfständer, an die ich angeschlossen war. Etwas entfernt standen weitere Betten mit schlafenden Patienten. Statt eines grellen Kunstlichts schien warmes Sonnenlicht durch die großzügigen Fenster des Aufwachraums. Meine Beine und Arme lagen schwer auf der Matratze. Ich versuchte mich zu spüren, meine Zehen zu bewegen. Nur verlangsamt reagierte mein Körper auf die Signale meines Kopfes.

»Frau Käflein, Sie sind wach?« Eine Krankenschwester kam herbeigeeilt, als sie sah, dass ich die Augen geöffnet hatte. »Wie fühlen Sie sich?«

Ich räusperte mich, um etwas zu sagen. Mein Hals fühlte sich trocken an. Die Schwester sah mich fragend an. Ein weiterer Versuch. »Es geht.« Meine Stimme klang heiser und dünn.

Die Schwester sah mich eindringlich an. »Sie haben uns ein bisschen Sorgen gemacht, Frau Käflein. Aber gut, dass Sie jetzt wach sind. Ich werde den Ärzten gleich Bescheid geben.«

Sie überprüfte den Zugang an meinem Handgelenk und hängte einen neuen Beutel an den Tropf. Mir fiel es schwer, meine müden Augen geöffnet zu halten. Immer wieder klappten die Lider unkontrolliert zu. Ich fühlte mich erschöpft und gleichzeitig seltsam getrieben. Mein Herz schlug schnell und unruhig. Am Monitor, der meinen Puls überprüfte, leuchtete ein rotes Lämpchen auf. Die Schwester drückte einen Knopf und zog die Augenbrauen nach oben. Dann griff sie nach dem Telefon in der Tasche ihres weißen Hemds. »Dr. Key, ja, Aufwachraum 2 hier. Frau Käflein ist wach … Mhm, nach wie vor eine sehr unregelmäßige Herzfrequenz und stark erhöhter Puls … ja … die Temperatur hat sich zum Glück wieder normalisiert … Gut, bis gleich.«

»Was war mit meiner Temperatur?«, fragte ich heiser.

»Sie waren sehr stark überhitzt. Wir hatten Mühe, Ihre

Temperatur wieder unter Kontrolle zu bekommen.« Die Bilder von Opa und dem seltsamen Backofen schossen mir in den Kopf. Nie zuvor hatte ich einen Traum gehabt, der sich so realistisch angefühlt hatte. Noch jetzt kam es mir vor, als hätte ich gerade tatsächlich meinen Großvater gesehen und mit ihm gesprochen. Seine Stimme, das helle Licht und die Wärme hatten sich so unheimlich echt angefühlt. Trotz meiner Erschöpfung ahnte ich, dass sich mein Körper in einem absoluten Ausnahmezustand befand und ein längerer Weg als gehofft vor mir liegen würde.

Kurz darauf kam Dr. Key an mein Bett und erzählte, wie die OP verlaufen sei. Es hätte an sich alles gut geklappt. Die Schilddrüse und fünfzig Lymphknoten habe er entfernen können. Mein Herz hätte allerdings ein wenig Radau gemacht, und mein Kreislauf sei immer wieder abgesackt.
»... Sie sich jetzt?«
Er sah mich nachdenklich an. Ich musste schon wieder eingenickt sein, hatte den Anfang seiner Frage nicht mitbekommen. Auch hatte ich weder genug Konzentration noch Stimme zum Antworten. Die Augenlider fielen mir immer zu.
»Ja, ruhen Sie sich erst mal aus. Ich schaue später noch einmal nach Ihnen.«

Draußen dämmerte es bereits, als ich vom penetranten Piepen eines Monitors neben meinem Kopf geweckt wurde. Mein Hals brannte. Die Narbe pochte. Ich brauchte einen Moment, um zu verstehen, dass es mein eigenes Herz war, was ich wie verrückt pumpen hörte. Bumm, Bumm, Bumm ... aggressiv und laut. Mein Kopf dröhnte. Ich schien nicht mehr im Aufwachraum zu liegen. Der Raum hier war deutlich kleiner. Nur mein Bett stand in der Mitte des Zimmers, und drum herum war ein ganzes Arsenal an Gerätschaften. Durch eine Glasfront konnte ich zwei Krankenschwestern sehen, die an einem Tisch saßen und sich unterhielten. Eine dritte stand daneben und hielt einen Tropfbeutel in der Hand, mit dem sie dann in mein Zimmer kam. »Gisela Kurz« stand auf ihrem Namensschild. Irgendwie freute ich mich, dass ich das lesen konnte, dass meine Augen zu funktionieren schienen. Immerhin. Mit dem Sprechen klappte es nämlich noch immer nicht, als ich Schwester Gisela auf ihre Nachfrage antworten wollte, wie es mir gehe. Meine Stimme war ein einziges Krächzen. Angestrengt versuchte ich die Worte aus mir herauszupressen, doch meine heiseren Worte waren kaum zu verstehen.

»Ach je, Sie Arme.« Schwester Gisela legte die Hand auf meine Schulter und sah mich mitfühlend an. »Ihnen geht es noch gar nicht gut, nicht wahr?«

Ich schüttelte vorsichtig den Kopf. Mein Herz schlug zweimal hintereinander und raste dann auf einmal los. Der Alarm des Monitors, den die Krankenschwester gerade leise gestellt hatte, begann sogleich wieder zu piepsen.

»Ich hänge Ihnen jetzt einen Tropf an, sodass Ihr Herz sich wieder beruhigen wird. Die OP scheint Sie ziemlich mitgenommen zu haben. Es kann sein, dass Ihre Schilddrüse bei der Entnahme noch einmal eine hohe Dosis an Hormonen freigegeben hat und Ihr Körper deswegen so verrücktspielt. Das ist jetzt bestimmt gerade sehr unangenehm für Sie …« Sie sah mich besorgt an. Ich nickte schwach. »Ihr Partner war vorhin da, wir haben aber entschieden, Sie schlafen zu lassen, nachdem Sie im Aufwachraum so erschöpft waren. Er ist jetzt wieder zu Hause bei Ihren Kindern. Möchten Sie ihn kurz anrufen?« Erneutes Nicken. Sie reichte mir ein Telefon, und ich wählte Daniels Nummer. Gleich nach dem ersten Klingeln meldete er sich.

»Vera?«

»Hey. Ich bin wach«, flüsterte ich. Was war nur mit meiner Stimme passiert?

»Wie geht's dir?«

»Es geht so. Ich bin müde.« Das Sprechen strengte mich wahnsinnig an. »Die Stimme ist noch nicht richtig da«, krächzte ich in den Hörer. Ich versuchte die heftigen Schmerzen zu verdrängen und dem starken Schwindelgefühl entgegenzuwirken.

»Moment«, sagte Daniel, »Der Kleine hat Hunger. Ich war gerade dabei, sein Fläschchen zu machen.« Im Hintergrund konnte ich hören, wie Mio zu weinen begann. Augenblicklich zerriss es mein Herz in tausend Stücke. Tränen stiegen in meine Augen, und ich spürte, dass die Hoffnung, einen vernünftigen Ton herauszubekommen, nun erst recht vorbei war. Mio schrie nun aus voller Kehle. Er klang hungrig und verzweifelt.

Schwester Gisela deutete fragend auf das Telefon. Als ich dankbar nickte, nahm sie mir den Hörer ab und erklärte Daniel, dass es gerade sehr schwierig für mich sei zu sprechen, er aber jederzeit auf dem Schwesternzimmer der Intensivstation anrufen und erfragen könne, wie es mir geht. Intensivstation also. Puh ... Tränen liefen mir über mein Gesicht.

Die Krankenschwester beendete das Gespräch, zog einen Stuhl an mein Bett und setzte sich zu mir. Mit einem Waschlappen tupfte sie mir vorsichtig das Gesicht ab. »Das ist jetzt eine schwere Zeit für Sie. Seien Sie aber geduldig mit Ihrem Körper, der hat in den letzten Wochen viel durchgemacht und braucht deswegen jetzt vielleicht ein bisschen länger, um sich zu erholen.«

»Mhm«, flüsterte ich. »Können Sie meine Eltern anrufen?« Ich war selbst überrascht über meine Frage. Geplant hatte ich nicht, meine Eltern direkt am Tag der OP zu sehen, aber ich fühlte mich so schwach und einsam, dass in diesem Moment wohl das frühkindliche Bedürfnis nach familiärer Nähe in mir wach wurde.

»Natürlich, das mache ich gerne. Die Nummer steht ja in Ihren Unterlagen. Ich erledige das sofort. Später sollten wir versuchen, Sie einmal zu mobilisieren, also Sie einmal aufzurichten und vielleicht ein, zwei Schritte zu gehen … Aber jetzt sollen erst mal Ihre Eltern kommen. Dann fühlen Sie sich bestimmt besser.«

Die Medikamente, die mein Herz beruhigen sollten, wirkten nur sehr langsam. In den anderthalb Stunden, in denen ich auf meine Eltern wartete, verschlechterte sich mein Zustand sogar noch weiter. Mein Puls beschleunigte immer mehr, ich schwitzte wie verrückt und bekam Panik. Dr. Key war leider nicht mehr im Haus, und so wurde eine junge Kardiologin gerufen, die zwar sehr einfühlsam war, aber so ernst dreinschaute, dass meine Angst noch größer wurde.

»Ist das gefährlich?«, raunte ich verzweifelt.

»Na ja, gut ist das natürlich nicht, dass Ihr Herz so extrem reagiert«, erwiderte sie.

Das war mir auch klar. Ich wollte doch nur eine Bestätigung, dass sie die Sache trotzdem einigermaßen im Griff hatte.

Ich will nicht sterben!, dachte ich voller Todesangst, während abwechselnd die Alarmsignale verschiedenster Monitore schrillten und Schwester Gisela immer wieder ins Zimmer geeilt kam. Bald darauf tauchte ein weiterer Arzt auf, um mir ein stärkeres Medikament zu spritzen. An den Blicken der Ärzte und Schwestern, der angespannten Stimmung im Raum, vor allem aber am Zustand meines eigenen Körpers konnte ich erkennen, dass die Situation äußerst ernst war.

Die Wirkung der Spritze setzte zum Glück schnell ein. Als

hätte man die Regler meines Herzens ein wenig nach unten gedreht, raste es endlich nicht mehr ganz so rasch und unregelmäßig.

Schlapp und bewegungslos lag ich mit geschlossenen Augen in meinem Bett, als die Tür aufging und Schwester Gisela mit meinen Eltern das Zimmer betrat.

»Erschrecken Sie nicht, sie ist noch sehr erschöpft. Die Stimmbänder wurden bei der OP wohl stark gereizt, ihre Stimme ist noch nicht ganz zurück«, erklärte sie.

Ich öffnete vorsichtig meine Augen. Am Fuße meines Bettes stand meine Mutter, hinter ihr mein großer Vater. Angsterfüllt blickten sie mich an. Meine Eltern taten sich seit jeher schwer, wenn es um Kranksein ging, sie beide gehörten zu den Menschen, die es nicht gut ertragen konnten, angeschlagen oder schwach zu sein. Besonders mein Vater hatte eine regelrechte Abneigung gegen Krankenhäuser. Als ich sie so verloren an meinem Bett stehen sah, konnte ich allein an ihrer Haltung erkennen, wie unwohl und unsicher sie sich fühlten. Trotzdem schafften sie es an diesem Abend, mir Kraft zu schenken und mir zu vermitteln, dass ich nicht alleine bin. Seit vielen, vielen Jahren hatte ich zum ersten Mal wieder das Empfinden, ein Kind zu sein, das von seinen Eltern beschützt wurde. Ich konnte mich nicht erinnern, mich meiner Mutter und meinem Vater jemals zuvor so nah gefühlt zu haben, sie so sehr gebraucht zu haben wie an diesem Tag. Die Innigkeit und Verbundenheit mit ihnen in diesen Stunden, während mein Körper ums Überleben kämpfte, werde ich niemals vergessen. Es gelang mir dadurch, mich irgendwann etwas zu entspannen. Das leise Murmeln der vertrauten tiefen Stimme meines Vaters und die beruhigende meiner Mutter tat unglaublich gut, auch wenn ich selbst kaum etwas reden konnte.

Kurz bevor ich erschöpft einschlief, dachte ich darüber nach, dass es eine der schwierigsten Prüfungen für Eltern sein musste, das eigene Kind so krank und hilflos zu sehen. Von Herzen hoffte ich, dass weder meine Eltern noch ich selbst so etwas je wieder erleben mussten.

*

Schwester Gisela reichte mir die Schnabeltasse mit lauwarmem Kamillentee. Mit einem Tuch tupfte sie mir meine verschwitzte Stirn trocken. Der Blasenkatheter war mir soeben gezogen worden, und es war höchste Zeit, endlich das erste Mal aufzustehen.

»Gehen Sie das ganz ruhig an, langsam aufstehen und dann Schritt für Schritt Richtung Waschbecken und wieder zurück.« Die Krankenschwester deutete auf das zwei Meter entfernt liegende kleine Waschbecken an der hinteren Zimmerwand.

Ich lächelte schwach. »Haha, kein Problem, das krieg ich hin.« Meine Stimme war noch immer nicht zurückgekehrt. Tonlos krächzte ich weiter. »Das Mobilisieren nach all meinen OPs war nie ein Problem. Nach keinem der drei Kaiserschnitte und auch nach der letzten Hals-OP vor ein paar Wochen nicht, hat immer prima geklappt.«

Schwester Gisela reichte mir ihre Hand. »Na, dann ist doch gut«, sagte sie, während sie mich leicht nach oben in die Sitzposition zog.

Mit den Fußspitzen berührte ich nun den Boden, meine tonnenschweren Beine hingen wie nasse Säcke vom Bett herab. Langsam verlagerte ich mein Gewicht auf die Füße, die Schwester zog mich ein wenig nach oben und wollte mir helfen, sicheren Halt zu finden. Nicht eine einzige Sekunde schaffte ich es, mich zu halten, bevor ich mit einem Schlag in mir zusammenklappte und rücklings aufs Bett sackte. Schockiert sah ich Schwester Gisela an.

»Ich habe keine Kraft in meinen Beinen. Gar keine!«

»Ihr Körper ist sehr geschwächt. Ich befürchte, Sie können Ihre vorherigen Erfahrungen nicht mit dieser großen OP vergleichen ... Kommen Sie, wir versuchen's noch mal!«

Ich sammelte all meine Kräfte. Auf keinen Fall wollte ich abermals scheitern. Ich zog mich hoch und stand für einen kurzen Moment auf meinen zitternden Beinen, bevor mir schwarz vor Augen wurde und sie erneut unter mir wegsackten. Wimmernd sank ich zurück ins Bett. »Ich schaffe es nicht.« Das Gefühl, den eigenen Körper so wenig unter Kontrolle zu haben und so schwach zu sein, erschrak mich zutiefst. Ich konnte mich an keine Situation in meinem Leben erinnern, in der ich mich so hilflos in meiner Haut gefühlt hatte.

Schwester Gisela legte beruhigend ihre Hand auf meine Schulter. »Versuchen wir es später noch mal. Sie brauchen einfach ein bisschen Zeit.«

Ich schluchzte. Mein Körper fühlte sich vollkommen unbeweglich an. Mit einem viel zu schnell rasenden Motor in der Brust. Ich dachte an meine Kinder und bekam schreckliches Heimweh. Wenn ich mich aber weiter so anstellte und es nicht hinbekam, meinen Kreislauf zu aktivieren und selbstständig zu laufen, würde es noch länger dauern, bis Mio zu mir durfte. Wie es ihm wohl gerade ging? Ob er mich vermisste? Sich wunderte, wo ich blieb und warum ich ihn so lange alleine ließ? Schwester Gisela fragte, ob ich nicht wolle, dass mein Partner vorbeikomme. Ich verneinte. Natürlich wäre ich froh gewesen, Daniel bei mir zu haben, aber die Vorstellung, dass die Kinder dann auch noch auf den Papa verzichten mussten, war unerträglich. Da verzichtete lieber ich auf seine Nähe.

Als später dann Carla hinter all den Monitoren das Zimmer

betrat, merkte ich aber doch, wie gut es tat, ein vertrautes Gesicht zu sehen. Als kleine Schwester empfand ich bei ihr keinen so großen Druck, tapfer sein zu müssen.

»Ach, meine Kleine ...« Carla umarmte mich vorsichtig.

Augenblicklich fing ich zu weinen an und legte meinen Kopf an ihre Schulter. Noch immer war mir schwindlig, aber immerhin konnte ich wenigstens ein bisschen klarer denken als am Tag zuvor.

»Tut die Narbe sehr weh?«, fragte Carla.

»Das geht eigentlich, aber die pumpen mich hier auch mit Schmerzmitteln voll.«

Carla erschrak sichtlich, als sie mich sprechen hörte, war jedoch bemüht, sich nichts anmerken zu lassen. Auch das Piepen der Monitore versuchte sie zu ignorieren. Als ich sie darauf hinwies und ihr sagte, dass mir große Angst mache, wie schnell und unregelmäßig mein Herz schlug, versuchte sie sofort in gewohnter Großer-Schwester-Manier mir meine Sorgen auszureden.

»Ach, das ist normal nach so einer OP, Vera. Das war ein riesiger Eingriff, die haben dir ein komplettes Organ entnommen.«

Ich ließ mich zurück ins Kissen sinken und schloss die Augen. Auf Carla war Verlass. Auch wenn ich spürte, dass sie diesmal nicht ganz so sicher sprach wie sonst, tat es gut zu hören, dass alles okay war, auch wenn mir klar war, dass sie das nicht genau wissen konnte.

Sie begann zu erzählen, wie sie den gestrigen Tag mit den Kindern verbracht hatte. »Mensch, der Mio macht das ja so toll mit dem Fläschchentrinken.«

Ich schluckte. Er hat ja auch keine andere Wahl, dachte ich und versuchte, gegen die schon wieder aufkommenden Tränen anzukämpfen. Milena und Lukas wussten, dass ich wiederkommen werde und an sie denke. Mio jedoch nicht. Jede Mutter kann wohl nachvollziehen, wie es ist, ein Baby länger als ein paar Stunden nicht bei sich haben zu können und welche psychischen und körperlichen Entzugserscheinungen das auszulösen vermag. Nichts war mir wichtiger, als so schnell wie möglich auf die Normalstation verlegt zu werden, um endlich Mio wieder im Arm zu halten. Die diensthabende Ärztin auf der Intensivstation hatte jedoch bei der Visite heute Morgen durchblicken lassen, dass in meinem Zustand eine Verlegung noch nicht denkbar sei.

Als Carla ihr Handy aus der Tasche zog und mir ein Foto zeigte, wie mein Schwager Ferdi gestern Mio auf dem Schoß hielt und ihm die Flasche gab, brachen bei mir alle Dämme. Ich begann laut zu schluchzen. So weit entfernt von einer Genesung machte sich schlimmes Heimweh in mir breit, das mich schier zu überwältigen schien. Erschrocken ließ Carla ihr Handy zurück in die Tasche fallen. Sie hatte es von Herzen gut gemeint, und es tat mir leid, dass sie nun das Gefühl hatte, mich noch trauriger gemacht zu haben.

»Ist schon in Ordnung, Carla, das konntest du nicht wissen«, wisperte ich. Im Endeffekt war es vielleicht sogar gut, dass ich meine Gefühle zuließ. Nachdem ich mich wieder etwas beruhigt hatte, fühlte ich mich zumindest etwas leichter. All das Mutig- und Tapfer-sein-Müssen der letzten Wochen, all die Angst, nicht weiter für meine Kinder da sein zu können ... all das hatte mich sehr belastet – und erst jetzt merkte ich, wie gut es tat, es endlich rauszulassen.

Mit verheulten Augen lag ich in meinem Bett und versuchte gerade, ein paar Bissen der Milchschnitte, die Carla mir mitgebracht hatte, herunterzuwürgen, als die Tür aufging und Dr. Key hineinkam.

»Hallo, die Damen«, sagte er und fügte mit Blick auf die Milchschnitte grinsend hinzu: »Ach! Mahlzeit! Wie ich sehe, haben Sie schon wieder Appetit. Sehr gut.« Er zog sich einen Stuhl heran und setzte sich zu uns. »Ich habe gute Nachrichten.« Er wedelte mit dem weißen Blatt, das er in der Hand hielt. »Der histologische Befund ist da. Von den fünfzig entnommenen Lymphknoten waren nur zwei befallen. Alle anderen waren frei von Metastasen!«

»Super!«, freute sich Carla und sah mich an. »Wie schön, Vera, jetzt muss sich nur noch dein Herz beruhigen, und dann wird alles gut.«

Dr. Key betrachtete den Monitor über meinem Kopf. »Ja, das galoppiert noch ein wenig rasch. Aber das wird sich bestimmt die nächsten Tage wieder einpendeln.«

Er klang so sicher und optimistisch, dass mir ganz warm ums Herz wurde. »Das tröstet mich, dass Sie das sagen. Ich hoffe sehr, dass ich schnell verlegt werde, damit mein Baby zu mir kann. Ich vermisse den Kleinen so ...« Ich seufzte und räusperte meine heisere Stimme.

»Wieso warten, bis Sie verlegt werden? Kann niemand den Kleinen vorbeibringen?«

Erstaunt blickte ich ihn an. »Ich dachte ... ich dachte, Babys dürfen nicht auf diese Station.«

»Sie haben hier doch ein Einzelzimmer.« Er zuckte mit den Schultern. »Wenn Sie sich fit genug fühlen und es Ihnen guttut, wenn Ihr Sohn da ist, dann holen wir den kleinen Mann her.« Er lächelte mich an. »So was hilft meiner Meinung nach dem Herz zuweilen besser als jeder Betablocker.«

Überall dort, wo ich vor wenigen Minuten den kaum aushaltbaren Schmerz gefühlt hatte, machte sich augenblicklich eine wohltuende Wärme breit. Am liebsten wäre ich aufgesprungen und hätte Dr. Key umarmt. Ich wusste, dass er eine große Ausnahme für mich machte. In diesem Moment hätte mir nichts mehr Kraft und Auftrieb geben können als diese wunderschöne Nachricht. Ich wusste, dass ich noch immer sehr schwach war, aber die Vorfreude auf Mio war so groß, dass ich, sobald Dr. Key gegangen war, Carla bat, mir aufzuhelfen. Zweimal schaffte ich die Strecke von meinem Bett zum kleinen Waschbecken und zurück. Aus dem Herzen getankte Kraft ließ mich auf einen Schlag wieder auf eigenen Beinen laufen.

12

Die Kalziumkrise

Mittags kam ein HNO-Arzt auf mein Zimmer, um sich die Sache mit meinem Stimmband genauer anzusehen. Eine anfängliche Heiserkeit nach einer solchen OP sei zwar normal, hatte man mir gesagt, aber ein wenig mehr Stimme hätte ich inzwischen haben sollen. Deshalb sollte sich ein Spezialist das Ganze einmal ansehen.

Um meine Stimmbänder untersuchen zu können, musste meine Zunge betäubt werden. Der Arzt sprühte ein Spray in meinen Mund, woraufhin wenige Sekunden später meine Zunge bleischwer und gefühllos wurde und wie ein kiloschwerer Lappen unkontrolliert in meinem Mund herumhing. Nicht nur dass meine Zunge sich wie ein unangenehmer Fremdkörper anfühlte, überhaupt nicht sprechen zu können und das Gefühl zu haben, jeden Moment an der eigenen Zunge ersticken zu können, war äußerst unangenehm.

»Hmmmm, nicht so gut ...«, brummte der weißhaarige Arzt, der sich weder vorgestellt hatte noch besonders gesprächig zu sein schien. »Sieht so aus, als ob Ihr rechtes Stimmband tatsächlich gelähmt ist. Das hängt durch. Das linke Band hat auch etwas abbekommen, sieht aber noch ganz gut aus. Das wird sich wahrscheinlich mit Logopädie wieder erholen können. Beim rechten Band habe ich jedoch keine große Hoffnung.«

Ich schnaufte. Reden konnte ich eh nicht, und mir wäre auch nichts eingefallen, was ich hätte sagen können. Ja ...

doof … Richtig doof! So ganz ohne Hürden schien der Weg weg vom Krebs wohl wirklich nicht zu sein. Das Wichtigste für mich aber war, dass sich der Tumor nicht länger in meinem Körper befand. Zwar musste ich noch die Bestrahlung und das anschließende Screening abwarten, bevor ich sicher sein konnte, dass mein Körper komplett krebsfrei war. Aber alleine schon zu wissen, dass der Hauptherd jetzt entfernt war, fühlte sich an, als hätte man mir eine zentnerschwere Last von den Schultern genommen. Dies machte es für mich einfacher zu akzeptieren, dass ich dafür wohl einen gewissen Preis zahlen musste. Vielleicht war es aber auch der Gedanke, Mio gleich endlich wieder bei mir haben zu können, der mich die Neuigkeit verhältnismäßig gefasst aufnehmen ließ. Auch mein Herz tobte nicht mehr ganz so wild, seit Dr. Key bei mir gewesen war.

Als die Betäubung der Zunge nachließ, schaffte ich sogar die Hälfte vom Mittagessen, das mir eine Schwesternschülerin gebracht hatte. Ich wollte Kraft haben, wenn Daniel gleich mit Mio kam, und so kämpfte ich mich Löffel für Löffel durch das Essen, auch wenn das Kauen und Schlucken noch sehr unangenehm waren.

*

Daniel hob Mio aus dem Wagen und legte ihn behutsam auf meinen Arm, wobei er darauf bedacht war, keine der vielen Schläuche und Kabel zu verheddern, an die ich angeschlossen war. Ich beugte meinen Kopf zu Mio und stupste sein weiches Köpfchen mit meiner Nase an. Tief atmete ich seinen süßlichen Babyduft ein und drückte ihn überglücklich an mich. Von Milena und Lukas überreichte mir Daniel ein gemeinsam gemaltes Bild, auf der eine bunte Blumenwiese zu sehen war, eingefasst von einem dicken braunen Zaun. Außerhalb des Zauns hatte Milena einen Pudel gemalt. Der Hund betrachtete die Blumenwiese von außen, konnte diese aber nicht betreten. Auf einem gelben Schild, das am Gatter hing, stand in bunten Buchstaben: »Pudels verboten«. Ich lächelte. Oh ja, »Pudels« haben keinen Eintritt mehr. Nie wieder!

Mio strampelte mit seinen Beinchen und schaute sich neugierig um. Obwohl es nicht einmal zwei Tage waren, die ich ihn nicht gesehen hatte, kam es mir vor, als wäre es eine Ewigkeit gewesen. Daniel erzählte mir, wie es ihnen zu Hause ergangen war. Lukas habe gut geschlafen und hätte nur zweimal nach mir gefragt. Milena habe er heute Morgen zu Theo gebracht, auch ihr gehe es gut. Sobald ich verlegt werde, wolle er mit den beiden Großen vorbeikommen.

»Und du meinst, du bist wirklich fit genug, Mio hierzubehalten?«, fragte Daniel, als er später seine Sachen zusammensuchte, um aufzubrechen und Carla und Ferdi abzulösen, die zu Hause auf Lukas aufpassten.

»Ja!«, krächzte ich, bemüht, so viel Stimme wie möglich herauszupressen, um nicht völlig angeschlagen zu klingen. Zwar hatte ich, wenn ich ehrlich war, keine Ahnung, wie ich es schaffen sollte, Mio zu wickeln, zu füttern und zu beruhigen, falls er mal weinen sollte, aber ihn noch einmal gehen zu lassen, kam für mich unter keinen Umständen infrage. Seit er bei mir war, spürte ich, dass ich deutlich ruhiger geworden war. Irgendwie würde ich es schon packen, und ich war überzeugt davon, dass es mir guttun würde, mich um Mio zu kümmern. Automatisch würde so wieder der altbekannte »Mama muss funktionieren«-Modus aktiviert werden.

Daniel wickelte und fütterte Mio noch einmal, bevor er nach Hause ging, und platzierte Windeln und zwei vorbereitete Fläschchen so auf meinem Nachttisch, dass ich drankam, ohne aufstehen zu müssen. Heute Abend wollte Annie mich besuchen, sie konnte dann die Fläschchen für die Nacht richten und vielleicht ein paar Runden mit Mio durch den Klinikpark drehen.

Als Daniel die Tür hinter sich zuzog, legte ich meinen Kopf neben Mio und sah ihn an. Er beobachtete mich aufmerksam, wenngleich ich merkte, dass er, nach seiner Mahlzeit, langsam müde wurde. Das sterile Zimmer auf der Intensivstation mit ihm zusammen war auf einmal so viel gemütlicher. Gleichmäßig nuckelte er an seinem Schnuller und wedelte mit seinen Händchen umher.

Bevor er einschlief, griff er nach meinem Finger. Ich lächelte. Am Tag, an dem ich den Knoten an meinem Hals entdeckte, hatte Mio dies das erste Mal gemacht. Seitdem griff er, wann immer wir irgendwo nebeneinanderlagen, nach meiner Hand und hielt sie fest. Als wollte er sagen: »Mama, ich bin bei dir.«

Während ich so schwach und »verkabelt« neben ihm im Krankenhausbett lag, kam mir der Gedanke, dass es eher so war, als würde mein wenige Wochen altes Baby auf mich aufpassen und nicht andersherum. Rückblickend glaube ich, dass Mio das auf eine gewisse Art und Weise tatsächlich getan hat.

Das feste Band zwischen uns, das stille Einverständnis und das Wissen, dass er und seine großen Geschwister die Liebe ihrer Mama unter allen Umständen weiterhin brauchten, waren für mich die größte Motivation, so schnell wie möglich wieder gesund zu werden.

*

Als Mio den zweiten Tag bei mir war, beschloss das Ärzteteam bei der Morgenvisite, dass mein Zustand gut genug sei, um mich verlegen zu können. Mein Herz hatte zwar immer wieder Phasen, in denen es extrem schnell und unregelmäßig schlug, und auch das Kribbeln in Händen und Beinen, das ich seit einiger Zeit verspürte, war stärker geworden, doch allgemein fühlte ich mich viel besser. Da Mio ein genügsames Baby war und den ganzen Tag friedlich neben mir im Bett lag, hatte es mit ihm bisher auch mithilfe meiner Besucher und den Nachtschwestern ganz gut funktioniert, obwohl ich bisher kaum hatte aufstehen können.

Die Erleichterung war groß, nun auf die Normalstation zu kommen, wo mich auch meine großen Kinder besuchen konnten, ohne dabei die vielen Geräte sehen zu müssen. Dr. Key hatte, ohne es zuvor zu sagen, Mio und mir ein wunderschönes Einzelzimmer auf seiner Privatstation organisiert. Der frisch renovierte Raum mit der großzügigen Fensterfront war in freundlichen Farben gehalten und glich mit seiner gemütlichen Sitzgarnitur, den modernen Bildern und dem Flatscreen-Fernseher an der Wand eher einem Hotelzimmer als einem Krankenhauszimmer. Ich fühlte mich sofort viel gesünder, als Schwester Gisela Mio und mich in meinem Bett hineingeschoben hatte.

»Wow!«, staunte ich.

»Allerdings!«, sagte Schwester Gisela. »Da hat der Chef Ihnen aber wirklich das schönste Zimmer im Haus klargemacht.« Sie streichelte Mios Köpfchen. »Also dann, ihr beiden. Ich wünsche euch alles Gute.« Und zu Mio sagte sie: »Grüße mir deine Schwester und deinen Bruder unbekannterweise, und pass mir gut auf deine tapfere Mama auf.«

Trennungsschmerz kam in mir auf. Die letzten Tage, in denen es mir teilweise so unglaublich schlecht gegangen war, war

Schwester Gisela während ihrer Schichten stets an meiner Seite gewesen und hatte mir mit ihrer ruhigen und kompetenten Ausstrahlung sehr geholfen, diese kritische erste Zeit nach der OP besser zu überstehen. Ihre herzliche, mütterliche Art war genau das, was ich gebraucht hatte, als ich mich so schwach und verloren gefühlt hatte. Die junge Krankenschwester, die mich nun begrüßte, wirkte durchaus auch sympathisch, strahlte aber allein aufgrund ihres Alters keine solche Erfahrenheit und Sicherheit aus wie Schwester Gisela.

Ich bedankte mich noch einmal von Herzen bei Gisela, bevor sie schließlich das Zimmer verließ und beinahe mit Dr. Key zusammenstieß, der im selben Moment die Tür betrat.

»Na?«, grinste er. »Passt das Zimmer?«

»Ja doch, ist ganz okay, danke«, erwiderte ich lachend.

Seine dunklen Augen strahlten mich spitzbübisch an. Obwohl er mindestens zehn Jahre älter als ich war, sah er wirklich jung aus, und immer wieder war ich erstaunt, wie natürlich und menschlich er wirkte. So ganz anders als viele seiner Kollegen, die ich in den vergangenen Wochen kennengelernt hatte. Auch wenn er wie jetzt über medizinische Dinge mit mir sprach, hatte ich stets das Gefühl, ihn zu verstehen und von ihm verstanden zu werden.

»Wir haben bei der heutigen Blutentnahme leider bemerkt, dass Ihr Kalziumspiegel viel zu niedrig ist. Obwohl wir bei der Operation mindestens drei der vier Nebenschilddrüsen, die für die Kalziumproduktion im Körper verantwortlich sind, erhalten konnten, scheinen die drei übrig gebliebenen irgendwie noch beleidigt zu sein und nicht richtig zu arbeiten. Das heftige Kribbeln, das Sie spüren, ist ein Anzeichen, dass Ihr Körper einen starken Mangel hat. Wir müssen nun schnell den Kalziumspiegel wieder etwas höher kriegen. Daher bekommen Sie die nächsten Tage Kalzium über den Tropf direkt in die Vene.«

Ich verzog das Gesicht. Ich hatte gehofft, die Schläuche endlich loszuwerden. »Hmmm ...«, grummelte ich tonlos und beugte meinen Kopf zu Mio runter. »Dann musst du wohl noch weiter auf Mamas Kabelsalat aufpassen, mein Kleiner.«

Dr. Key lachte. »Na, wenn das jemand hinkriegt, dann doch der kleine Herr Käflein.« Er sah zu Mio, streckte seine Arme aus und fragte: »Darf ich ihn mal halten?«

»Klar«, sagte ich und übergab den munteren Mio in Dr. Keys Arme, der sogleich munter mit ihm redete, während er ihn voller Begeisterung in seinen Armen wiegte und durch das Zimmer trug. Vor dem Fenster blieb er stehen und hielt meinen Sohn mit dem Rücken vor seine Brust, damit er nach draußen schauen konnte.

»Guck mal, kleiner Mann, da drüben!«, sagte er und zeigte auf das gegenüberliegende Klinikgebäude. »Da unten, wo das Licht brennt, da ist mein Büro. Da kannst du mir zuwinken.«

Ich lächelte. Die Leichtigkeit dieses Moments tat mir unheimlich gut. Ich freute mich, dass die Aufmerksamkeit mal nicht meiner Krankheit, sondern meinem süßen Baby galt. Außerdem genoss ich es sehr, in Dr. Key jemanden zu haben, der nicht besorgt um mich war. Mein Kalziummangel und die Stimmbandgeschichte beschäftigten ihn zwar sehr, und er hätte sich bestimmt gewünscht, mir diese Komplikationen zu ersparen, aber dennoch wirkte er zu keinem Zeitpunkt so, als könne man die Lage nicht auch wieder in den Griff bekommen. Ich kann schwer beschreiben, wie gut mir seine Sicherheit damals tat, während alle anderen permanent in Sorge um mich waren und erschraken, wenn sie meine lädierte Stimme hörten oder mich schwach im Bett liegen sahen. Natürlich fiel es Dr. Key mit seinem medizinischen Wissen deutlich leichter, Gelassenheit auszustrahlen, als meinem persönlichen Umfeld. Diese unbeschwerten Augenblicke mit jemandem, der keine

Angst um mich hatte und mir stets vermittelte, dass alles wieder gut werden wird, halfen mir daher enorm.

*

Ich bat Tatjana, die junge sommersprossige Krankenschwester, den Tropf erst anzulegen, wenn Milena und Lukas fort waren. Ihren ersten Besuch wollte ich so »unverkabelt« wie möglich verbringen.

Milena war sehr verhalten, als sie hinter Daniel und Lukas das Zimmer betrat. Mit großen Augen blickte sie auf meinen noch stark geschwollenen Hals mit dem langen Pflaster, das am Hals von einem Ohr zum anderen klebte.

»Na?«, versuchte ich sie abzulenken. »Was gibt's Neues? Alles okay?« Meine Stimme kiekste.

»Mama klingt wie ein Rabe«, stellte Lukas fasziniert fest.

Daniel erklärte, dass meine Stimme von der Operation noch ein wenig angeschlagen sei und ich momentan nicht so viel reden sollte. Zwei Kindern, die seit vier Tagen ihre Mama nicht gesehen hatten, begreiflich zu machen, dass ich nicht wie gewohnt all ihre Fragen beantworten konnte und viel weniger sprechen durfte als sonst, war nicht einfach. Ich spürte, dass meine Akzeptanz über meinen noch sehr angeschlagenen Zustand deutlich kleiner war, wenn ich mich in der Situation befand, für meine Kinder funktionieren zu wollen. Mit Einschränkungen oder Schmerzen, die nur ich selbst erlebte, konnte ich noch ganz gut leben. Nicht wie gewohnt mit den Kindern reden zu können, ihnen nichts vorlesen oder vorsingen zu können, war dagegen sehr belastend.

Als die drei schließlich am frühen Abend wieder nach Hause aufbrachen, fühlte ich mich völlig erschöpft und am Ende meiner Kräfte. Mein Herz hatte wieder begonnen, viel zu schnell zu schlagen, und das Kribbeln in Armen und Beinen hatte sich auf den gesamten Körper ausgebreitet. Selbst die Kopfhaut fühlte sich nun an, als würde dort ein ganzer Ameisenstamm Salsa tanzen. Der Tropf mit dem hochdosierten Kalzium lief nun in meine Venen, ich bekam Betablocker gegen das Herzrasen und wollte am liebsten nur noch schlafen. Mio aber, der den ganzen Nachmittag geschlummert hatte, wurde gerade jetzt wach und zappelte aufgeregt im Bett umher. Als er nervös mit dem Köpfchen zu wackeln begann und mit seinem kleinen Mund Saugbewegungen machte, bemerkte ich erschrocken, dass Daniel vergessen hatte, die Fläschchen für den Abend vorzubereiten. Vorsichtig erhob ich mich, um mit dem Tropfständer in die Patientenküche zu gehen und Wasser zu kochen. Schwerfällig richtete ich mich auf. Mir war schwindlig. Das Sichtfeld verschwamm, und ich spürte, wie unsicher ich auf meinen Beinen stand. Da Mio aber zunehmend unruhiger wurde und ich keine Möglichkeit hatte, ihn gemeinsam mit dem Tropfständer in der einen und dem Fläschchen und der Pulverpackung in der anderen Hand mit in die Teeküche zu nehmen, musste ich mich jetzt beeilen. Schwankend verließ ich das Zimmer. Die Tür blieb offen, um Mio wenigstens hören zu können.

Die Narbe pulsierte bei jedem Schritt. Inzwischen bekam ich weniger Schmerzmittel, und nun spürte ich den Unterschied deutlich. Die Schwellung am Hals war größer geworden, und jetzt, wo ich auf den Beinen war, fühlte er sich noch dicker und enger an als zuvor. Noch bevor ich die Teeküche erreichte, hörte ich, wie Mio zu weinen begann. Mist! Ich füllte den Wasserkocher und wartete, an den Tisch gelehnt, ungeduldig darauf, dass das Wasser kochte. Mios Schreien wurde lauter und eindringlicher, ich hörte laut das schnelle dumpfe Schlagen meines Pulses.

Als der Wasserkocher piepte, nahm ich ihn hastig von der Station, um das heiße Wasser in das Fläschchen zu füllen. Der Zugang pikste unangenehm, als ich versuchte, die Flasche mit meinen kribbelnden Händen zu umfassen. Mios Schreien schallte immer verzweifelter über den Flur. Schweiß rann über meinen Rücken. Unkontrolliert zuckte auf einmal meine rechte Hand, mit der ich den Wasserkocher hielt, und ich goss mir das brühheiße Wasser über die Finger. »Au!«, schrie ich. Das kochende Wasser verteilte sich auf dem Tisch und weichte das Babymilchpulver auf. Zitternd versuchte ich die Pfütze wegzuwischen, war aber unfähig, meine Hände zu kontrollieren. Tränen stiegen in meine Augen. Mios Schreien bohrte sich immer lauter in meine Ohren und in mein Herz. »Es tut mir so leid, mein Kleiner«, schluchzte ich. »Mama braucht wohl noch ein bisschen Zeit …«

13

Klinikalltag

War anfangs von einer Woche postoperativem Krankenhausaufenthalt die Rede gewesen, zeichnete sich bald ab, dass dieser Plan unrealistisch war. Das Herz- und Kalziumchaos in meinem Körper ließ sich nicht so schnell in den Griff bekommen wie gewünscht. Nicht zu wissen, wann die Situation sich besserte, und keinen fixen Zeitpunkt im Kopf zu haben, an dem ich die Klinik verlassen konnte, war vor allem für die Kinder schwer. Milena war meistens bei Theo und seiner lieben Mutter, die momentan zu Besuch war. Dort hatte sie ihren gewohnten Papa-Alltag und ein wenig Abstand zu der anhaltenden Ausnahmesituation. Carla, meine Eltern und Annie unterstützten Daniel so gut es ging bei der Betreuung von Lukas, holten ihn von der Krabbelgruppe ab, machten mit ihm Ausflüge in den Zoo oder ins Schwimmbad. Doch trotz aller Unterhaltung war ihm zunehmend anzumerken, wie sehr ihn meine Abwesenheit belastete. Dass es meinem großen Sohn nicht gut ging und ich in meinem geschwächten Zustand vom Krankenhausbett aus so wenig für ihn tun konnte, setzte mir stark zu. Ich versuchte mein schlechtes Gewissen zu verdrängen, was mir aber kaum gelang.

Am zehnten Tag nach der OP saß ich in meinem Bett und bekam gerade einen neuen Tropf angehängt. Das Fenster stand offen und die warme Septembersonne schien herein, als unten vom Klinikpark aus plötzlich lautes Kinderweinen zu hören war.

»Uii, da ist aber jemand verzweifelt«, kommentierte Schwester Tatjana das Gebrüll beiläufig.

Ihre Worte trafen mich, da mir sofort klar war, dass es Lukas sein musste, der da so tobte. Inständig hoffte ich, dass ich mich täuschte, doch als wenige Minuten später die Tür aufging und Daniel völlig entnervt mit einem total verheulten und noch immer schluchzenden Lukas auf dem Arm hereinkam, war mir klar, dass mich mein Gefühl nicht getäuscht hatte.

»Es ist so anstrengend mit ihm«, seufzte Daniel. »Er vermisst dich einfach total.«

Ich schlug die Decke beiseite und ließ Lukas zu mir ins Bett hüpfen. »Komm mal her«, flüsterte ich und drückte meinen noch immer zitternden Sohn fest an mich. Ich konnte kaum atmen, als mir in diesem Moment bewusst wurde, wie stark ich mich nach ihm sehnte. Bis zu Mios Geburt waren wir nie länger als ein paar Stunden getrennt gewesen, und plötzlich gab es diese große zwangsläufige Distanz. Es war mehr als verständlich, dass er mit seinen gerade mal zwei Jahren schwer damit umgehen konnte. Ich ahnte auf einmal, dass dieser emotionale Schock bei uns allen, aber ganz besonders bei Lukas schwere Wunden hinterlassen würde.

Nachdem Daniel und Lukas gegangen waren, wartete ich sehnsüchtig darauf, dass Dr. Key wie jeden Tag abends kurz vorbeikam, um nach mir zu sehen. Dringend brauchte ich eine kleine Ablenkung von meinen schweren Gedanken um mein Kind.

Schon an den Schritten im Flur und der Art, wie er zweimal kurz an meiner Tür klopfte, bevor er eintrat, konnte ich ihn inzwischen erkennen. Ich sah erfreut Richtung Tür. Spürte ich bei meinen Angehörigen, je länger sich mein Klinikaufenthalt in die Länge zog, neben ihrer Fürsorge und Liebe auch eine gewisse Ungeduld und Verzweiflung darüber, dass ich nicht, wie erhofft, einfach wieder schnell die Alte sein konnte, hatte ich bei Dr. Key das Gefühl, dass ich mich bei ihm nicht verstellen musste. Wenn ich niedergeschlagen war, wusste er immer genau, was er sagen musste, um mich aufzumuntern und mir neuen Mut zu machen.

»Die Strahlenklinik hat angerufen«, sagte er. »Ende September startet Ihre Radiojodtherapie. Ich weiß leider nicht, ob wir Sie zuvor noch nach Hause entlassen können, aber versuchen Sie hier trotzdem Kraft für die Bestrahlung zu sammeln.«

»Mhm«, murmelte ich. »Eigentlich hatte ich meiner Tochter versprochen, vor der Therapie mit ihr ins Kino zu gehen«, fügte ich traurig hinzu. »Na ja, vielleicht machen wir dann einen DVD-Nachmittag hier in der Klinik.« Dr. Key lachte. »Hey. das ist doch ein guter Plan. Ich schau mal im Kiosk nach, ob's da Popcorn gibt.«

Ich seufzte und lächelte traurig. Da ich keine andere Wahl hatte, musste ich die Zeit, bis die Narbe richtig verheilt war, mein Herz und meine Kalziumproduktion wieder im Gleichgewicht waren, wohl oder übel wirklich nutzen, um mich endlich wirklich zu entspannen und mich nicht permanent unter Druck zu setzen, so schnell wie möglich wieder richtig funktionieren zu können.

Als am nächsten Tag mittags der Tropf durchgelaufen war und ich für die nächsten zwei Stunden »kabelfrei« war, nahm ich mir vor, das erste Mal die Station zu verlassen und ein paar Schritte durch den Klinikpark zu gehen. Ich sehnte mich nach frischer Luft, nach Licht und danach, keine Monitore piepsen zu hören und keinen Geruch von Desinfektionsmitteln in der Nase zu haben.

Ein Krankenpflegeschüler hatte mir auf der Geburtsstation, die sich ein Stockwerk unter der Privatstation befand, auf der ich lag, ein Säuglingsbettchen besorgt, das man mittels der kleinen Rollen zugleich als Wagen benutzen konnte. Mio passte gerade noch hinein, auch wenn das Neugeborenen-Bettchen fast schon zu klein für ein mehrere Wochen altes Baby war. Ich hoffte, dass es dennoch bequem genug für ihn sein würde. Ebenso hoffte ich, dass den Leuten, die uns in den Gängen und im Park begegnen würden, nicht auffiel, dass Mio bereits zu groß war, um als neugeborenes Baby durchzugehen.

Der Gedanke, dass wir nach außen hin wie eine junge, glückliche Mama und ihr frisch entbundenes Kind wirkten, die einen kleinen Ausflug in den Klinikpark machten, um dann wieder auf die Wochenbettstation zurückzukehren und sich dort in Ruhe von der Geburt zu erholen, hatte etwas so Friedliches, Tröstliches an sich. Ich war froh, dass ich mir – bewusst oder unbewusst – einen leichten Schal um den Hals gelegt hatte und man mir somit, außer dem Zugang an meinem Handgelenk, nichts ansehen konnte. Die mir zugewandten Blicke, während ich vorsichtig das Säuglingsbettchen schiebend durch den Park spazierte, waren so viel wohltuender als die geschockten Mienen der Menschen, die mir auf dem Flur meiner Station begegnet waren und meinen blaugrün unterlaufenen Hals mit dem großen Pflaster entdeckt hatten. Für jemanden, der noch nie ernsthaft krank war, ist bestimmt schwer zu begreifen, wie gut es tat, für eine kurze Zeit nicht als bemitleidenswerte Krebspatientin, sondern als eine gesunde junge Frau wahrgenommen zu werden.

*

So gesund und fröhlich ich mich im Park gefühlt hatte, so erschöpft und kraftlos sank ich nach dem kleinen Ausflug in mein Stationsbett. Meine Beine und Arme kribbelten wie verrückt, mein Herz polterte, mal schwach, dann wieder viel zu kräftig. Schwester Tatjana brachte mir das Abendessen und die dritte Ration Tabletten des Tages. Beim Anblick der zwei dünnen Scheiben Brot, der leicht verfärbten Wurst und dem Schälchen mit farblosen, verkochten Möhren drehte sich mir schier der Magen um. Ich musste an Milena und Lukas denken. Was sie wohl gerade machten? Hatte Daniel ihnen, wie vorhin am Telefon besprochen, den Milchreis zubereitet, den ich in der dritten Dose von rechts auf dem Schrank aufbewahrte? Hoffentlich hatte er das Kompott im Keller gefunden, das Oma uns beim letzten Besuch im August mitgegeben hatte, damit ich was Leckeres für meine heiß geliebten Pfannkuchen hatte, die ich mir vor der OP unbedingt noch mal hatte machen wollen. Enttäuscht stellte ich fest, dass ich dieses Vorhaben vergessen hatte.

Frustriert betrachtete ich das Tablett mit dem Abendbrot. Je stärker der unangenehme Geruch von Krankenhausessen in meine Nase drang, desto größer wurde mein Heimweh. Mein Handy brummte. Eine SMS von Annie.

Hey, wie geht's dir, meine Liebste?

Ich antwortete, ohne nachzudenken. *Nicht gut. Kalziummangel. Kindermangel. Pfannkuchenmangel.* Ich drückte auf »Senden«, schob das Tablett beiseite und zog die Decke hoch bis zum Kopf. Ich wollte plötzlich nur noch weg von hier. Eine Träne tropfte aufs Bett, bevor ich in einen Dämmerzustand flüchtete, um nicht weiter denken zu müssen.

Der kleine Ausflug in den Park schien mich so angestrengt zu haben, dass ich kurz darauf einschlief. So tief und fest, dass ich nicht einmal mitbekam, wie Schwester Tatjana später hereinkam, das Tablett mit den unangerührten Speisen wieder aus dem Zimmer trug und mir einen neuen Tropf anhängte. Kurz wurde ich wach, bemerkte, dass der Nachttisch leer war, schlief dann aber weiter, als ich sah, dass Mio noch immer friedlich neben mir schlummerte.

Ich glaubte noch immer zu träumen, als der liebliche Geruch von Zucker und Zimt und frischem Apfelmus in meine Nase stieg. Verschlafen rekelte ich mich, blinzelte und konnte meinen Augen nicht trauen. Auf meinem Nachttisch stand ein großer Teller voller ... Pfannkuchen! Ein richtiger Turm gelber und köstlich duftender Pfannkuchen stapelte sich nebst Apfelmus und einem großzügigen Berg aus Zucker und Zimt. Neben dem Teller lag ein Zettel. »Für die tapferste und wunderbarste Vera auf Erden.« Annie! Tränen der Rührung schossen in meine Augen. Ich sah mich um. Die Zimmertür stand offen, im Flur hörte ich leicht stampfende Schritte. Kurz darauf stand Annie strahlend in der Tür und winkte mit Messer und Gabel.

»Besteck hat noch gefehlt.« Sie trat an mein Bett, legte Messer und Gabel neben den Teller und grinste mich an.

Mein Engel Annie! Ich streckte ihr die Arme entgegen und zog sie fest an mich. »Das ist mit Abstand das Beste, was du heute hättest für mich tun können«, flüsterte ich.

Selten hatte mir etwas so gut geschmeckt wie diese Pfannkuchen, in Eile gebacken und mit dem Fahrrad von Annie hierhertransportiert, um ihre von Heimweh geplagte Freundin zu trösten.

*

Die Tage vergingen. Irgendwann verlor ich das Zeitempfinden. War ich eine Woche in der Klinik? Oder zwei? Oder gar schon einen ganzen Monat? Jeder Tag glich dem anderen. Um sieben stand ich immer auf, um Mio sein Frühstücksfläschchen zu machen. Meine Mutter hatte mir inzwischen einen Wasserkocher mitgebracht, so musste ich nicht mehr in die Teeküche gehen und konnte bei Mio im Zimmer bleiben, während ich seine Mahlzeiten zubereitete. Im Bett fütterte ich ihn, sah dabei aus dem Fenster und konnte immer zwischen 7:13 Uhr und 7:16 Uhr beobachten, wie im Gebäude gegenüber das Licht in Dr. Keys Zimmer anging, er seine Tasche auf dem Schreibtisch abstellte, sich den weißen Kittel überwarf und dann eilig den Raum verließ.

Danach vergingen meist genau acht Minuten, bis es an meiner Tür klopfte und er zusammen mit seinen Kollegen, den Assistenzärztinnen und PJlern, das Zimmer betrat. Das Team begrüßte mich und vor allem Mio jedes Mal mit großer Freude. Mio war der mit Abstand jüngste Übernachtungsgast auf der internistisch/chirurgischen Station, in der das Durchschnittsalter der Patienten bei weit über sechzig lag. Zu spüren, wie gern das Personal zu uns ins Zimmer kam, war natürlich ein schönes Gefühl.

Nach der Begrüßung wurde die Wundheilung meiner Narbe gecheckt, außerdem ging es täglich um meinen aktuellen Kalziumwert und was es noch für Möglichkeiten gebe, diesen endlich zu stabilisieren. Die verschiedensten Kalziummedikationen in Verbindung mit unterschiedlichen Vitamin-D-Präparaten hatten bisher nicht die gewünschte Wirkung gezeigt, und so gelang es bislang nur, mit der intravenösen Kalziumgabe einen einigermaßen konstanten Pegel zu erhalten.

Kurz nach der Morgenvisite kam täglich eine junge Medizinstudentin namens Estella, die mir Blut abnahm und danach, wenn noch Zeit war, ein wenig Mio bespaßte. Diesen Moment nutzte ich dann, um in meinem kleinen Badezimmer Zähne zu putzen und mich schnell zu waschen. Nachdem Estella gegangen war, wurde mir mein Frühstück gebracht. Aus seinem Urlaub zurück, arbeitete Martin, ein guter Freund von Daniel, nun wieder als Krankenpfleger auf genau meiner Station, was mich sehr freute. Ich mochte Martin schon immer gerne, doch in diesen Wochen im Krankenhaus wuchs er mir noch mehr ans Herz. Meistens übernahm er die Frühschichten, und so war er es oft, der mir das Frühstück brachte. Nicht selten lag statt der trockenen Scheibe Brot ein zweites Brötchen auf dem Tablett, oder er brachte mir, statt wie verordnet Kamillentee, einen Cappuccino aus der Personal-Kaffeemaschine mit.

Hatte Martin oder eine seiner Kolleginnen mein Tablett abgeholt, begann meist eine eher ruhige Zeit. Bis zum Mittagessen gab es selten Untersuchungen. Die großen Kinder waren in der Krabbelgruppe und in der Schule, und Daniel, meine Eltern und die meisten meiner Freunde arbeiteten oder waren, wie Annie, Studenten, die jetzt im Sommersemester jobbten oder auf Reisen waren. Ich selbst hatte mein Urlaubssemester, das ich ursprünglich aufgrund von Mios Geburt eingereicht hatte, inzwischen auf unbestimmte Zeit verlängern lassen. Noch war nicht abzusehen, wann und ob ich weiterstudieren konnte.

Nachmittags kam meistens Daniel mit Lukas, hin und wieder auch mit Milena, die er anschließend wieder zu Theo brachte. Die Freude, sie zu sehen, war groß, doch ich musste mir ebenso eingestehen, dass es körperlich stets die anstrengendsten Stunden des Tages für mich waren. Zwei Stunden lang mit einem gelähmten und einem verletzten Stimmband Wörter herauszuquetschen und fortlaufend vorzugeben, dass alles gar nicht so schlimm sei, wie es sich anhörte oder aussah, war kräftezehrend. Auch psychisch. Je näher es auf siebzehn Uhr zuging, wenn Daniel sich mit den Kindern gewöhnlich auf den Heimweg machte, je mehr zog sich mein Herz zusammen. Der Abschied fiel mir von Tag zu Tag schwerer, kaum noch konnte ich den Anblick der traurigen Kinderaugen ertragen, die tief enttäuscht dreinblickten, wenn ich sagen musste, dass ich auch heute wieder nicht mit ihnen kommen würde. Es war nicht zu übersehen, dass die Entfernung zwischen mir und unserem Zuhause, zwischen mir und meiner Familie immer größer wurde. Daniel und ich versuchten zu vermeiden, Lukas durch Herumreichen bei verschiedenen Babysittern zusätzlich zu verunsichern, lieber verzichteten wir auf die gerade in einer solchen Phase eigentlich so nötige Zweisamkeit. Doch wegen der bei seinen Klinikbesuchen immer anwesenden Kinder und meiner angeschlagenen Stimme, die auch Telefonate später am Abend nicht möglich machte, hatten wir kaum Gelegenheiten, uns ausführlicher über unsere Gedanken und Gefühle zur aktuellen Situation auszutauschen. Sogar für Erzählungen aus unserem jeweiligen Alltag gab es kaum Möglichkeiten. Weil wir nie ungestört waren, hatte weder ich die Chance, ihm von meinen belastenden Erfahrungen im Krankenhaus zu berichten, noch konnte er sich darüber äußern, wie es ihm plötzlich so alleine mit Lukas und mit der Sorge um mich erging. Es war ein großer Fehler, dass wir ausschließlich die Bedürfnisse der Kinder im Auge hatten und währenddessen unbemerkt unsere eigene Beziehung so sehr vernachlässigten.

Wenn Mio und ich schließlich in den frühen Abendstunden wieder alleine waren, war ich oft so erschlagen, dass ich, wenn Mio es zuließ, bis zum wenig spektakulären Abendessen gegen sechs ein wenig schlief. War das Frühstück dank Martin wirklich schmackhaft und bot das Mittagessen wenigstens jeden Tag eine kleine Abwechslung, so ödeten mich die allabendlichen zwei Scheiben trockenen Brots, der geschmacklose Salat oder das lieblos drapierte Dosengemüse doch zunehmend an. Mir gelang es selten, alles aufzuessen. Das gegen Abend stärker werdende Gefühl der Einsamkeit schlug mir ebenfalls auf den Magen und war nicht besonders zuträglich für meinen Appetit.

Sobald es draußen dämmerte, fühlte es sich gleich noch deplatzierter an, mit meinem Baby nicht bei meiner Familie, sondern an diesem für ein Krankenhauszimmer zwar äußerst schicken, dennoch viel zu sterilen Ort fern von meiner Familie zu sein. Manchmal kamen meine Eltern nach der Arbeit noch vorbei und gingen mit Mio spazieren, damit er an die frische Luft kam. Hin und wieder blieben sie so lange draußen, dass sie noch nicht zurück waren, wenn Dr. Key seinen täglichen Abendbesuch abstattete. Empört fragte er dann, wo denn sein kleiner Freund sei und dass er sich den ganzen Tag gefreut habe, ihn abends wiederzusehen. Längst ging es bei unseren Gesprächen nicht mehr nur um meine medizinische Situation. Oft erzählte er mir von seinem Arbeitsalltag, von spannenden oder lustigen Erlebnissen oder davon, was er am Wochenende geplant hatte.

Die Wochenenden übrigens waren es, die für mich persönlich am schwersten zu ertragen waren. Hier stoppte die inzwischen so gewohnte und daher immerhin auch irgendwie beruhigende tägliche Routine abrupt. Weder der einfühlsame Martin arbeitete samstags oder sonntags noch war Dr. Key in der Klinik. Untersuchungen fanden auch keine statt, und so zogen sich die beiden Tage endlos dahin. Am schlimmsten für mich war jedoch das Wissen, dass meine großen Kinder nun nicht, wie unter der Woche, durch ihren gewohnten Alltag in Schule und Krabbelgruppe abgelenkt waren. Mein schlechtes Gewissen diesbezüglich drückte mir am Ende jeder Woche schwer aufs Gemüt. Während ich auf Facebook die schönen Fotos von Familienausflügen meiner Freunde verfolgte, versuchte ich Milena und Lukas ein Ersatzprogramm im Krankenhaus zu bieten. An einem Samstag ging Daniel mit Mio spazieren, und ich versprach Lukas, dass wir beide ganz alleine im Fahrstuhl zum Krankenhauskiosk runterfahren würden, um dort ein Eis zu essen. Als wir dann im Aufzug standen und ich Lukas und mich im Spiegel betrachtete, war ich gerührt, wie zufrieden und dankbar er mich anstrahlte und wie glücklich er nach meiner Hand griff. Als er plötzlich sagte: »Du kannst echt schon ganz schön gut laufen, Mama, richtig super!«, schossen Tränen in meine Augen.

Milena überraschte ich an einem Sonntagnachmittag endlich mit unserem langersehnten Kinonachmittag. Annie hatte in meinem Auftrag Popcorn aus einem Kino besorgt, in einem original XXL-Kinopopcorneimer. Martin war extra in der Klinik vorbeigekommen, um uns einen Fernseher mit DVD-Rekorder aus einem Konferenzraum zu organisieren. Carla hatte die neuste *Bibi und Tina*-DVD im Internet bestellt und in die Klinik schicken lassen. Theo war in die Überraschung eingeweiht und brachte Milena nachmittags an die Pforte. Er sagte ihr, sie dürfe heute alleine zu mir in den vierten Stock fahren. Als sie an die Tür klopfte, hatte ich bereits die Rollläden runtergelassen, aus Kissen einen Kinosessel neben mir im Bett gebaut und den Popcorneimer zusammen mit einer Flasche Fanta aus dem Getränkeautomaten im Flur auf dem Nachttisch platziert. Daniel war mit Mio und Lukas auf einen nahe gelegenen Spielplatz gegangen, und so konnten wir unseren Tochter-Mama-Nachmittag in vollen Zügen genießen. Milenas Augen zu sehen, als sie staunend den »Kinosaal« betrat, erfüllte mich mit einem solchen Glück, dass ich mich mit einem Schlag um Welten gesünder und wieder kraftvoller fühlte.

Wir aßen den Popcorneimer komplett leer, sangen lauthals die Filmmusik mit (na ja, soweit es mir eben *lauthals* möglich war) und kicherten so vergnügt, dass nach einer Weile Schwester Tatjana verdutzt den Kopf zur Tür reinsteckte und fragte, ob alles in Ordnung sei. »Äh, ja? Die Mama und ich sind hier im Kino, also natürlich: Gerade ist alles okay!«, sagte Milena und lachte fröhlich. Ja, gerade ist wirklich alles okay, dachte ich, drückte meine vor Glück strahlende Tochter an mich und schloss für einen kurzen Moment die Augen, um dieses wunderbare Gefühl in mir zu speichern und mich in dunklen Stunden daran erinnern zu können.

14

Der Strahlenknast

Draußen regnete es in Strömen. Langsam ging der Sommer in Freiburg in den Herbst über. Mein Kalziumspiegel hatte sich Ende September noch immer nicht stabilisiert, und so bekam ich weiterhin täglich das nötige Kalzium per Tropf zugeführt. Eben hatte mir Schwester Tatjana den Zugang gezogen, damit ich startklar war. Neben meinem Bett stand die gepackte Tasche mit allem, was ich für die nächsten Tage in der Strahlenklinik brauchen würde. Daniel und die drei Kinder waren auf dem Weg nach Hause, nachdem ich sie gerade schweren Herzens verabschiedet hatte. Mindestens sechs, sieben Tage dürfe ich sie nach der Bestrahlung nicht sehen, so hatte man mir gesagt. Man müsse abwarten, wie schnell mein Körper die radioaktive Strahlung abbaue. Mir war elendig zumute, wenn ich an diese folgenden einsamen Tage dachte. Allein die Vorstellung, im Zimmer eingesperrt zu sein, keinen Besuch bekommen zu dürfen und kaum persönlichen Kontakt mit dem Klinikpersonal zu haben, machte mich unruhig. Doch der Gedanke, die Kinder so lange nicht sehen zu dürfen und nicht zu ihnen zu können, egal was passierte, zerriss mich schier.

Niedergeschlagen und verheult lag ich zusammengekauert auf meinem Bett und wartete auf das Taxi, das mich zur Strahlenklinik bringen sollte, als es plötzlich zweimal kurz an der Tür klopfte. Das war nicht der Taxifahrer, das wusste ich gleich. Da ich mit dem Rücken zur Tür gelegen hatte, drehte ich mich um. Dr. Key! Die Morgenvisite war längst vorbei, eigentlich stand er um diese Uhrzeit immer im OP.

»Hallo?«, sagte ich verdutzt. »Was machen Sie denn hier?«

Er setzte sich auf meine Bettkannte, sah mich an und schwieg einen Moment. Statt seines weißen Kittels trug er grüne OP-Kleidung. »Ich wollte noch mal kurz nach Ihnen schauen, bevor Sie gehen.«

»Oh ... das ist lieb. Ich dachte, Sie sind um die Zeit immer im OP.«

»Das bin ich auch ... eigentlich!« Er lächelte. »Aber ich dachte, wenn uns unsere Lieblingspatientin verlässt, muss ich doch noch mal schnell Tschüss sagen.«

Ich seufzte. Seine Worte freuten mich, doch der Knoten in meinem Hals wurde größer und größer, als mir bewusst wurde, dass ich nicht nur meine Kinder die nächsten Tage nicht sehen würde, sondern auch ihn und all die anderen vertrauten Menschen, die mir in den letzten Wochen auf dieser Station ans Herz gewachsen waren. Ich spürte, wie Tränen in meine Augen stiegen.

»Hey ... was ist los?«, fragte er erschrocken. Seine dunklen Augen blickten mich fragend an. Noch nie hatte ich ihn so besorgt gesehen.

»Ach, ich weiß nicht ...« Ich richtete mich auf und ging langsam zum Fenster. Warum ich aufstand, weiß ich nicht, scheinbar wollte ich nicht, dass er mich weinen sah. Ich lehnte meine Stirn gegen die kühle Fensterscheibe und verlor meinen Blick im Tanz der Regentropfen.

»Hm?« Er war mir gefolgt und stand nun hinter mir.

»Ich weiß nicht, wie ich das so lange aushalten soll ... ohne Mio ... und ohne ...« Meine Stimme versagte, und Tränen kullerten über meine Wange.

Seine Hand legte sich sachte auf meine Schulter.

»Wir sehen uns bald wieder«, sagte er leise. Ich drehte mich zu ihm um und sah ihn mit tränenerfüllten Augen an. Schluchzend nickte ich. Auf einmal zog er mich in seine Arme und drückte mich fest an sich. Ich spürte seinen Atem auf meinen Haaren, und mir war, als würde ich sein Herz klopfen hören. In schnellem Rhythmus schlug es unter seiner Brust, an die mein Kopf gelehnt war. Der Regen prasselte laut gegen die Fensterscheibe. Die große Uhr über der Tür tickte monoton im Sekundentakt. Doch weder Wetter noch Zeit spielten eine Rolle, während wir dastanden und schwiegen und meine Tränen langsam versiegten.

*

Das alte Gebäude der Strahlenklinik war das heruntergekommenste Krankenhausgebäude, das ich je gesehen hatte. Die Fassade bröckelte an der Außenwand, beim Eintreten knarrte die alte Tür, und auch das Treppenhaus sah aus, als hätte es bereits mehrere Generationen von Krebspatienten gesehen. Kaum jemand kam mir auf dem Weg ins Arztzimmer, wo ich vorsprechen sollte, entgegen. Eine verlassene, fast unheimliche Stimmung herrschte in den dunklen Gängen, in denen ein wenig frische Luft und Tageslicht Mangelware waren.

Als ich schließlich den fensterlosen Raum erreichte, fand ich dort einen jungen Arzt vor, der kaum älter war als ich, aber gleich zu Beginn sichtlich großen Wert darauf legte, mir zu beweisen, äußerst kompetent zu sein. Immer wieder griff er sich, während er sprach, an seinen weißen Kittel und zupfte an ihm herum, so als wolle er mich daran erinnern, dass er würdig war, diesen zu tragen. Außer mit seinem weißen Gewand schien er auch äußerst gerne mit medizinischen Fremdwörtern um sich zu werfen. Nach jedem dieser Begriffe, die ich, wie jeder Laie, nicht verstehen konnte, entschuldigte er sich scheinheilig für seine Wortwahl und wies darauf hin, dass ich das ja bestimmt gar nicht verstehen könne. Dann erklärte er mit hochgezogenen Augenbrauen sehr langsam und äußerst betont in einfachen Worten, was er mir eben im Fachjargon bereits erklärt hatte. Sein Gehabe und die ganze Situation nervten mich so sehr, dass ich auf Durchzug schaltete und mich gedanklich wegbeamte. Weit weg von dem hässlichen Gebäude, in dem ich mich befand, und noch weiter weg von dem aufgeplusterten Jung-Arzt, der sich weiterhin an seinem Wissen ereiferte, aber kaum auf mich persönlich einging.

Glücklicherweise war Rudi, ein guter Freund meiner Eltern, jahrelang Professor in genau dieser Abteilung gewesen und hatte mir daher bereits im Vorhinein die allermeisten meiner Fragen sehr geduldig und ausführlich beantwortet. So war ich Gott sei Dank nicht darauf angewiesen, den enormen Redebedarf meines Gegenübers durch Fragen noch weiter zu füttern.

*

Die ältere Krankenschwester, die mich durch die langen Gänge bis zu meinem Zimmer begleitete, passte mit ihrer ruppigen Art und dem etwas ungepflegten Äußeren gut in die Gesamtkulisse dieser seltsamen Klinik hinein. In knappen Worten – sie war in dieser Hinsicht das genaue Gegenteil von ihrem jungen Kollegen – erklärte sie mir, während wir durch die verschiedenen Stationen liefen, den Ablauf der nächsten Stunden. Ich hätte großes Glück, meinte sie, dass mein behandelnder Arzt zuvor angerufen und mir das einzige Einzelzimmer der Station reserviert habe. Das ändere aber nichts daran, fuhr sie sichtlich genervt fort, dass ich mich an die Regeln hier genauso halten müsse wie die anderen Patienten. »Klar«, sagte ich und zuckte mit den Schultern, was sie kommentarlos ignorierte.

Ich dürfe, sobald ich meine Kapsel geschluckt habe, erläuterte die Krankenschwester weiter, das Zimmer unter keinen Umständen verlassen und die Klingel fürs Schwesternzimmer nur betätigen, wenn ich ein wirklich wichtiges Anliegen habe. Das Personal sei angehalten, sich selbst so wenig wie möglich in der Nähe der strahlenden Patienten aufzuhalten.

»Strahlende Patienten ...« Ich musste grinsen und wurde mit einem missmutigen Blick der Schwester gestraft.

»Können wir weitermachen?«, fragte sie ungeduldig.

»Klaro, ich freue mich ja nur über die Doppeldeutigkeit des Ausdrucks *strahlend*«, entgegnete ich. Ich konnte mir selbst nicht genau erklären, warum ich auf einmal so guter Laune war ... Oder doch? Die Schwester sah mich noch vorwurfsvoller an. Strahlen darf man hier also nur radioaktiv, habe verstanden!, dachte ich, während sie die Tür zu meiner Zelle öffnete.

Das Erste, was mir ins Auge stach, als ich den kleinen Raum durch eine doppelte Eingangstür betrat, waren die gelbschwarzen Strahlenwarnzeichen, die auf jedem der drei verschlossenen Fenster klebten. An den auffällig breiten Wänden war offensichtlich irgendein zusätzliches Material angebracht, das die Strahlen daran hindern sollte, die Mauern zu durchdringen. An der Wand hing ein großes dunkles Jesuskreuz, auf dem Nachttisch neben dem alten Krankenhausbett lag eine Bibel. Ein kleiner Kastenfernseher stand auf einem Tisch vor dem Fenster. Das war alles. Dass die Umstellung von meiner Luxussuite in der Marienklinik in die stark in die Jahre gekommene Strahlenklinik groß werden würde, war mir bewusst gewesen, aber beim Anblick dieser trostlosen Umgebung musste ich ernsthaft schlucken. Um ein bisschen frische Luft einzuatmen, lief ich zum Fenster und wollte es öffnen. Ich ruckelte verwirrt an dem Griff, doch er bewegte sich nicht.

»Nix da! Fenster können Sie hier nicht öffnen! Meinen Sie etwa, da draußen hat man Lust auf radioaktive Strahlung?«, unterbrach die überaus mitfühlende Krankenschwester mein Treiben.

Ich atmete tief aus. Die Enge in diesem zellenartigen Zimmer erdrückte mich. Ich versuchte mir selbst Mut zuzusprechen. Alles okay, Vera, das sind nur achtundvierzig Stunden. Das packst du ... Weg mit dir, Platzangst!

»So, meine Schicht ist zu Ende, ich geh jetzt heim! Sie warten hier, bis die Ärzte nach dem Schichtwechsel vorbeikommen und Ihnen die Kapsel bringen.«

Jawohl!, donnerte ich gedanklich zurück, biss mir aber auf die Lippen. Als die Tür zuging und ich alleine war, seufzte ich erleichtert auf, nun wenigstens diese missmutige Dame nicht länger ertragen zu müssen. Uff ... Das fing ja gut an. Ich schnappte meine Tasche und begann sogleich das ungemütliche Zimmer mit Fotos von den Kindern ein wenig heimeliger zu gestalten. An alle Wände befestigte ich die Aufnahmen mit Tesafilm, den mir Martin heute Morgen noch aus dem Stationszimmer besorgt hatte. Dann griff ich nach meinem Handy, um Daniel Bescheid zu geben, dass ich angekommen sei und es gleich losgehen würde. Ich zögerte kurz, entschied mich dann aber dafür, eine SMS zu schreiben. Die Kinder im Hintergrund zu hören, im schlimmsten Fall mitzubekommen, wie Mio weinte, wollte ich mir gerade nicht antun. So richtig sicher war ich mir auch noch nicht, ob es tatsächlich eine gute Idee gewesen war, all die Fotos von Milena, Lukas und Mio aufzuhängen. Klar, der Raum wirkte dadurch deutlich freundlicher, und die Bilder waren wunderschön, doch seit der Verabschiedung heute früh versuchte ich eigentlich alles, was mit den Kindern zu tun hatte, eher zu verdrängen, um das schlimme Gefühl der Sehnsucht nicht ständig so bewusst spüren zu müssen.

Ich tippte ein paar Zeilen und schickte die SMS an Daniel ab, wählte dann Carlas Nummer und ließ mich in gewohnter Manier von meiner großen Schwester beruhigen, während ich auf die kleine Kapsel wartete, die meinen Körper restlos krebsfrei machen sollte.

»Klopf, klopf, hier ist die Post. Ich habe eine Lieferung für Sie.« Ein Arzt mittleren Alters stand in der Tür und lachte fröhlich. In der Hand hielt er eine große Papiertasche, die mit einer glänzenden roten Schleife versehen war. Er kam zu mir und reichte mir die Hand. »Meier, guten Tag, ich bin bis heute Abend Ihr Stationsarzt. Und das hier ...«, er gab mir die riesige Tüte, »das hier wurde unten an der Pforte für Sie abgegeben.«

»Wow!«, freute ich mich. »Das ist ja eine Überraschung.«

»Und von mir kriegen Sie auch noch was«, fuhr Dr. Meier fort. »Ich lege Ihnen jetzt einen Zugang, und dann komme ich gleich noch mal vorbei mit der Wunderkapsel. Mit ihr geht's den restlichen Krebszellen an den Kragen. Einverstanden?«

Ich nickte.

Während er mir den Zugang legte, erinnerte er mich daran, dass ich, sobald ich die Kapsel geschluckt habe, so viel trinken solle, wie es nur irgendwie gehe, um meinem Körper zu helfen, schnellstmöglich die Radioaktivität wieder loszuwerden. Außerdem solle ich saure Bonbons lutschen, das würde meinen Speicheldrüsen helfen. Danach verließ er das Zimmer, um die Kapsel zu holen.

Stimmt, dachte ich, den Tipp mit den Bonbons hatte Rudi mir auch gegeben, aber ich hatte ganz vergessen, jemanden zu bitten, mir welche zu besorgen. »Mist«, schimpfte ich. Dann beugte ich mich übers Bett, um das rote Band von der Tasche zu lösen. »Für meine strahlende Vera, von deiner Freundin Annie« stand in bunten Buchstaben auf einem gelben Blatt Papier. Vier oder fünf Zeitschriften steckten in einem Meer verschiedenster Packungen mit sauren Bonbons, sauren Zungen, Stäbchen und Lutschpastillen. Ich war gerührt. Auf Annie war wie immer Verlass.

Als der sympathische Stationsarzt zurück ins Zimmer kam und all die Bonbons entdeckte, die verteilt auf meinem Bett lagen, musste er grinsen. »Okay, ich glaube, die sollten für die nächsten achtundvierzig Stunden reichen.« In der Hand hielt er eine Art Reagenzglas, in der sich die Kapsel befand, gefüllt mit radioaktiven Jod-131. Auch er erklärte mir nun noch einmal, dass sich dieses Jod mit seiner radioaktiven Strahlung an das eventuell noch vorhandene Restgewebe der Schilddrüse anreichert, um es dann zu zerstören. Da es sich aber einzig und allein an dem restlichen Schilddrüsengewebe anreichere und die Schilddrüse ja nicht mehr vorhanden sei, würde es relativ schnell gehen, bis das Jod wieder aus dem Körper ausgeschieden sei. Wenn – gewöhnlich nach ungefähr achtundvierzig Stunden – ein bestimmter Strahlungswert unterschritten sei, könne ich die Quarantänestation verlassen und wieder unter Menschen gehen. Der Strahlungswert, der als Standard für die Entlassung festgelegt ist, sei so bestimmt worden, dass bei normalem Umgang des Patienten mit seiner Umwelt kein Bestrahlungsrisiko für die Mitmenschen entsteht.

»Bei Ihnen allerdings, Frau Käflein, ergibt sich durch Ihren Säugling und die größeren Kinder natürlich eine besondere Situation. Da Sie mit ihnen Körperkontakt haben möchten und es schwierig wäre, den Kindern zu erklären, dass sie nach einer solch langen Trennung ein paar Meter Abstand von Mama halten müssen, ist es hier ratsamer, mit Kontakt einige Zeit länger abzuwarten. Der Strahlungswert sollte in einem Bereich liegen, der auch für kleine Menschen völlig ungefährlich ist.« Er sah mich mitfühlend an, als er merkte, wie sehr mich dieser Gedanke belastete. »Aber Sie kennen ja Dr. Nikolaus persönlich!« Ich nickte. Rudi, unser Familienfreund. »Er hat mir mitgeteilt, dass er nach Ihrer Entlassung bei uns immer wieder Ihren Strahlungswert messen wird. Er kann Ihnen dann sofort sagen, wenn das Bestrahlungsrisiko für Ihre Kinder behoben ist und Sie sich wiedersehen können.«

Ich war unglaublich dankbar für Rudis Hilfe, mir graute aber immer mehr vor den folgenden zwei Tagen bis zu meiner Entlassung aus diesem »Strahlenknast«. Ich seufzte. »Ja! Das ist jetzt einfach so. Bringen wir's hinter uns!«

»Das ist die richtige Einstellung! Bringen wir's hinter uns! Alles wird gut!« Dann erklärte er, dass er nun zur Tür laufen werde, wir dann gemeinsam bis fünf zählen, danach solle ich das Glas öffnen und die Kapsel schlucken.

Ich hatte im Vorfeld versucht, nicht allzu viele Überlegungen darüber anzustellen, was genau ich meinem Körper da zufüge. Doch in diesem Moment, wo es so konkret wurde und der Arzt mir noch einmal alles so eingehend erklärte, war es doch ein sehr seltsames Gefühl zu wissen, dass ich in wenigen Sekunden massiv radioaktiv strahlen würde. In der Tür stehend begann er zu zählen, und als ich die Kapsel mit viel Wasser heruntergeschluckt hatte, streckte er den Daumen in die Höhe, lächelte mir zu und verließ den Raum.

Als auch die zweite Tür ins Schloss gefallen war, atmete ich tief durch. Puh! Jetzt war es also so weit. In mir arbeitete hochdosierte Radioaktivität, und ich konnte in den nächsten zwei Tagen nichts tun – außer abwarten, saure Bonbons lutschen und trinken ... Trinken, das war das Stichwort. Ich öffnete eine der fünf Sprudelflaschen, die auf meinem Nachttisch standen, und trank sie, ohne abzusetzen, in großen Schlucken halb leer. Von jeher fiel es mir schwer, viel zu trinken, vor allem aber seit der Operation strengte mich das Schlucken sehr an. Doch da ich meine Kinder ja erst wiedersehen durfte, wenn mein Strahlenwert auf ein Minimum gefallen war, war das für mich die denkbar größte Motivation, dem Tipp, möglichst viel zu trinken, zu folgen.

15

In den Schlaf gescannt

Im Nachhinein kann ich nicht mehr genau sagen, wie ich es geschafft habe, die zwei Tage isoliert und abgeschottet in diesem kargen Zimmer hinter mich zu bringen. Aufgrund mangelnder Alternativen hatte ich mich wohl irgendwie mit der beklemmenden Situation abgefunden und meinen Körper und meine Psyche in eine Art Stand-by-Modus gefahren. Ich weiß noch, dass ich bereits kurze Zeit, nachdem ich die Kapsel geschluckt hatte, wahnsinnig müde wurde und diesen Zustand nutzte, um mich aus der unangenehmen Realität wegzuträumen. Am Abend kam die Nachtschwester in einem Schutzanzug, um mir den Kalziumtropf anzuhängen. Eineinhalb Minuten Gesellschaft. Eineinhalb Minuten Zeit, um Fragen zu stellen. Meine Speicheldrüsen waren trotz permanentem Bonbonlutschen stark angeschwollen. Die Schwester sagte, ich könne nicht viel machen, außer weiterzulutschen und zu trinken, diese körperliche Reaktion gäbe es leider immer wieder mal. Schon war sie wieder fort, die Türen fielen zu, der Tropf tropfte, und ich war allein.

Draußen war es dunkel, und der Parkplatz vor meinem verschlossenen Fenster war fast leer. Die Schwester würde in zwei Stunden noch einmal kommen, um den Tropf abzuhängen, hatte sie angekündigt, bevor sie verschwand, später, über Nacht, sei die Station dann nicht mehr besetzt, nur im Notfall käme Personal der Nachbarstation. Und für gewöhnlich würden die Patienten während der Therapie ihre Mahlzeiten auf einem Wagen durch die Tür erhalten, ansonsten würden die Kollegen und Kolleginnen jeden Kontakt vermeiden, wenn keine medizinische Notwendigkeit, etwa wie bei mir den Tropf zu wechseln, bestehe.

Dass diese Isoliertheit zusammen mit dem Wissen, gerade radioaktiv zu sein und das Zimmer nicht verlassen zu dürfen, für viele Menschen psychisch eine enorme Belastung war, bekam ich bereits in der ersten Nacht zu spüren, als ein Patient im Nachbarzimmer in Panik geriet und fortwährend schrie und mit den Händen oder Füßen gegen die Zimmerwand hämmerte. »Ich muss hier raus! Hilfe!«, hörte ich die verzweifelte Männerstimme nebenan immer wieder rufen. Ich hatte meinen Discman dabei, und nach einer Weile setzte ich meine Kopfhörer auf und hörte das Herbert-Grönemeyer-Album *Dauernd Jetzt*, das mir Daniel noch am Morgen in die Marienklinik mitgebracht hatte. Laut genug, um die Schreie meines Nachbarn einigermaßen übertönen zu können, lauschte ich Grönemeyers Stimme, bis es in den frühen Morgenstunden endlich heller wurde. Auch mein Nachbar schien langsam zur Ruhe gekommen oder ruhiggestellt worden zu sein – und ohne die panischen Schreie war mir Gott sei Dank nicht mehr ganz so unheimlich zumute.

Morgens weder von Mios Glucksen wach noch von Dr. Key und seinem Team bei der Morgenvisite liebevoll begrüßt zu werden, war ein seltsames Gefühl. Der Krankenpfleger, der kurz nach sieben an der Tür klopfte, schob nur kurz und wortkarg, ohne mein Zimmer zu betreten, den Wagen mit dem Frühstück herein. Mit den nun noch stärker angeschwollenen Speicheldrüsen fiel mir das Kauen sehr schwer. Zudem war mein Magen voll von Wasser, da ich immerfort trank. So bekam ich nicht viel herunter, auch weil es mir schwerfiel, in einer Umgebung zu essen, in der ich mich derart unwohl fühlte wie hier.

Immer wieder klingelte mein Handy, doch nahm ich nur selten Anrufe entgegen. Über die Station und die aktuelle Situation zu sprechen, gelang mir nicht gut. Lieber wollte ich verdrängen, was ich hier gerade erlebte. Weder ließ sich an meiner Lage etwas ändern, noch wollte ich durch zu viel Bewusstmachen der Situation riskieren, noch trauriger oder gar panisch wie der Patient im Nachbarzimmer zu werden.

Ich las die Zeitschriften, die Annie mir vorbeigebracht hatte, und ließ den Fernseher laufen. Nicht weil mich das Programm interessiert hätte, einfach nur, um Stimmen und Geräusche zu hören, die nichts mit dem Krankenhaus zu tun hatten und mir ein wenig das Gefühl nahmen, eingesperrt zu sein.

Irgendwie schaffte ich es so, mich Stunde um Stunde bis zu dem Moment vorzuarbeiten, an dem ich, zwei Tage nachdem ich die Kapsel geschluckt hatte, endlich duschen durfte, meine getragene, nun auch verstrahlte Kleidung in Tüten verpacken sollte und mit frischen Sachen endlich mein Zimmer verlassen durfte. Die unfreundliche Schwester, die ich am ersten Tag kennengelernt hatte, war wieder im Dienst und führte mich einige Stockwerke tiefer zu der Abteilung, wo die Ganzkörperszintigrafie stattfinden sollte. Wenngleich ich seit meiner Diagnose vor genau zwei Monaten auf diesen Augenblick gewartet hatte, in dem ich erfahren würde, ob mein Körper inzwischen tatsächlich krebsfrei war oder irgendwo doch noch Metastasen zu sehen waren, fühlte ich mich eigenartig gedämpft. Was aber auch nicht weiter verwunderlich war. Da ich seit der Entnahme meiner Schilddrüse vor vier Wochen noch keine künstlichen Schilddrüsenhormone genommen hatte – erst nach der Therapie in der Strahlenklinik sollte das passieren –, war mein TSH-Wert (TSH ist ein in der Hirnanhangdrüse produziertes

Hormon, das viel darüber verrät, wie die Schilddrüse funktioniert) stark angestiegen. Folglich fühlte ich mich immer müder und erschöpfter. Dieser Zustand – beziehungsweise der dadurch bedingte hohe Blutwert – war wichtig gewesen, um meinen Körper »hungrig« auf das radioaktive Jod zu machen.

Zwei Mitarbeiterinnen schnallten mich auf eine Art Liege, auf der ich die nächsten fünfundvierzig Minuten in verschiedenste Positionen gebracht und gescannt wurde. Das monotone Ruckeln und Rattern verstärkten meine Müdigkeit, sodass ich nach wenigen Minuten der Untersuchung tatsächlich einschlief. Immer wieder schreckte ich zwar kurz auf, döste dann aber sofort wieder ein. Ich fühlte mich wie narkotisiert, was wohl auch erklärt, warum ich so wenig klare Erinnerungen an diese Untersuchung habe.

Erst als ich später auf den Arzt wartete und mir bewusst wurde, dass ich gleich erfahren würde, ob ich nun krebsfrei war oder noch irgendwo Metastasen schlummerten, die sich gegebenenfalls als rote Punkte auf den Aufnahmen zeigen müssten, begann mein Herz schneller zu schlagen. Durch die Aufregung wurde ich auch endlich etwas fitter.

Als schließlich der junge Arzt, der mit mir das Aufnahmegespräch geführt hatte, und ein Kollege von ihm den Raum betraten, in dem ich warten sollte, war ich so angespannt, dass ich es kaum schaffte, die beiden zu begrüßen. War der Albtraum »Krebs« nun endlich vorbei – oder ging die Odyssee weiter? Ängstlich blickte ich zu den beiden Männern in Weiß, die neben meinem Stuhl standen und mich mit sichtbar besorgten Mienen ansahen.

»Was ist los?«, platzte es aus mir heraus. Meine Stimme kiekste, und ich musste husten. Die geschwollenen Speicheldrüsen schmerzten so sehr, dass mir Tränen in die Augen stiegen.

»Frau Käflein ...« Der vorgestern noch so redselige Arzt tat sich schwer, die richtigen Worte zu finden.

»Ja?«, fragte ich ungeduldig.

Je länger die zwei Ärzte schwiegen, desto größer wurde mein Unbehagen. Der Jungspund sah auf die Unterlagen, die er in den Händen hielt, zog die Augenbrauen hoch und seufzte. Das konnte nichts Gutes heißen. Seltsam, dabei hatte ich diesmal kein schlechtes Bauchgefühl gehabt. Sollte ich mich etwa getäuscht haben? Mein Herz schlug bis zum Hals.

»Also, wir haben hier die Ergebnisse. Es sieht leider noch immer gar nicht gut aus.«

»Was? Was sieht nicht gut aus?«, fragte ich nervös. Was sollte das? Warum konnte er sich nicht klarer ausdrücken?

»Mmh, der Wert liegt bei ... 1,7, das ist weit unter der Normgrenze«, sagte er schließlich, mit Blick auf das Blatt in seinen Händen.

Verwirrt sah ich ihn an. »1,7? Was ist das für ein Wert?«

Er zuckte mit den Schultern. »Na, Ihr Kalziumwert natürlich. Das ist doch das Hauptproblem, was wir momentan bei Ihnen haben, oder nicht?« Ich sah ihn verwirrt an.

»Dass der Kalziumwert niedrig ist, ist ja keine Überraschung für mich. Der ist seit vier Wochen im Keller. Ich war jetzt vor allem auf die Ergebnisse der Szintigrafie gespannt, wissen Sie ...«

Er blätterte in seinen Unterlagen. »Ach so, ja, die Szinti war frei. Alles gut. Kein Restgewebe sichtbar.«

Tausend Steine purzelten von meinem Herzen. Am liebsten hätte ich laut geschrien vor Glück.

Fast ungläubig schaute mich der Arzt an. »Aber Sie wissen schon, dass Ihr Kalziumwert ein echtes Problem darstellt, oder?«

Meine Güte. »Ja«, antwortete ich, »das weiß ich. Aber wissen Sie auch, was das für ein wunderschönes Gefühl ist zu erfahren, krebsfrei zu sein? Wissen Sie, wie lange ich auf diese Nachricht gewartet habe? Da will ich mich für einen Moment nicht über meinen Kalziumwert ärgern, sondern mich über meine Krebsfreiheit freuen.«

Seine Kinnlade klappte hinunter, während ein Schmunzeln auf dem Gesicht seines Kollegen auftauchte. »Wie dem auch sei. Wir können Sie so jedenfalls nicht entlassen.« Dr. Jung-Arzt hatte seine Sprache wiedergefunden, war aber hörbar empört über meine Reaktion.

»Es war aber ausgemacht, dass ich nach der Radiojodtherapie zurück in die Marienklinik verlegt werde«, entgegnete ich. Auf gar keinen Fall wollte ich länger auf dieser furchtbaren Station bleiben.

»Davon weiß ich nichts«, erwiderte er, fast trotzig.

Ich atmete tief durch und versuchte mich zu beruhigen. Wieder einmal ärgerte ich mich über meine angeschlagene Stimme, die es mir sehr schwer machte, sicher zu klingen, zumal sie erst recht dann, wenn ich nervös war, zu kieksen anfing. Die Vorstellung, nicht zurück ins Marienkrankenhaus zu können und hierbleiben zu müssen, war niederschmetternd.

Gerade als ich dachte, meine Tränen nicht mehr zurückhalten zu können, klopfte es an der Tür. Eine junge Krankenschwester steckte ihren Kopf durch die zweite Zimmertür und sagte: »Professor Nikolaus ist hier und möchte zu Frau Käflein.«

Gott sei Dank! Rudi!

»Oh, Sie kennen sich?« Der junge Arzt schien verwundert.

»Ja, Rudi ist ein sehr guter Freund.« Ich freute mich über den erschrockenen Blick, mit dem der Arzt beobachtete, wie nun Rudi ins Zimmer marschierte, den beiden jüngeren Kollegen die Hand gab und mich dann herzlich umarmte. Wie gut das tat. Nähe! Beistand! Eine vertraute, so liebevolle Person.

Der Jung-Arzt erzählte Rudi, ganz kleinlaut geworden, von den guten Ergebnissen und dem Stand der Dinge.

»Ja, super, Vera, dann bestelle ich uns direkt ein Taxi und wir fahren los in die Marienklinik, dort wirst du ja bereits erwartet.«

Der Arzt nickte nur unsicher und vermied jeglichen Blickkontakt mit mir. Augenblicklich packte ich meine Sachen zusammen, so schnell wie möglich wollte ich diesen Bunker verlassen. Nachdem kontrolliert und bestätigt wurde, dass ich den nötigen Strahlenwert für die Entlassung erreicht hatte, machten Rudi und ich uns gemeinsam auf den Weg, raus aus der unschönen Umgebung.

Im Taxi besprachen wir noch einmal in Ruhe die Aufnahmen der Szintigrafie, die sich Rudi hatte mitgeben lassen. Er erklärte mir, dass diese tatsächlich sehr, sehr gut aussähen. Ich war unendlich erleichtert darüber und spürte erst jetzt, zurück in der »Freiheit«, so richtig, wie belastend die Enge und die Atmosphäre der letzten Tage für mich gewesen waren.

In mein Zimmer ins Marienkrankenhaus zurückzukehren, fühlte sich fast an wie Heimkommen. Erschöpft ließ ich meine Tasche auf den Sessel fallen und setzte mich auf mein bequemes Bett. Nicht nur, dass Rudi mich in der Strahlenklinik abgeholt und ins Marienkrankenhaus zurückgebracht hatte, er hatte außerdem ein eigenes Strahlenmessgerät bei sich, sodass er sich in den nächsten Tagen ein Bild machen konnte, wie viel Strahlung ich abbaute.

Ich fragte, ob der Wert denn noch sehr hoch sei.

»Hmm«, murmelte er. »Für gesunde Erwachsene ist er absolut in Ordnung, keine Frage. Kleine Kinder jedoch, vor allem für Säuglinge wie Mio, sollten aber noch so lange Abstand zu dir halten, bis die Strahlung auf ein Mindestmaß zurückgegangen ist. Ein paar Tage wird das noch dauern, Vera.«

Enttäuscht legte ich mich ins Bett. Das literweise Trinken der letzten Tage hatte sich also nur bedingt ausgezahlt. Aus der Stofftasche, die Rudi bei sich getragen hatte, holte er zwei große Flaschen Bio-Traubensaft und stellte sie auf den Nachttisch.

»Jetzt trinkst du fleißig weiter«, sagte er. »Und dann darfst du deine tolle Kinderschar bald wiedersehen.«

Ich seufzte. »Das mache ich, vielen Dank dir, Rudi!«

Als er mein Zimmer verlassen hatte, zog ich die Decke hoch bis unters Kinn. Ohne Mio in diesem Bett zu liegen war ungewohnt. Kurz bevor ich die Augen schloss, tippte ich noch eine SMS: *Ihr Lieben, ich habe die RJT hinter mich gebracht. Ich strahle noch, aber mein Körper ist frei vom Krebs! Und das wird er gefälligst bleiben!!!*

*

»Hello again!« Mit dem Frühstückstablett in der Hand kam Martin gut gelaunt ins Zimmer gelaufen. Ich erkannte sofort, dass er meine Lieblingsbrötchen mitgebracht und mir mal wieder einen Cappuccino hereingeschmuggelt hatte.

»Hey, Martin.« Meine Stimme klang aufgrund meiner Müdigkeit noch schwächer als sonst. Die halbe Nacht hatte ich wach gelegen, nachdem ich nachmittags zwei Stunden geschlafen hatte und abends dann weder müde war noch genug innere Ruhe sammeln konnte, um in den Schlaf zu finden. Die positive Nachricht, endlich krebsfrei zu sein, und die große Sehnsucht nach meinen Kindern ergab ein Gemisch aus widersprüchlichsten, aufwühlenden Gefühlen.

Meine Sorge, dass Lukas sich langsam an meine Abwesenheit gewöhnt hatte, war weiter bestärkt worden, als ich am Abend zuvor mit Daniel und den Kindern telefoniert hatte. Lukas erzählte mir von einem Buch aus der Krabbelgruppe, das er jeden Tag mit seiner Erzieherin las. »Das wünsche ich mir vom Nikolaus«, sagte er, und dann hatte er mich gefragt: »Hast du an Weihnachten eigentlich auch einen Weihnachtsbaum im Krankenhaus?« Erschrocken hatte ich ihm erklärt, dass ich bis Weihnachten längst zu Hause sein würde. Ich fragte ihn, ob er wirklich gedacht habe, dass ich so lange fort sein werde. Seine Antwort: »Ach so, ich dachte, du wohnst jetzt in der Klinik und der Papa und ich zu Hause. Der Mio geht ja wieder zu dir, wenn die Zaubertablette nicht mehr strahlt.« Seine Worte hatten bis tief in die Nacht hinein in meinen Ohren geklungen und an meiner Seele genagt.

Dr. Key wollte ein neues Vitamin-D-Medikament ausprobieren, das die Kalziumproduktion ankurbeln sollte. Ich hoffte sehr, dass sich das Problem in den Griff kriegen ließ, bis mein Strahlenwert gesunken war. Ich musste endlich wieder für meine Kinder da sein. Das Gefühl, als Mutter zu versagen und hier im Krankenhaus völlig nutzlos zu sein, war schlimmer geworden, seit Mio nicht mehr bei mir war. Die Einsamkeit war immens, und ich bekam langsam eine Ahnung davon, wie es sich anfühlen musste, permanent alleine zu sein, wenn man krank war.

»Na du?« Martin spürte, dass ich traurig war, und ich merkte, wie er nach einem unverfänglichen Thema suchte, über das er mit mir reden konnte, um mich auf andere Gedanken zu bringen. Er gehörte zu den wenigen Personen, die bewusst und feinfühlig Gespräche über die Kinder oder Feste gemeinsamer Freunde aussparten. Denn je länger ich im Krankenhaus lag, desto schmerzhafter wurde für mich, so weit weg von den Dingen meines früheren Alltags zu sein.

Martin hatte sich neben mein Bett gesetzt und begonnen, in den Zeitschriften zu blättern, die auf meinem Nachttisch lagen. Hier und da kommentierte er ein Foto oder lachte über die Formulierung einer Schlagzeile. Als er sah, dass ich begonnen hatte zu essen, stand er auf und versprach, später wieder vorbeizuschauen.

16

Eine Spritztour

Rudi kam jeden Morgen vorbei, um meine Reststrahlung zu messen. War der Wert bei meiner Entlassung aus der Strahlenklinik für Erwachsene bereits tief genug, dauerte es nun doch länger als erwartet, bis die Schwelle erreicht wurde, die auch für Kinder und Schwangere keine Gefahr mehr darstellte. Meine Freundin Katha, die gerade hochschwanger war, wollte mich gerne besuchen, musste aber weiterhin warten. Auch Carla durfte nicht kommen, denn mein kleiner Neffe Jonathan würde im nächsten Frühjahr großer Bruder und ich noch einmal Tante werden. Zur Abwechslung war das natürlich eine wirklich schöne Neuigkeit gewesen. So hatte der Sommer 2014 also doch auch schöne Früchte getragen.

Dr. Key kam in der Woche nach der Bestrahlung auch tagsüber immer mal wieder vorbei, wenn er zwischen den Operationen eine freie Minute hatte. Auch ihm war nicht verborgen geblieben, wie es mir in den Tagen nach der Bestrahlung emotional immer schlechter ging. Nach vier Wochen Klinikluft sehnte ich mich nach frischer Luft, und die Sehnsucht nach meinen Kindern wuchs ins Unermessliche.

»Lust auf 'ne kleine Spritztour?« Martin betrat im Freizeitdress mein Zimmer. Seine Schicht war wohl vorbei und er hatte sich bereits umgezogen.

»Hm?« Verwundert richtete ich mich im Bett auf. Keine Ahnung, was er mit seiner Frage meinte.

Sein Bruder habe gerade angerufen, erklärte er. Der lebe

in der Schweiz und hätte sich dort heute ein superteures Auto ausgeliehen, um sich einen Tag lang seinen Kindheitstraum zu erfüllen, einmal einen richtig schnellen Wagen zu fahren. »Michael ist kurz vor Freiburg und hat gefragt, ob ich eine Runde mitfahren möchte. Da dachte ich, wir könnten dich doch mitnehmen, dann kommst du mal wieder ein bisschen raus. Hast du Lust?«

Ich sah ihn ungläubig an. »Ähm ... ja ... gerne. Aber der Tropf?«

Martin winkte ab. »Kein Problem, die Infusion unterbrechen wir kurz, dann schleichen wir uns unauffällig raus, und wenn die Nachtschwester nach dir schaut, liegst du wieder im Bett, als wärst du nie weg gewesen.« Er zwinkerte mir zu. Was für eine lustige Vorstellung, mit Martin von der Station zu fliehen. »Also, auf geht's! Michael ist gleich da.«

Ich fühlte mich aufgeregt wie ein Teenager, als ich Martin in Jogginghose und Kapuzenpulli kichernd zum Aufzug folgte.

Michael stand schon neben einem schicken Sportflitzer an der Straße vor dem Haupteingang. Als er uns kommen sah, drückte er die Zigarette aus, lief um den Wagen herum und hielt mir grinsend die Beifahrertür auf. »Treten Sie ein, feine Dame, ich wünsche eine angenehme Fahrt.«

Ich lachte und machte es mir auf dem schicken Ledersitz bequem. Als auch Martin auf der Rückbank Platz genommen hatte, startete sein Bruder den laut knatternden Motor, und unsere Fahrt begann. Draußen dämmerte es bereits, und der Feierabendverkehr rollte auf den Straßen. Lauter Menschen saßen in den Autos, die in der glücklichen Lage waren, arbeiten zu können und nun bald zu Hause bei ihren Liebsten sein würden ... Nein, jetzt wollte ich wirklich nicht an mein Heimweh denken.

Michael bog in eine ruhigere Seitenstraße und gab Gas. Mit

einem Ruck wurde ich in den Sitz gedrückt. Martin hatte auf der Rückbank Proviant entdeckt und reichte mir eine Tüte mit Chips nach vorne. »Schau, zur Abwechslung mal was Gesundes«, sagte er und lachte.

Ich griff in die Tüte, steckte mir eine große Portion Chips in den Mund und genoss das salzig-knisternde Gefühl im Mund. Es schmeckte nach Freizeit und nach Spaß und so herrlich wenig nach Krankenhaus und Kalziumtabletten.

Mit lauter Musik, die über die Boxen des Sportwagens wummerte, fuhren wir durch den frühen Spätsommerabend, raus aus den überfüllten Straßen bis hoch auf den Berg über der Stadt, wo man einen herrlichen Blick auf Freiburg hatte. Mir kam es vor, als wäre es Jahre her, seit ich das letzte Mal hier gewesen war.

Wir setzten uns auf eine Mauer und ließen die Beine baumeln. Bei einer Tankstelle hatte Michael drei Radler für uns und wohl auf Bestellung von Martin eine extra Milchschnitte für mich besorgt. Ehrfürchtig nippte ich an der Dose mit dem kühlen Bier. Seit Beginn meiner Schwangerschaft vor über einem Jahr hatte ich keinen Alkohol getrunken. Ich fühlte mich zurückversetzt in meine Jugend. Allein die atemberaubende Aussicht und die frische Luft fühlten sich an wie pure Freiheit. Zwar war ich schon nach den wenigen Schritten körperlich erschöpft und hing wie ein schwerer Sack auf der kleinen Mauer, auf die wir uns wenige Meter vom Auto entfernt niedergelassen hatten. Im Inneren jedoch hätte ich Purzelbäume schlagen können. Der laue Abend, das kühle Radler in meiner Hand, neben mir liebe Menschen, unter mir das abendliche Freiburg und vor mir eine freie Zukunft. Knotenfrei … Krebsfrei … und – ich schickte ein Stoßgebet in den Abendhimmel – ab jetzt bitte, bitte sorgenfrei!

*

Ausgelassen, ein wenig beschwipst und hundemüde schlich ich mich später zurück auf mein Zimmer. Es war die erste Nacht seit Mios Geburt, die ich komplett durchschlief, und am nächsten Morgen fühlte ich mich wie ausgewechselt. Voller Energie, bester Laune und neuer Kraft. Verstärkt wurde dieses gute Gefühl, als Rudi kurz nach dem Frühstück mit seinem Messgerät vorbeikam und er das erste Mal deutlich näher an mich herankonnte als in den Tagen zuvor, bis es zu piepsen begann.

»Ich denke, in spätestens zwei Tagen dürfte es passen«, erklärte er.

Ich jauchzte und hätte in diesem Moment Bäume ausreißen können.

Und weil mir der Ausflug gestern Abend so gutgetan hatte, beschloss ich kurzerhand, im Schwesternzimmer vorbeizugehen, um zu fragen, ob es möglich sei, einen kleinen Spaziergang zu machen. Durch die halb geöffnete Tür konnte ich Martins Stimme hören. Ich grinste. Er würde meinen Plan auf jeden Fall unterstützen, das wusste ich, und so war es auch. Er sagte, ich solle mein Handy mitnehmen und ruhig ein bisschen die Sonne draußen genießen.

Zurück in meinem Zimmer, wollte ich mich ausgehfertig machen. Erschrocken stellte ich fest, dass ich ausschließlich Schlafanzüge und Jogginghosen im Schrank hatte. Gestern Abend hatte das keine Rolle gespielt, aber heute wollte ich mal wieder ein bisschen hübscher und nicht nur nach Krankenhaus aussehen. Ich wühlte in der Kliniktasche und entdeckte ein sonnengelbes, langärmliges Oberteil mit eingearbeiteter Spitze am Rand. Ich hatte es am Morgen vor meiner OP getragen. Meine Güte, war das lange her. Vorsichtig zog ich das eng anliegende Oberteil über den Kopf, ohne dabei an die Narbe zu stoßen oder den Zugang zu berühren. Dazu wählte ich eine schwarze Jogginghose, die immerhin auch als lockere Stoffhose hätte durchgehen können. Dann ging ich ins Bad, um mich seit langer Zeit mal wieder zu schminken. In der Außentasche meines Kulturbeutels fand ich erfreulicherweise noch eine alte Wimperntusche, die dort seit dem letzten Urlaub auf ihren Einsatz gewartet hatte. Ich knipste das Licht über dem Spiegel an. Lange hatte ich mein Gesicht nicht mehr richtig angesehen. Die sommerliche Bräune, die mir anfangs immerhin äußerlich noch einen gesunden Eindruck verliehen hatte, war inzwischen gänzlich verschwunden. Man sah meiner Haut an, dass sie seit vielen Wochen kaum noch Tageslicht gesehen hatte. Blass, fast durchsichtig bildete sie einen unschönen Kontrast zur roten, noch immer stark geschwollenen Narbe an meinem Hals. Kurz vor der Bestrahlung hatte Dr. Key mir das große Pflaster entfernt. Vorsichtig und behutsam, Stück für Stück. Seither prangte die Narbe sichtbar und leuchtend quer über meinem Hals. Egal in welchem Winkel ich meinen Kopf vor dem Spiegel drehte oder an den Leuten im Flur vorbeilief, war sie das Erste, was ins Auge stach.

Ob ich kein Problem mit einer solch »krassen Narbe« habe, hatte mich eine junge Schwesternschülerin schockiert gefragt. Ich hatte gesagt, dass ich das größere Problem mit »krassem Krebs« gehabt hätte. Außerdem würde mich die Narbe mein Leben lang daran erinnern, einen wirklich großen Kampf gewonnen zu haben. Erst als ich die entsetzten Augen der jungen Frau gesehen hatte, mit denen sie meinen Hals zuvor gemustert hatte, war mir bewusst geworden, dass die Narbe mein Erscheinungsbild fortan bestimmen wird. Angesichts von Todesangst, Kindersehnsucht und Herzrhythmusstörungen hatte ich mir bislang wenige Gedanken um die kosmetischen Folgen meines Eingriffs gemacht. Sicher, die Narbe war kein schöner Anblick, aber die Dankbarkeit, noch immer und vor allem weiterhin überhaupt einen Anblick darstellen zu können, überwiegte deutlich.

In der Außentasche meines Kulturbeutels fand ich auch ein Paar Ohrringe, die ich mir ansteckte. Zuletzt band ich meine Haare zu einem Pferdeschwanz zusammen. So zurechtgemacht und in normalen Klamotten fühlte ich mich gleich ein wenig gesünder. Ich lächelte mein Spiegelbild an und verließ gut gelaunt mein Zimmer. Pfeifend lief ich über den Gang zu den Aufzügen. Doch als ich auf den Fahrstuhl wartete, entschloss ich mich spontan, die Treppe zu nehmen. Seit meiner OP war ich keine Treppen mehr gelaufen, und heute fühlte ich mich fit genug, mich ein bisschen zu bewegen. Wenn ich schon ohne Mio und Kinderwagen und ohne Tropfständer unterwegs war, konnte ich diese kostbare Bewegungsfreiheit immerhin mal ausnutzen.

Es war still im Treppenhaus. Einzig das Quietschen meiner Sohlen auf den Stufen war zu hören. Ich hüpfte gerade die letzte Stufe zwischen dem dritten und zweiten Stock herunter, als wie aus dem Nichts Dr. Key vor mir stand. Überrascht sah er mich an.

»Huch! Sie hier?« Er musterte mich mit erstaunten Augen. »Wow! Sie sehen aber ... fit aus.«

Ich lachte. »Das bin ich auch. Ich habe jetzt Ausgang.«

Dr. Key stand direkt vor mir, ich konnte sein Parfum riechen. Er sah mich an. Für einen kurzen Augenblick schien es, als wollte er etwas sagen.

»Na denn. Bis heute Abend?« Ich grinste und meine Stimme krächzte etwas.

»Klar. Ich komme vorbei, wenn ich unten fertig bin. Passen Sie gut auf sich auf! Und ... nicht abhauen!«

Ich schüttelte schmunzelnd den Kopf und machte mich

dann gut gelaunt auf den Weg zum nahe gelegenen Straßencafé.

*

Die Sonne schien mir warm ins Gesicht. Ich hatte mich im Café an den kleinen Ecktisch im hinteren Bereich der Terrasse gesetzt. Auch wenn die radioaktive Strahlung nun nicht mehr stark war, wollte ich dennoch nicht riskieren, mich zu dicht bei den am anderen Ende der Terrasse spielenden Kindern aufzuhalten. Ich bestellte mir eine große Schale heiße Schokolade mit Sahne. Da sich mein Herz wahrscheinlich aufgrund des Kalziummangels noch immer nicht ganz beruhigt hatte und sich seit der Bestrahlung nun zusätzlich an die künstlichen Schilddrüsenhormone gewöhnen musste, die ich fortan jeden Morgen einnehmen musste, hatte ich mich vorsichtshalber gegen Kaffee entschieden.

Ich genoss die frische Luft, die heute schon recht herbstlich roch, und beobachtete das Geschehen um mich herum. Ab und an trafen mich Blicke vorbeieilender Passanten, die auf die Entfernung aber wohl nichts Besonderes an mir erkennen konnten. Scheinbar wieder gesund genug auszusehen, um immerhin bei einer Distanz von ein paar Metern gewöhnlich zu erscheinen, erfüllte mich mit einem unglaublichen Hochgefühl. Nach all den schweren Wochen konnte ich nun wieder selbstständig ein Café aufsuchen und heiße Schokolade trinken, ohne großartig aufzufallen. Nie zuvor war mir bewusst gewesen, wie gut es tun kann, in Ruhe dazusitzen und keine Hilfe zu brauchen. Was für ein unwahrscheinliches Glück es doch ist, frei atmen und entscheiden zu können.

*

Rudi strahlte mich an. »Grünes Licht!« Liebevoll tätschelte er meine Schulter, bevor er sich von mir verabschiedete. Ich jubelte lauthals krächzend und fiel ihm zum Abschied um den Hals. »Tausend Dank für die große Hilfe, Rudi, und ganz liebe Grüße an deine Frau!«

Als Rudi das Zimmer verlassen hatte, griff ich eilig zum Telefon, um Daniel anzurufen und ihm die gute Neuigkeit mitzuteilen. »Ihr könnt zu mir kommen!«, verkündigte ich überglücklich, sobald er sich gemeldet hatte.

Daniel wollte nur noch eben die Sachen für Mio zusammensuchen und dann sofort mit ihm zur Klinik fahren. Lukas und Milena würde er später bringen, wenn Schule und Krabbelgruppe vorbei wären.

Immer wieder stand ich auf und lief zum Fenster, um nachzusehen, ob Daniel und Mio schon kamen. Die Stunde, bis es endlich an der Tür klopfte, zog sich ewig. Anderthalb Wochen waren vergangen, seit ich Mio das letzte Mal gesehen hatte. Als die Tür aufging und Daniel den Kinderwagen hereinschob, fühlte ich mich wie kurz nach der Geburt, als mir mein Baby das erste Mal gezeigt wurde. Daniel hob Mio aus dem Wagen und legte ihn in meine Arme. Wie groß er geworden war. Wach und aufmerksam fuchtelte er mit seinen Ärmchen und Beinchen herum. Ich drückte ihn an mich. Er roch nach Daniels Aftershave und nach zu Hause. Nicht nach mir und nicht nach hier. Mein Gott, war das eine lange Zeit ohne dich, dachte ich.

Mio schien mich glücklicherweise nicht vergessen zu haben, zufrieden schlief er auf meinem Bauch ein, während Daniel noch einmal losgegangen war, um Lukas und Milena abzuholen.

Den beiden großen Kindern merkte man die lange Trennung zwischen uns deutlicher an. Besonders Lukas schien zurückhaltend und fast ein wenig schüchtern, als sie später gemeinsam das

Zimmer betraten, was mir einen Stich versetzte. Über die letzten Wochen hatte unsere einst so enge Bindung sehr gelitten. Er schien verwirrt darüber zu sein, mich plötzlich wiederzusehen. Offenbar hatte er sich inzwischen an einen Alltag ohne mich gewöhnt. Auch Milena wirkte etwas verloren, wie sie da so im Krankenhauszimmer stand und nicht so recht wusste, über was sie mit mir reden sollte. Als sie gegen Ende des Besuchs sagte, dass sie dann ja jetzt mit jemand anderem ein Kleid für die Hochzeit ihres Papas kaufen gehen müsse, begriff ich, dass ich nicht mehr länger fortbleiben konnte. Meine Kinder brauchten mich. Und ich brauchte sie. Dringend! Ich beschloss, Dr. Key zu fragen, welche Möglichkeiten es gäbe, mich ambulant weiterzuversorgen. Natürlich hatte ich keine Ahnung, wie ich, angeschlagen wie ich war, den Alltag mit drei Kindern hinbekommen sollte. Aber noch länger mit ansehen zu müssen, wie sich die Kinder von mir entfremdeten, war bei Weitem belastender. Auch Daniel war anzumerken, wie erschöpft er war. Vom Krankenbett aus konnte ich nur wenig zum Wohlbefinden meiner Familie beitragen. Das musste sich ändern.

Abends hielt ich es nicht mehr in meinem Zimmer aus. Ich schnappte mir Mio und ging mit ihm im Klinikpark spazieren. Seitdem ich das Krankenhaus zweimal kurz verlassen hatte, war mein Freiheitsdrang deutlich größer geworden. Der Park war menschenleer. Nach dem Abendessen schien es nicht üblich zu sein, als Patient noch einmal das Zimmer zu verlassen. Umso mehr erschrak ich, als ich plötzlich eine Hand auf meiner Schulter spürte.

»Na, ihr zwei?« Hinter mir stand Dr. Key in Jeans und blauem Pullover. Unter dem Arm klemmte eine Aktentasche, in der Hand hielt er einen Autoschlüssel. Offensichtlich war er auf dem Weg zur Tiefgarage. Er beugte sich über den für Mio eigentlich viel zu kleinen Babywagen, den ich mir wieder von der Säuglingsstation ausgeliehen hatte. »Lange nicht gesehen, kleiner Mann. Geht's dir gut?« Mio begann zu strampeln und strahlte das ihm inzwischen so wohlbekannte Gesicht an. »Wie groß er schon geworden ist, seit wir uns kennen«, staunte Dr. Key.

»Ja«, sagte ich. »So lange sind wir schon hier, dass er selbst aus dem Babybettchen herausgewachsen ist.« Ich seufzte schwermütig. Dr. Key sah mich fragend an. »Alles okay?« »Hmm …«, erwiderte ich mit Blick auf den Autoschlüssel. »Ich will auch nach Hause.« Ich hielt mich am Griff des Babybettchens fest, und Dr. Key legte seine Hand auf meine.

»Das kann ich gut verstehen«, sagte er. »Für morgen ist eine Besprechung mit dem Team geplant, und da wollen wir uns überlegen, wie wir Ihr Kalziumchaos vielleicht auch ambulant in den Griff bekommen. Ich glaube zwar, es wäre besser, Sie noch ein wenig stationär zu behalten, aber Sie haben sicher langsam Heimweh?«

Ich nickte stumm und spürte, wie der Knoten in meinem Hals noch ein wenig größer wurde, als sich Dr. Key kurz darauf verabschiedete und die Treppen zur Tiefgarage hinunterging. Traurig blickte ich ihm nach, während der Wind die Blätter über den Boden tanzen ließ. Nun war es richtig Herbst geworden. Höchstens noch ein paar Tage wollte ich hierbleiben.

So viele Wochen, den ganzen Sommer, und so viele kostbare Momente mit meinen Kindern hatte mir der Krebs geraubt. Es war höchste Zeit, nach Hause zu kommen.

*

Bei der Morgenvisite am nächsten Tag reagierten die Ärzte verhalten, als ich ankündigte, nun so schnell wie möglich heimzuwollen. Man müsse erst sehen, erklärte man mir, ob mein Körper es schaffe, das Kalzium über die Tabletten aufzunehmen, meine aktuellen Blutwerte seien wenig überzeugend.

»Aber ein Versuch ist's doch wert, nicht wahr?«, fügte Dr. Key mit Blick in die Runde seiner Kollegen hinzu.

Danke! Ich war so froh, ihn als Arzt zu haben.

Sollte der Wert zwei Tage lang ohne intravenöse Kalziumgabe einigermaßen stabil bleiben, beschloss daraufhin das Ärzteteam, könne man über eine Entlassung vor dem Wochenende nachdenken.

Mittags kam Katha vorbei, die mich jetzt, wo keine Strahlung mehr von mir ausging, endlich wieder besuchen durfte. Unbedingt hatte sie kommen und mir ein Geschenk überreichen wollen. Aus einem wunderschönen Stoff hatte sie mir eine kleine Tasche genäht, in der ich fortan meine Tabletten aufbewahren konnte. Auf der Vorderseite hatte sie einen kleinen »Marien-Käflein« aufgenäht, der mir Glück bringen und Gesundheit schenken sollte. Ich freute mich riesig. Sofort packte ich die Kalziumtabletten, die Vitamin-D-Pillen, die Betablocker und die Schilddrüsenhormone in die Tasche hinein. Da ein Schilddrüsenkrebspatient sein Leben lang täglich Tabletten schlucken muss, gibt es wohl kaum ein sinnvolleres Geschenk für einen frisch Schilddrüse-losen Menschen. Während ich gerührt über den schönen Stoff strich, wurde Katha beim Anblick der vielen Medikamente ganz still.

»Du tust mir so leid, Vera«, sagte sie. »Ich kann mir gar nicht vorstellen, was du die letzten Wochen alles durchmachen musstest.« Sie beugte sich vor und nahm mich in den Arm. Ich konnte ihren riesigen Babybauch spüren. Ein leichter Anflug von Wehmut ergriff mich. Nicht mal vier Monate war es her, als ich selbst einen solch tollen Babybauch hatte und voller Vorfreude der ersten Zeit mit dem Säugling entgegenfieberte. Wie anders dann alles gekommen war ... So früh hatte ich

Mio abstillen müssen. Und statt den Sommer mit meinen Kindern am See zu verbringen, hatte ich größtenteils in der Klinik gelegen. Es gab kaum ein Foto von Mio und mir außerhalb der Klinik.

Ich fragte Katha, ob sie glaube, dass es einen negativen Einfluss auf Mio haben würde, dass er die ersten Monate seines Lebens fast ausschließlich in Krankenhäusern verbracht habe.

Sie schüttelte daraufhin energisch den Kopf. »Quatsch, Vera. Dafür hatte er dich die ganze Zeit fast für sich alleine.«

Das stimmte. Mit keinem anderen Kind hatte ich so viele Stunden kuschelnd im Bett verbracht wie mit Mio, zwangsläufig. Ich hoffte inständig, dass diese intensive Zeit zu zweit ihn darüber hinwegtrösten konnte, so früh abgestillt worden zu sein, dass es keine bleibenden Schäden bei ihm hinterlassen würde.

Heute, viele Jahre später, kann ich mit großer Überzeugung behaupten, dass diese Sorgen völlig unbegründet waren. Die Beziehung zwischen Mio und mir könnte inniger kaum sein, und inzwischen bin ich mir sicher, dass in den langen Wochen, die wir nebeneinander im Krankenhausbett lagen, auch ohne Stillen eine besondere und tiefe Verbundenheit entstanden ist, die es unter anderen Umständen so vielleicht nie gegeben hätte. Mich wird unser enges und besonderes Band, was uns seither verbindet, für immer daran erinnern, was mein Sohn damals schon zu Beginn seines Lebens unbewusst für mich getan hat.

*

Da mein Körper weiterhin große Schwierigkeiten hatte, genügend Kalzium aufzunehmen, verzögerte sich meine Entlassung um eine weitere Woche. Zwei Tage vor Theos Hochzeit entschied ich mich, auf eigene Verantwortung das Krankenhaus zu verlassen. Ich wusste, wie wichtig es Milena war, dass ich sie zur standesamtlichen Hochzeit ihres Vaters begleitete. Und mein Heimweh war inzwischen so stark geworden, dass ich Angst hatte, depressiv zu werden, wenn ich nicht endlich aus der Klinik kam.

17

Nach Hause

Die großen und kleinen Mitbewohner unseres Studentenheims hatten ein riesiges Plakat gemalt, auf dem in bunten Buchstaben »Willkommen zu Hause« stand. Im Garten hingen Luftballons, und vor unserer Wohnungstür stand ein frisch gebackener Schokoladenkuchen. An diesem regnerischen Freitagnachmittag im Oktober war ich nach den vielen Wochen im Krankenhaus nun also endlich zurück.

Wenngleich sich die großen Kinder und Daniel natürlich sehr freuten, Mio und mich wieder bei sich zu haben, gewöhnten wir uns nur langsam an einen gemeinsamen Alltag. Lukas wirkte wie schon in der Klinik verunsichert, war unruhig, gleichzeitig anhänglich, dann aber auch sehr abwehrend. Er musste nicht nur mit der neuen Situation zurechtkommen, sondern gleichzeitig lernen, dass ich nicht mehr so viel Kraft und Energie wie früher hatte.

Daniel trat Ende Oktober eine neue Arbeitsstelle an. Anfangs hatte ich gehofft, dass ich den Alltag mit Haushalt und Kindern alleine irgendwie stemmen könnte, doch mein gesundheitlicher Zustand überzeugte mich bald vom Gegenteil. Das Herzrasen und die innere Unruhe setzten mir stark zu. Mein Organismus müsse sich erst an die künstlichen Hormonsubstitution gewöhnen, sagten die Ärzte, und zudem sei der permanent sehr niedrige Kalziumspiegel eine große Belastung. Da der Wert einfach nicht steigen wollte, verbrachte ich weiterhin viele Vormittage ambulant im Marienkrankenhaus am Kalziumtropf. Dr. Key kam jedes Mal vorbei, unterhielt sich mit mir und spielte mit dem inzwischen viel aktiver gewordenen Mio, der sich über die Abwechslung freute, während er meist stundenlang neben mir in seinem Wagen ausharren musste.

War ich am Tropf mit dem kostbaren Kalzium angeschlossen, war das für mich die körperlich entspannteste Zeit des Tages. Sobald die Wirkung nachmittags nachließ und das Kribbeln in meinem Körper wieder stärker wurde, wuchs in mir das Unwohlsein, verbunden mit Schweißattacken und Schwindelanfällen. Nachts wachte ich oft schweißgebadet auf und dachte, mein Herz würde jeden Moment explodieren. Daniel versuchte mich zu beruhigen, wenn er es mitbekam, doch ihm wie auch anderen Menschen in meinem Umfeld merkte ich an, dass sie Schwierigkeiten hatten, meinen körperlichen Zustand zu verstehen. Nach außen hin sah ich – außer der Narbe an meinem Hals – wieder recht normal aus. Meine Stimme war zwar weiterhin sehr schwach und heiser, ansonsten aber war von all den inneren, für mich äußerst belastenden Zuständen wenig zu erkennen. Jeder, der schon mal mit einer Schilddrüsenhormoneinstellung oder einem Elektrolytmangel zu kämpfen hatte, kann nachvollziehen, wie wenig greifbar die Befindlichkeiten sind, die man durchlebt, und wie schwierig es ist, sie jemandem zu erklären, der Derartiges noch nie selbst erlebt hat.

Auch wenn wir uns schon bald nach meiner Entlassung dazu entschieden hatten, eine Haushaltshilfe bei der Krankenkasse zu beantragen, und ich somit ein wenig Unterstützung hatte, kosteten mich die vielen Gänge ins Krankenhaus, das Umsorgen der Kinder tagsüber, die Herzattacken und Mios einschießende Zähnchen nachts unendlich viel Kraft. Kraft, die ich eigentlich nicht hatte. Es war, als würde ich ein inneres Kraftkonto immer wieder überziehen, und nicht selten kam ich an die Grenzen meiner Belastbarkeit.

*

Hatte ich gehofft, nach meiner Entlassung endlich wieder in ein gesundes Leben zu starten, war die Realität leider eine andere. Fast schwerer als der körperliche Zustand wiegte jedoch der emotionale. Das alte Familienleben spielte sich nicht, wie gehofft, nach und nach wieder ein. Konnte ich selbst kaum meinen veränderten Körper und meine angeschlagene Verfassung begreifen und akzeptieren, spürte ich auf einmal in meiner Beziehung zu Daniel eine immer größer werdende Distanz, die geprägt war von unser beider Erschöpfung und dem Gefühl, den anderen nicht mehr wirklich zu kennen. Auch wenn ich dies lange nicht wahrhaben wollte, auch wenn wir beide verzweifelt versuchten, das Kartenhaus aufrechtzuerhalten, wurde mehr und mehr klar, dass unsere Beziehung den Krebs nicht überlebt hatte.

Als wir im Frühjahr 2015 unsere gemütliche Studentenwohnung verlassen mussten – unsere Wohnzeit war abgelaufen –, suchten wir uns zwar noch zusammen ein neues Zuhause, mussten aber bald feststellen, dass auch dieser Neustart unsere Beziehung nicht mehr retten konnte.

Kurz bevor ich für vier Wochen gemeinsam mit den drei Kindern in eine onkologische Reha in den Nordschwarzwald fuhr, trennten Daniel und ich uns im Juli 2015.

Während meine Schwester zwei Wochen später Ferdi heiratete, Mio zwischen all den glatzköpfigen Mitpatienten in der Reha laufen lernte und ich Milena und Lukas erklärte, dass Daniel und ich uns getrennt hatten und fortan nicht mehr zusammenleben würden, begann emotional eine extrem schwere

Zeit für mich. Körperlich noch immer nicht bei Kräften und die Schockerfahrung vom letzten Sommer noch längst nicht verarbeitet, stürzte mich die Trennung erneut in eine tiefe Krise, die vielleicht aufgrund meiner eh schon bestehenden Erschöpfung fast schwerer wog als die im Jahr zuvor. Noch während der Reha suchte ich im Internet und in Anzeigeblättern nach einer bezahlbaren Wohnung für die Kinder und mich. Als alleinerziehende, aufgrund der Krebserkrankung offiziell zu 80 Prozent schwerbehinderte und nun arbeitsunfähige Mutter dreier kleiner Kinder in Freiburg zahlbaren Wohnraum zu finden, glich einem Sechser im Lotto.

Glücklicherweise hatte ich seit einigen Monaten einen großartigen Onkologen an meiner Seite, der mich mit Attesten und medizinischen Stellungnahmen bei meiner Wohnungssuche unterstützte. Dr. Key hatte ihn mir empfohlen, und so war ich fortan für Kalziumgaben, Blutabnahmen und die onkologische Nachsorge in die Praxis von Dr. Zasius gegangen. Die Praxis mit ihren hellen Räumen und der unglaublich fürsorglichen Sprechstundenhilfe Nicole, die mir über die Jahre auch privat ans Herz wuchs, wurden trotz der teilweise unangenehmen Untersuchungen fast wie ein zweites Zuhause für mich. Da mein Kalziumspiegel noch immer mindestens einmal wöchentlich kontrolliert wurde und ich bei schlechten Werten ambulant an den Tropf musste, verbrachte ich dort viel Zeit.

Die Atteste und die engagierte Hilfe von Dr. Zasius, Nicole und dem ganzen Praxisteam führten dazu, dass mir eine Wohngenossenschaft direkt nach meiner Reha eine kleine Dreizimmerwohnung zur Verfügung stellte. Auch wenn sich die Wohnung im fünften Stock eines Hauses ohne Aufzug und direkt an einer großen Kreuzung befand, war ich unendlich froh, wieder einen Ort zu haben, an dem ich mich zurückziehen und mit den Kindern zur Ruhe kommen konnte.

Innerhalb von fünf Monaten zum zweiten Mal mit drei kleinen Kindern umzuziehen, während parallel Umgangszeiten verhandelt und ein neuer Lebensrhythmus mit verunsicherten Kindern gefunden werden musste, war eine große Aufgabe.

Dr. Zasius hatte mir inzwischen ein neues Schilddrüsenmedikament verschrieben, das ich deutlich besser vertrug, und so war immerhin mein Herzrasen nicht mehr ganz so schlimm. Auch meine Stimme erholte sich langsam wieder. So kräftig wie vor der OP wurde sie zwar nie wieder, aber das alltägliche Kommunizieren fiel mir dank einer intensiven Stimmtherapie, die ich nun zweimal wöchentlich bei einer Logopädin machte, wieder leichter.

Im Nachhinein frage ich mich, auch diese Phase meines Lebens betreffend, wie ich das alles schaffen und weiterhin genug Kraft für meine Kinder und unseren Alltag aufbringen konnte.

Durch den Umzug waren der Kindergarten, den Lukas inzwischen besuchte, und die Krabbelgruppe von Mio leider weit entfernt. Jeden Morgen trug ich Mio die fünf Stockwerke hinunter in den Fahrradkeller, danach mein Rad und den Anhänger die Treppe hinauf. Anschließend fuhr ich beide Jungs durch zwei Stadtteile zur Kita, danach radelte ich meist weiter, zum Blutabnehmen, zur Logopädin oder zur Lymphdrainage, da sich im Bereich der Narbe noch immer Flüssigkeit staute. Milena war damals glücklicherweise schon sehr selbstständig und fuhr den weiten Weg zu ihrer Grundschule stets alleine mit der Straßenbahn hin und zurück.

Reichte die Zeit nach meinen vormittäglichen Terminen noch aus, kaufte ich ein und lud so viel wie möglich in den Anhänger. Zu Hause angekommen, trug ich die Einkäufe die sechsundsechzig Treppenstufen hoch in unsere Wohnung, um dann wieder loszufahren und die Kinder abzuholen.

Besonders im Winter, wenn es kalt war, fiel es mir durch

die seltsame Taubheit in meinen Händen, die wohl eine Nachwirkung der Bestrahlung war, oft schwer, mich am Fahrradlenker festzuhalten. Ich fühlte mich unsicher im Straßenverkehr, wusste aber, dass ich all die Termine zeitlich nicht schaffen würde, müsste ich die Wege ausschließlich mit öffentlichen Verkehrsmitteln bestreiten.

Neben den organisatorischen und gesundheitlichen Hürden hatte ich damit zu kämpfen, meinen Kindern eine Sicherheit vermitteln zu wollen, die ich selbst zu dieser Zeit nicht empfand. Dennoch war es mir wichtiger als alles andere, dass meine drei Liebsten nach allem, was sie im letzten Jahr erleben mussten, sich trotz aller Neuerungen wohlfühlen konnten. Ich fand eine Kindergruppe für Milena, die sich mit Trennung und Veränderung beschäftigte. Einmal in der Woche brachte ich sie dorthin, und ich war froh, dass ihr dieses Angebot sehr zu helfen schien. Lukas merkte man auch im Kindergarten an, dass die Belastungen der letzten Monate Spuren hinterlassen hatten, und so kam regelmäßig eine heilpädagogische Hilfe in die Kita und arbeitete mit ihm zusammen spielerisch Erlebtes auf.

Nachmittags machten wir es uns meist zu Hause gemütlich, lasen Bücher, spielten oder kuschelten auf meinem Bett in unserem Wohnzimmer, das gleichzeitig auch mein Schlafzimmer war und den Mittelpunkt unserer kleinen Käfervilla darstellte. Mithilfe meiner Freunde und kreativer Bastel- und Malarbeiten meiner Kinder hatten wir die kleine Wohnung zu einer richtig schönen Wohlfühloase umgestaltet. Weder körperlich noch finanziell verfügte ich über große Ressourcen, aber immerhin mangelte es uns ganz und gar nicht an Gefühl und gegenseitigem Vertrauen in unserer kleinen Herde – und das trug uns alle auch über diese schwere Zeit. Trotz aller Schmerzen und Krisen, unsere Liebe füreinander stand niemals infrage. So tief und so selbstverständlich sie war, so kraft- und lichtgebend war sie für unseren gemeinsamen Weg.

*

Nachdem sich unser neues Leben langsam ein wenig eingespielt hatte und Daniel und ich eine Umgangsregelung mit klar geregelten Mama- und Papa-Zeiten gefunden hatten, wagte ich mich langsam an die Aufarbeitung meiner Krankheit. Im Internet suchte ich nach Schilddrüsenkrebsforen, und in Freiburg fand ich eine Selbsthilfegruppe für junge Erwachsene mit Krebs. Nach anfänglicher Skepsis, ob eine solche Gruppe wirklich etwas für mich sein könnte, entschied ich Anfang 2016, mich einfach mal bei dem Verein zu melden. Carlos, der Gründer der Selbsthilfegruppe, war genauso alt wie ich und vor einigen Jahren selbst an Krebs erkrankt.

Da die Treffen auf meine kinderfreien Montage fielen, fasste ich mir ein Herz und nahm im März 2016 das erste Mal an einem Treffen der Gruppe teil. Meine Angst vor kollektivem Selbstmitleid oder einer Ansammlung von Menschen, die nur ihre Krankheit im Kopf haben und über nichts anderes reden können, bestätigte sich nicht. Im Gegenteil, als ich die Pizzeria, wo das Treffen stattfand, betrat und den Tisch mit den ungefähr fünfzehn jungen Erwachsenen sah, die fröhlich und lautstark miteinander diskutierten, war ich mir zunächst nicht sicher, ob ich hier wirklich richtig war. Ein oder zwei Frauen hatten kürzere Haare, ansonsten sah man auf den ersten Blick nicht, dass alle Anwesenden hier eine solch schlimme Krankheit in sich trugen oder in sich getragen hatten.

Ich ertappte mich dabei, wie ich beim Anblick der Mitbetroffenen die gleichen Gedanken im Kopf hatte, über die ich mich stets selbst bei anderen so geärgert hatte. In den anderthalb Jahren seit meiner Diagnose waren mir häufig Menschen begegnet, die mich ungläubig ansahen, wenn ich beispielsweise irgendwo meinen Behindertenausweis vorlegen musste. Aussagen wie »Was? Sie wollen zu 80 Prozent behindert sein?« oder »Wirklich? *Sie* haben Krebs? Das sieht man Ihnen aber nicht an« hatte ich nur zu oft gehört und mich immer wieder darüber geärgert, dass für viele Menschen Krebs eine Krankheit ist, die nur alte Leute haben. Wenn doch in jungen Jahren, dann ja wohl mit Glatzkopf und deutlich sichtbaren Einschränkungen. Scheinbar fällt es allgemein schwer, sich in etwas hineinzudenken, was nicht üblich und nicht zu erkennen ist.

Für mich war es ein Problem, gesunden Mitmenschen begreiflich zu machen, dass der Körper zwar nach außen hin jung und gesund aussehen, innen aber leider nicht mehr so funktionieren kann wie einst. Und auch den anderen jungen »Krebsis«, wie sie sich in der Gruppe selbstironisch nannten, war diese Erfahrung nicht fremd. Es tat gut, sich mit Gleichaltrigen auszutauschen, die die Situation kannten. Zwar gab es in Freiburg viele Angebote und Hilfen für ältere oder ganz junge Krebspatienten, unsere Altersklasse war aber offenbar so selten von Krebs betroffen, dass bisher kaum Unterstützung existierte.

Umso toller, dass Carlos diesen Verein gegründet hatte, der mir zunächst als passives, später zeitweise auch als aktives Mitglied viele eindrückliche Erlebnisse, einen intensiven Austausch und inzwischen viele langjährige Freundschaften schenkte. Das Gefühl, nicht alleine zu sein mit einer solchen Extremsituation, das Wissen, dass andere einst genau denselben Schockmoment und ähnliche Therapien durchlebten wie man selbst, war und ist unglaublich viel wert. Da gibt es ein automatisches Verständnis füreinander.

Mit den meisten meiner Krebsi-Freunde spreche ich zwar tatsächlich nur selten über die Krankheit an sich, dennoch fühle ich mich ihnen tief verbunden, manchmal, in bestimmten Bereichen, mehr noch als mit gesunden Mitmenschen. Wahrscheinlich ist es normal, dass sich die Sichtweise auf manche Dinge ändert, wenn man bereits einmal so kurz davor war, das Leben zu verlieren. Auch wenn ich mich natürlich für all jene von Herzen freue, die dies bisher noch nicht durchmachen und verstehen lernen mussten.

Die Gesunden in meinem Umfeld waren es, die teilweise kritisch auf meine neuen Freundschaften blickten. »Meinst du nicht, dass es besser für dich wäre, von dem Thema mal wegzukommen?«, wurde mir gesagt. Oder: »Ist das nicht furchtbar, ständig mit dieser Krankheit im Freundeskreis konfrontiert zu sein?« Ich persönlich machte die gegenteilige Erfahrung. Je mehr Freunde ich über den Verein kennenlernte, desto normaler wurde der Krebs für mich. Die Furcht, die allein der Name dieser Krankheit früher in mir ausgelöst hatte, verschwand mit der Zeit und wurde zu etwas, was ganz selbstverständlich zu meinem Alltag gehörte. Durch all das Schöne, das wir gemeinsam erlebten, durch die weniger guten Momente, in denen wir uns gegenseitig unterstützten und füreinander da waren, und vor allem aber auch durch das Miterleben der Heilung und Genesung der allermeisten meiner erkrankten Freunde, entstand in mir sogar – ganz im Gegenteil – viel Hoffnung und Zuversicht und ein neuer, viel angstfreierer Umgang mit der Krankheit.

Leider schafften es jedoch nicht alle meiner durch den Krebsverein lieb gewonnenen Freunde. An dieser Stelle möchte ich ihnen gedenken und verwende hierfür, in Absprache mit ihren Angehörigen, im Gegensatz zu allen anderen hier erwähnten Personen, ihre Klarnamen:

Angela war die erste Freundin aus dem Verein, bei der ich die traurige Erfahrung machen musste, dass unsere Krankheit in manchen Fällen eben leider doch tödlich endet.

War Angela noch bis wenige Wochen vor ihrem Tod eine äußerst aktive, sportliche und bildhübsche junge Frau, schlug der Krebs mit Metastasen ihres Eierstocktumors auf einmal wieder so heftig zu, dass ihr Zustand sich erschreckend schnell verschlechterte und abzusehen war, dass eine Heilung nicht mehr möglich war. Statt mit ihrem Schicksal zu hadern, nahm sie diese Tatsache mit einer Demut und inneren Ruhe auf, die mich zutiefst beeindruckte. Ganz offen sprach sie darüber, bald zu sterben, über ihre Wünsche und Ängste. Auf der Palliativstation, auf der sie bis kurz vor ihrem Tod behandelt wurde, besuchte ich sie zusammen mit ihrer besten Freundin Nele, einer gemeinsamen Freundin aus dem Verein. Angela war inzwischen wahnsinnig dünn geworden, konnte kaum noch Nahrung aufnehmen und lag schwach in ihrem Bett. Dennoch war sie noch immer ein solcher Sonnenschein, lächelte die ganze Zeit, während wir abwechselnd über Neles neuen Freund und meine Kinder plauderten und über die Lieder sprachen, die Angela sich für ihre Beerdigung wünschte. Auch wenn sie nur noch aus Haut und Knochen bestand und unzählige Schläuche und Gerätschaften sie umgaben, strahlte sie eine solche Wärme aus, dass der ganze Raum erfüllt war von ihrer wunderbar herzlichen Aura.

Nie werde ich vergessen, wie abends, kurz bevor Nele und ich gehen wollten, eine Krankenschwester kam, um Angela neue Schmerzmittel zu geben. Diese fragte sie, wie groß ihre Schmerzen heute auf einer Skala von null bis zehn seien. Nachdem Angela sich stundenlang scheinbar sehr zufrieden und lächelnd mit uns unterhalten hatte, berührte mich ihre mit ruhiger Stimme gesprochene Antwort »Zehn« zutiefst. Ich wusste, dass sie bei solchen Angaben eher unter- als übertrieb. Während wir bei ihr gesessen und zu dritt in ihrem Bett gelegen hatten, hatte Angela die unvorstellbarsten Schmerzen ertragen und sich nicht ein einziges Mal darüber beklagt, sondern immer wieder erwähnt, wie dankbar sie für diesen wunderschönen Tag mit uns beiden sei.

Auf ihrer Beerdigung sangen Carlos, Nele und ich zusammen mit ein paar Freunden und Familienmitgliedern ihren Lieblingssong von Sarah Connor, »Das Leben ist schön«. Im Refrain heißt es da: »Das Leben ist schön/Auch wenn es vergeht«. Kein anderes Lied hätte so gut beschreiben können, was Angela bis zum letzten Moment ihres Lebens ausstrahlte.

Die Erfahrung, das erste Mal eine Freundin in meinem Alter zu verlieren, während gerade einige meiner gesunden Freundinnen ihre ersten Kinder zur Welt brachten und der Alltag bei allen irgendwie weiterging, versuchte ich einige Tage nach Angelas Tod in diesem Gedicht zu verarbeiten:

Wellen
Tränen drücken.
Dramen zwicken.
Wehen wecken Leben.
Während Metastasen morden.
Rauschen in meinem Kopf.
Wären es Wellen, könnten sie mich betten.
Ich bettle um Wellen mitten im Chaos der rauschenden Stadt.
Sirenen heulen und bohren sich durch meine Ohren.
Rein in mein Herz.
Schon wieder
Schmerz irgendwo.
Sirenen heulen sich ihren Weg zum rettenden Ort.
Orten Angst. Orten Hoffnung.

Wo Leben beginnt im großen Haus mit den hellen Lichtern.
Wo Namen gegeben und Freudentränen geweint,
dort machen im Zimmer nebenan
viel zu früh und viel zu zu,
die Augen liebster Menschen ihr Lid für immer zu.
Ich glaube das Leben verrechnet sich von Zeit zu Zeit.
Verrechnete Ungerechtigkeit.
Lass geschlossene Lider nur schlafend sein,
das Rauschen kein Lärm brummender Motoren,
das Rauschen die Stimme der Wellen voll Mut,
die leise flüstern
»Hey du, glaub mir,
Alles wird gut.«

Bei einem Sommerfest des Vereins sah ich **Monia** das erste Mal. Ihr fröhliches Lachen schallte durch den ganzen Garten, und ihre gute Laune steckte sofort an. Keiner Frau stand eine Glatze so gut wie ihr. Sie trug sie mit einer solchen Eleganz und einem riesigen Selbstbewusstsein, dass man dachte, die Wahl der Frisur sei freiwillig und nicht aufgrund der Chemotherapie gewesen, die sie seit mehreren Monaten machte. Auf einer Reise nach ihrem Abitur hatte sie eine Wölbung am Bauch entdeckt, kurz darauf wurde eine sehr seltene Art von Weichteilkrebs bei ihr diagnostiziert. Tapfer, mutig und voller positiver Lebensenergie kämpfte sie gegen den aggressiven Krebs in ihrem Körper. Monia teilte ihren Weg sehr engagiert mit ihren vielen Instagram-Followern, tankte daraus sehr viel Kraft und zeigte Tausenden jungen Leuten, was es heißt, einen solch heftigen Schicksalsschlag in so jungen Jahren mit Fassung zu tragen, dennoch nicht zu hadern und niemals aufzugeben.

Ihre Mutter war stets an ihrer Seite, begleitete sie bei stationären Krankenhausaufenthalten, auch auf einigen der vielen

Reisen, die Monia trotz ihrer fortgeschrittenen Krankheit unternahm, und war so bis zum letzten Augenblick eine enorme Stütze für ihre Tochter. Es war nicht nur die unfassbar große Trauer um Monia, die mich nach ihrem Tod schier zerriss, sondern auch das tiefe Mitgefühl mit ihrer wundervollen Mutter, die zu jeder Zeit alles für ihr Kind gegeben und mit ihm gekämpft hatte, es dann aber letztlich doch an diese grausame Krankheit verlor. Hatte ich es schon schlimm gefunden, selbst so krank zu werden, hätte ich mir nie ausmalen wollen, wie es gewesen wäre, wenn statt mir eins meiner Kinder ernsthaft erkrankt wäre. Nur ansatzweise konnte ich mir vorstellen, durch was für eine Hölle Monias Mutter hatte gehen müssen.

Hatte mich Monias Tod gerade erst aus der Bahn geworfen, so erschütterte mich nur drei Monate später die Nachricht, dass es meinem Freund **Benni** plötzlich sehr schlecht gehe. Benni Wollmershäuser war seit seinem zwanzigsten Lebensjahr an Darmkrebs erkrankt. Kennengelernt hatte ich ihn auf einem Event des Vereins. Sein offener Umgang mit seinem Leben mit einem künstlichen Darmausgang und sein großes Engagement, über seine Krankheit aufzuklären, hatte Benni auch in den Medien bekannt gemacht. Unter anderem wurde ihm dafür der Ehrenpreis der Felix Burda Stiftung verliehen.

Neben seiner Öffentlichkeitsarbeit und seinem Einsatz für uns junge Krebspatienten wurde er über die Jahre auch privat ein wichtiger Mensch für mich. Seine Gabe, aus allem das Beste zu machen, und seine ungeheure Zufriedenheit, mit der er sein Leben meisterte, beeindruckten mich sehr. Zusammen mit seiner Frau Sabrina trotzte er allen unangenehmen Behandlungen, Chemos und Operationen und verlor dabei nie seinen großen Lebensmut. Ihn und Sabrina als einem Paar zu begegnen, das hundertprozentig zueinanderstand und das jeden schweren Weg zusammen ging, vermittelte mir ein ganz neues Verständnis von Liebe. Als Sabrina ihren Mann mit Anfang zwanzig kennenlernte, bekam er schon wenige Wochen später seine Krebsdiagnose. Statt Partys, Reisen und Familiengründung bestand das Leben für die beiden fortan vor allem aus Therapien, Operationen und Behandlungen von Benni. Diese Situation stellt auch für ältere Paare bestimmt eine riesengroße Herausforderung dar, wie dann musste es erst für zwei so junge Menschen sein, die sich gerade erst ineinander verliebt hatten? Sabrina jedenfalls unterstützte Benni bedingungslos und stand ihrem Mann immer zur Seite.

Neben ihr Leben mit der Krankheit und dem öffentlichen Engagement investierten die beiden auch viel Zeit in ihre Freundschaften. Kein Weihnachtsfest verging, an dem nicht eine handgeschriebene Karte von ihnen im Briefkasten lag, kein Geburtstag ohne persönliches Ständchen per Tonnachricht, keine Situation, in der ich ihre Hilfe gebraucht hätte und sie nicht für mich da gewesen wären, eben echte Herzensmenschen.

Als mich die Nachricht erreichte, dass es Benni plötzlich sehr schlecht ging, war das ein Schock. Innere Blutungen führten dazu, dass sich sein Zustand täglich verschlechterte. Am vorletzten Abend vor seinem Tod schrieb er mir eine SMS, er würde mich so gerne sehen und umarmen. Ich organisierte noch in der Nacht einen Babysitter, um zu ihm ins Krankenhaus nach Schwäbisch Hall fahren zu können, der aber erst am übernächsten Tag kommen konnte. Am Abend vor meiner Abreise, es war ein Donnerstag, packte ich meine Sachen, um am nächsten Morgen um sechs den ersten Zug zu schaffen. Kurz bevor ich einschlief, schrieb mir Benni, dass er sich sehr darauf freue, mich zu sehen. Ich lächelte und war froh, ganz bald bei ihm sein und ihn in den Arm nehmen zu können. Dann legte ich mein Handy auf den Nachttisch. Als mein Wecker um kurz nach fünf klingelte, spürte ich sofort, dass etwas nicht stimmte. Schnell griff ich nach meinem Handy und starrte auf das Display. Vor wenigen Minuten war eine Nachricht von Sabrina eingegangen … Es war zu spät für meinen Besuch.

Benni war in dieser Nacht gestorben.

Mal wieder lehrte mich das Leben, dass man wirklich wichtige Dinge niemals aufschieben sollte. Irgendwie hätte ich es möglich machen müssen, schon einen Tag früher zu ihm zu fahren. Mich nicht persönlich von ihm verabschiedet zu haben, ist vielleicht mit ein Grund dafür, dass mir die Trauerarbeit bei Benni wahnsinnig schwerfällt und ich noch heute kaum darüber sprechen kann, wie sehr er mir fehlt. Manchmal, wenn ich mich stark genug dafür fühle, höre ich mir eine der vielen Tonnachrichten an, die mir Benni einst schickte. Dann schließe ich die Augen, lausche seiner fröhlichen Stimme und stelle mir vor, er säße für einen kurzen Moment wieder neben mir …

Sehr dankbar bin ich über die innige Freundschaft zu seiner Frau Sabrina, die sich nach seinem Tod und der gemeinsamen Trauer noch weiter gefestigt hat und heute zu einer der tiefsten und vertrauensvollsten zählt, die ich habe.

Die Lücke, die Benni, Monia und Angela hinterlassen haben, ist riesig. Alle drei waren ausgesprochen positive Menschen, die voller Freude und Power ihren Lebensweg bestritten, bis ihnen der Krebs viel zu früh einen Strich durch ihre Planung machte. Selbst als klar war, dass sie nicht überleben würden, trugen sie ihr Schicksal mit Fassung und waren dankbar für das, was sie erleben durften, bevor sie viel zu früh sterben mussten. Vieles von dem, was ich durch sie erfuhr und lernen durfte, hat mich in meiner eigenen Einstellung zum Leben, aber auch zum Sterben geprägt.

18

Flashback

Den Kontakt zu Dr. Key hatte ich in all der Zeit nicht verloren. Da ich nach der Entlassung aus der Klinik noch oft ambulant zurück auf Station kam, lief ich ihm zwangsläufig immer wieder über den Weg. Auch später fragte er nach, wie es mir gehen würde. Zu wissen, dass es jemanden gab, der meine Krankheitsgeschichte von Anfang an kannte und an den ich mich jederzeit wenden konnte, wenn ich Fragen hatte, tat sehr gut. Auch wenn sich mein allgemeiner Zustand inzwischen stabilisiert hatte, belastete mich das andauernde Hormon- und Kalziumchaos und die damit verbundenen Herzattacken weiterhin sehr.

Vor allem das nicht Greifbare, das nicht Einschätzbare an diesen Attacken war beängstigend. Es gab Tage, an denen ich mich gut und fast normal fühlte, und dann wieder wachte ich nachts schweißgebadet auf, das Herz raste, der Körper kribbelte, und mir war klar, dass erneut irgendwelche Werte durcheinandergekommen sein mussten. Meist war es ein massiver Kalziummangel, der das immense Unwohlsein auslöste. Mit der Zeit lernte ich die Entzugserscheinungen meines Körpers so gut einschätzen, dass ich meinen Kalziumwert oft auf die Kommastelle genau schätzen konnte, wenn ich bei der Blutentnahme war. Da mein Körper seit der OP noch immer kein Parathormon bildete, ein Hormon, das für die Produktion von Kalzium verantwortlich ist, konnte ich nicht davon ausgehen, dass sich mein Kalziumhaushalt irgendwann wieder von alleine regulieren würde. Deshalb hatte ich mich wohl oder übel damit abgefunden, mehrfach im Monat zur Blutentnahme zu gehen und im Falle von sehr schlechten Werten hin und wieder an den Tropf zu müssen. Nie hatte ich von Alkohol, Nikotin oder anderen Drogen abhängig sein wollen, mich immer bewusst von diesen Süchten ferngehalten, und nun musste ich mich mit der Tatsache abfinden, lebenslang von Medikamenten abhängig zu sein. Wie auch meine große Narbe am Hals, meine eingeschränkte Stimme und Leistungsfähigkeit war das zwar etwas, das mich nervte, aber kein Grund war, ernsthaft unzufrieden zu sein. Denn immer wieder erinnerte ich mich in schweren Momenten daran, wie nah ich dem Tod einst gewesen war und was für ein riesengroßes Glück ich hatte, dass mir diese zweite Chance geschenkt wurde. Auch meinen Kindern versuchte ich das zu vermitteln und vorzuleben. Selbst wenn wir nicht ständig darüber sprachen, spürte ich bei allen dreien, dass sie froh darüber waren, dass nach und nach endlich wieder mehr Ruhe in unser Leben einkehrte.

Mio war weiterhin ein wahrer Sonnenschein und wickelte mit seinem Charme jeden um den kleinen Finger. Milena wurde langsam ein richtig großes Mädchen. Selbstständig fuhr sie jeden Morgen mit der Straßenbahn durch die halbe Stadt zu ihrer Grundschule und zu ihren Freunden. Hatte sie in der Zeit meiner akuten Erkrankung und während der Trennung von Daniel stets sehr angespannt gewirkt, spürte ich, wie nach und nach ihre Unbekümmertheit zurückkehrte, sie wieder viel mehr lachte und fröhlich war.

Während ich mir um Mio und Milena also keine großen Sorgen machen musste, spürte ich, dass mit Lukas etwas nicht stimmte. Immer wieder hatte es kleinere Probleme im Kindergarten gegeben, und auch zu Hause wirkte er oft unausgeglichen. Klar, für ihn war die Situation besonders schwer gewesen, mit nur zwei Jahren seine bis dahin so nahe Mama lange entbehren zu müssen und nach der Erkrankung die Trennung der Eltern zu verdauen. Doch irgendwie war da noch mehr, das ahnte mein erneut aktiviertes Bauchgefühl schon länger.

*

Weil ich dachte, vielleicht sei es gut, Lukas ein bisschen mehr ungeteilte Aufmerksamkeit zu schenken, versprach ich ihm an einem sonnigen Dienstag im Sommer 2016 nach einem verlängerten Papa-Wochenende, dass ich ihn schon nach der Morgenrunde im Kindergarten abholen würde. Ich wollte mit ihm ins Freibad gehen. Er strahlte übers ganze Gesicht, als er mit seinem riesigen Schwimmkrokodil in den Fahrradanhänger sprang. Als wir im Bad angekommen waren, zog er sich in Windeseile aus, hüpfte in die Badehose, schnappte sich sein Krokodil und sprang sofort ins kühle Wasser des Kinderbeckens. Ich folgte ihm lachend. Nachdem wir eine Weile geplanscht hatten und ich spürte, dass mir die Puste ausging, setzte ich mich an den Beckenrand und beobachtete, wie Lukas auf seinem Krokodil herumturnte und sich immer wieder fröhlich jauchzend ins Wasser fallen ließ.

Vielleicht, dachte ich, ist ja doch alles in Ordnung und wir brauchen einfach nur ein bisschen mehr gemeinsame Zeit. Zufrieden ließ ich meine Beine ins Wasser baumeln. Meine Diagnose würde sich Ende des Monats zum zweiten Mal jähren. Im letzten Sommer hatte ich mich noch nicht mit den Kindern ins Schwimmbad getraut. Zu schwach war ich auf den Beinen gewesen, und die Narbe hatte noch sehr empfindlich auf das Chlorwasser reagiert. Inzwischen war sie deutlich besser verheilt und entzündete sich nicht mehr so schnell. Auch die Blicke der Leute waren weniger geworden, seit sie nicht mehr ganz so dick und rot an meinem Hals prangte.

Ich genoss das erfrischende Wasser und Lukas' Lachen in meinen Ohren. Wie gut es tat, solche Ausflüge endlich wieder machen zu können. Genug Energie zu haben. Fit zu sein. Offensichtlich hatte ich die schwersten Zeiten nun wirklich hinter mir gelassen. Ich atmete erleichtert aus, und genau in diesem Moment kam Lukas angepaddelt. Die Sonne strahlte ihm ins Gesicht, und er blinzelte vergnügt. Wild ruderte er mit seinen Armen, und ich streckte meine aus, um ihn zu mir zu ziehen. Wasser spritzte in meine Augen und ließ mein Blickfeld verschwimmen, aber Bruchteile von Sekunden zuvor hatte ich etwas gesehen, was mich schlagartig erstarren ließ. Ich rieb meine Augen. War das eine Wölbung an Lukas' Hals gewesen? Oder nur der Lichteinfall des grellen Sonnenlichts? Ich traute mich nicht, meine Augen zu öffnen. Fing ich an zu fantasieren? Vorsichtig schielte ich zu meinem Sohn herüber und fixierte seinen Hals. Alles in mir krampfte sich zusammen. Auf der linken Seite seines Halses war etwas! Ganz deutlich!

Wie versteinert saß ich am Beckenrand. Mein Herz pochte bis zum Hals. Lukas war schon wieder weitergeschwommen. Panisch versuchte ich den Morgen in Gedanken zu rekonstruieren. Beim Abholen im Kindergarten hätte mir die Schwellung doch auffallen müssen. Vielleicht war es ein Stich? Hatte ihn eine Biene gestochen?

»Lukas? Kommst du mal?« Meine Stimme zitterte. »Lass mich mal schauen, was du da am Hals hast, mein Schatz.« Ich bemühte mich, ruhig zu sprechen, zwang mich, meinen Blick nicht abzuwenden. Ich starrte auf die Stelle. Klar und deutlich wölbte sich da etwas vor. Keine Rötung, kein Kratzer war zu sehen. Nicht wegzureden, gefährlich real. Es war kein Stich. Es war ein Knoten.

Mit aller Kraft versuchte ich, mir nichts anmerken zu lassen. Zum Glück war er durch das Spielen im Wasser abgelenkt und sah nicht, wie ich stocksteif am Beckenrand saß, mit Angstschweiß auf der Stirn und nicht fähig, einen klaren Gedanken zu fassen. Schock und Panik hatten in Windeseile meinen ganzen Körper beschlagnahmt. Er fühlte sich taub und schwer an, und ich war kaum fähig, ihn zu bewegen. Was ich eben gesehen hatte, konnte nicht wahr sein. Es durfte nicht wahr sein! Inständig hoffte ich darauf aufzuwachen. Das alles musste ein Traum sein. Ein furchtbarer Albtraum, aus dem man morgens schweißgebadet aufwacht und froh ist, in die Wirklichkeit zurückkehren zu dürfen. Ich drückte meinen Fuß gegen die Fliesen des Schwimmbeckens. Fester und fester. Der verzweifelte Versuch, den Traum zu enttarnen, missglückte. Der Schmerz, der sich langsam in meinem Fuß breitmachte, war ebenso real wie Lukas' Enttäuschung, als ich ihm kurz darauf erklärte, dass wir leider doch schon früher nach Hause gehen müssten. Viel zu real waren seine Tränen, viel zu real die Anstrengung, als ich auf dem Heimweg verzweifelt aus voller Kraft in die Pedalen trat, um so schnell wie möglich heimzukommen.

Aus dem Fahrradanhänger drang Lukas' Schluchzen, die Sonne brannte heiß vom Himmel herab. Ich verfluchte meine tauben Füße, weil ich immer wieder von den Pedalen abrutschte, als ich versuchte, noch schneller zu treten. Durchgeschwitzt und außer Atem schloss ich, als wir endlich den fünften Stock erreichten, unsere Tür auf. Ich holte Lukas ein Eis aus der Tiefkühltruhe, legte ihm eine CD ein und ging ins Wohnzimmer, um in der Kinderarztpraxis anzurufen. Dr. Zipfel würde mich bestimmt beruhigen können. Vielleicht hatte sich Lukas ja trotz seiner Impfung mit Mumps angesteckt, redete ich mir ein, während ich die Nummer der Praxis wählte.

Nach mehrmaligem Klingeln ertönte ein kurzes Klicken und dann vom Tonband die Stimme von Dr. Zipfels freundlicher Sprechstundenhilfe. »Liebe Kinder und liebe Eltern, die

Kinderarztpraxis von Dr. Zipfel ist dienstagnachmittags geschlossen. Ab morgen früh um acht Uhr sind wir wieder für euch da.« Scheiße! Stimmt ja! Am Dienstagnachmittag hatte die Praxis nicht geöffnet. Niedergeschlagen ließ ich mich auf mein Bett fallen. Was jetzt? Ich griff nach meinem Handy und schrieb Daniel, ob ihm am Wochenende eine Schwellung an Lukas' Hals aufgefallen sei. Im »Hin und Her«-Heftchen, das die Kinder bei den Übergaben stets in ihrem Rucksack mitbrachten und das wir Eltern momentan für die Kommunikation über die wichtigsten Dinge nutzten, stand nichts darüber.

Hoffte ich noch immer auf eine harmlose Erklärung, krampfte sich mein Bauch erneut zusammen, als kurz darauf Daniel antwortete, ihm sei nichts aufgefallen und es sei auch nichts Besonderes passiert. Lukas habe sich weder angestoßen noch sei er gestochen worden. Hektisch wählte ich Carlas Nummer und berichtete ihr, was ich vorhin entdeckt hatte. Carla beruhigte mich in gewohnt liebevoller Große-Schwester-Manier und schlug vor, dass ich ein Foto von Lukas' Hals machen und ihr schicken solle, dann könne sie es Ferdi zeigen, wenn er später aus der Klinik nach Hause komme. Ich versprach, das sofort zu tun.

Leise ging ich ins Kinderzimmer und versuchte so unauffällig wie möglich ein einigermaßen gut erkennbares Foto zu machen, ohne Lukas zu stören. Ich streichelte ihn und gab ihm einen Kuss auf seinen blonden Schopf. Er schien wieder besser gelaunt zu sein und lächelte mich an, bevor er sich wieder auf Leo Lausemaus konzentrierte. Ich versuchte den Halsbereich nicht anzuschauen, aber immer wieder wanderten meine Augen dorthin, und jedes Mal zuckte ich zusammen, zutiefst erschrocken über den Anblick. Wie konnte das sein? Die Schwellung sah genauso aus wie mein Knoten damals und befand sich an exakt der gleichen Stelle.

Als Carla zurückrief, hörte ich schon an der Begrüßung, dass auch sie aufgewühlt war. Ihr unbekümmerter Tonfall von vorhin war verschwunden. »Hm, ja, Vera ... Also, Ferdi meint auch, das solltest du morgen früh gleich vom Kinderarzt anschauen lassen«, bemerkte sie vorsichtig. Obwohl mir klar war, dass ich das tun musste, hatte ich gehofft, dass meine Schwester etwas anderes sagen würde. Mir war schlecht.

Ich rief Annie an und bat sie, Mio von der Krabbelgruppe abzuholen. In diesem kopflosen Zustand noch einmal durch den Verkehr zu müssen, wollte ich vermeiden. Glücklicherweise hatte sie Zeit, und sie blieb auch nachmittags noch bei uns, bis ich die Kinder abends ins Bett gebracht hatte. Ich war froh, nicht alleine zu sein.

Als die Kinder eingeschlafen waren und Annie gegangen war, begann eine lange, unruhige Nacht für mich. Ich wälzte mich im Bett hin und her, versuchte zu schlafen, gab dann irgendwann aber auf und setzte mich an den Laptop. Verzweifelt tippte ich Schlagworte wie »Knoten am Hals – harmlos« bei Google ein und hoffte auf entwarnende Artikel. Je mehr Suchergebnisse ich durchlas, die das Wort »Krebs« enthielten, desto nervöser wurde ich. Wie in einen nicht enden wollenden Abgrund stürzte mich meine panische Angst immer weiter hinab.

Als der Morgen anbrach und Mio verschlafen zu mir ins Wohnzimmer getapst kam, lag ich noch immer schlaflos in meinem Bett. Mio kuschelte sich an mich, griff nach meiner Hand und schlummerte, meine Finger umklammert, noch einmal ein. Draußen fuhren die ersten Straßenbahnen, die Vögel zwitscherten und die Sonne ging rosarot hinter dem Stadtberg auf. Alles sah danach aus, als ob heute wieder ein strahlender Sommertag auf Freiburg warten würde. Sommer. Sonne. Sosehr ich diese Jahreszeit früher immer mochte, so überschattet war sie doch die letzten zwei Jahre gewesen. 2014 meine Diagnose und die lange Zeit im Krankenhaus. 2015 die Trennung, der Auszug und all die Sorgen, die damit verbunden waren. Während ich an Silvester um Mitternacht mit Freunden auf unserem Balkon gestanden und auf das neue Jahr angestoßen hatte, hatte ich mir für 2016 vor allem einen sorglosen Sommer gewünscht, den die Kinder und ich endlich wieder in vollen Zügen genießen konnten.

Nachdem es mir die letzten Wochen gesundheitlich sehr gut ergangen war, hatte ich schon dankbar geglaubt, dass sich mein Wunsch erfüllen würde. Die Entdeckung der Schwellung an Lukas' Hals gestern machte mir auf brutalste Weise mit einem Schlag einen Strich durch diese Rechnung. Inständig hoffte ich darauf, dass sie über Nacht kleiner geworden war, doch als Lukas wenig später schlaftrunken ins Zimmer gelaufen kam, sah ich sofort, dass der Knoten noch immer da war, genauso groß, genauso positioniert wie gestern – ein beängstigend vertrauter Anblick.

Wie in Trance wickelte ich Mio, schmierte Milenas Schulbrote und half den Kindern beim Anziehen. Ich wollte weinen und laut schreien, doch meine Notstromaggregate liefen wieder mal auf Hochtouren und ließen mich trotz innerem Extremzustand routiniert funktionieren. Im Nachhinein kaum vorstellbar, wie es mir gelang, meine riesige Angst vor den Kindern zu verbergen und einen einigermaßen normalen Morgenablauf hinzubekommen. Immer wieder starrte ich auf die Uhr, um sofort, wenn die Praxis aufmachte, anrufen und fragen zu können, wann wir vorbeischauen könnten.

Als Lukas auf meinen Schoß sprang, um mir sein eben gemaltes Bild zu überreichen, und sein Hals nur wenige Zentimeter von mir entfernt war, schockierte mich der Anblick des Knotens erneut so tief, dass ich in diesem Moment beschloss, nicht zu warten, bis die Kinderarztpraxis öffnete, und dann erst nach einem Termin zu fragen, sondern sofort aufzubrechen, um gleich dort zu sein, wenn die Sprechstunde begann. Es wurde zwar nicht gern gesehen, ohne Termin aufzukreuzen, aber nach meiner Geschichte sollte das nachvollziehbar sein.

Nachdem wir Mio zur Krabbelgruppe gebracht hatten, fuhren Lukas und ich mit der Straßenbahn Richtung Praxis, und ich bereitete ihn vorsichtig darauf vor, dass Dr. Zipfel ihn gleich untersuchen würde. Seit meiner Krankenhauszeit war ihm alles, was mit Ärzten oder Krankenhäusern zu tun hatte, suspekt, und schon die normalen Vorsorgeuntersuchungen waren jedes Mal eine echte Herausforderung für unseren Kinderarzt.

Mir graute davor, was bei der Untersuchung herauskommen würde. Immer noch versuchte mein Kopf harmlose Erklärungen aufzutischen, die meinen ängstlichen Bauch überstimmen könnten. Nach der Erfahrung, vor zwei Jahren recht behalten zu haben, ließ sich mein Bauchgefühl nicht mehr so leicht verdrängen. Mein Magen zog sich mehr und mehr zusammen, während wir Stufe für Stufe zur Praxis hinaufgingen.

Erstaunt sah uns die Sprechstundenhilfe Frau Meyer an, als wir durch die Tür traten. Besorgt blickte sie von mir zu Lukas' Hals, während ich ihr erzählte, warum wir schon so früh und ohne Anmeldung gekommen waren. Als sie den Knoten entdeckte, griff sie nach meiner Hand, mit der ich mich am Tresen festklammerte. »Ach je, Frau Käflein, da versteh ich Sie aber.« Sie drückte meine Hand, nahm Lukas mit ins Wartezimmer, gab ihm was zu malen und kam dann zu mir zurück.

»Ist der Knoten verschieblich?«, fragte sie ernst.

»Ich ... ich weiß es nicht«, presste ich heraus. »Ich konnte nicht ... Ich habe es nicht geschafft, dorthin zu fassen ...« Meine Stimme verebbte, und Tränen stiegen in meine Augen.

»Das ist klar, völlig klar. Ach Mensch, so ein Horror. Jetzt hoffen wir, dass Dr. Zipfel gleich Entwarnung geben kann und diese furchtbaren Sorgen verschwinden.« Ich nickte stumm.

»Jetzt machen wir erst einmal einen Ultraschall von deinem Hals und schauen nach, was du da für einen Hubbel hast, in Ordnung? Wollen wir mal sehen, was wir auf dem Bildschirm erkennen können? Hilfst du mir?« Mit seiner einfühlsamen Art schaffte Dr. Zipfel es tatsächlich, Lukas auf die Liege zu legen und den Schallknopf an seinen Hals anzusetzen. Zuvor hatte Dr. Zipfel vermutet, dass dies bestimmt nur eine kleine Zyste sei. Er konnte nicht wissen, dass dies genau die Worte waren, die mich endgültig in mein Knotentrauma zurückschleuderten. Auch das Zuziehen der Vorhänge, das Brummen des Ultraschallgeräts und die schwarz-weißen Bilder, die auf dem Bildschirm auftauchten, brachten tief verdrängte Ängste und schlimme Erinnerungen in mir hervor. Ein kaum aushaltbares Gefühl der Machtlosigkeit schien mich zu überwältigen.

»Das hier«, Dr. Zipfel zeigte auf den Bildschirm, »sind die ganz normalen kleinen Lymphknötchen, die wir alle im Halsbereich haben.«

Ich nickte. Wohlbekannt war mir diese Sicht auf das Innere des Halses, wurden bei mir noch immer alle drei Monate sämtliche Lymphknoten rund um den operierten Bereich von Dr. Zasius kontrolliert, vermessen und dokumentiert, um jegliche Veränderung frühestmöglich zu erkennen. Inzwischen wusste ich von den unzähligen Ultraschalluntersuchungen der letzten beiden Jahre, wie ein gesunder Lymphknoten in der Bildgebung auszusehen hatte und wie er sich von nicht gesunden unterschied. Sofort erkannte ich daher, dass der Bereich des Knotens, den Dr. Zipfel nun begann zu schallen, ganz anders ausschaute.

Der Arzt schwieg und starrte weiter auf den Bildschirm. Eine gefühlte Ewigkeit verging. Jeder Schlag meines Herzens tat weh, selbst die Stille im Raum schmerzte in meinen Ohren. Dann räusperte sich Dr. Zipfel. »Frau Käflein ...« Er schluckte. »Es tut mir leid, Ihnen nichts anderes sagen zu können, aber Lukas sollte so schnell wie möglich in die Kinderklinik. Das, was ich hier im Ultraschall erkenne, habe ich so noch nie gesehen. Nach einer harmlosen Zyste schaut es nicht aus. Ich mache Ihnen eine Überweisung fertig, in Ordnung?«

Ich starrte ihn an. Mein Puls hämmerte laut in meinen Ohren. Meine Hand streichelte automatisch Lukas' Kopf. Als ich spürte, wie mein Sohn bei Dr. Zipfels Worten zusammenzuckte, bewegten sich meine Lippen wie von selbst. Ich sagte: »Alles in Ordnung, mein Schatz, alles okay, keine Angst.«

Dr. Zipfel stand nun neben der Liege, auf der ich mit Lukas in meinem Schoß saß. Er legte seine Hand auf meine Schulter. »Brauchen Sie etwas zu trinken?«, fragte er.

Ich nickte und blieb bewegungslos sitzen. Lukas bohrte seinen Kopf tiefer in meinen Schoß. Wie ferngesteuert erhob ich mich, nahm ihn auf den Arm, verließ das Behandlungszimmer und ging Richtung Anmeldung, wo Dr. Zipfel und Frau Meyer miteinander sprachen. Als sie mich sahen, reichte mir Dr. Zipfel ein Glas Wasser, und Frau Meyer schob mir einen Stuhl hin, auf den ich mich mit Lukas fallen ließ. Während ich erfolglos versuchte, mit dem Wasser den Kloß in meinem Hals herunterzuspülen, hörte ich, wie Dr. Zipfel und Frau Meyer darüber sprachen, ob er, der Arzt, uns persönlich ins Krankenhaus fahren könne oder sie mir ein Taxi bestellen sollten.

Als Lukas erneut das Wort »Krankenhaus« hörte, begann er zu weinen, kletterte von meinem Schoß und rannte Richtung Tür. »Ich gehe nicht ins Krankenhaus!«, schrie er. Ich sprang auf, schnappte mir die Überweisung, die auf dem Tresen lag, und lief ihm nach. »Wir fahren mit der Bahn! Ich glaube, es ist besser, wenn wenigstens der Hinweg so normal wie möglich abläuft«, rief ich Dr. Zipfel und Frau Meyer zu.

»Alles Gute!«, wünschten sie mir, als ich die Praxis verließ und dem brüllenden Lukas ins Treppenhaus folgte.

Wie von einer unsichtbaren Kraft getrieben, lief ich mit dem tobenden Lukas zur Bahn, telefonierte mit Daniel und versuchte Lukas dann mit spontan erfundenen Rätseln abzulenken.

»Ich bin mal gespannt, durch wie viele Türen wir nachher gehen werden, bis wir im richtigen Zimmer sind.«

»Hilfst du mir beim Zählen?« Lukas sah mich mit seinen verheulten Augen an. Auf seiner blassen Haut hatten sich rote Stressflecken gebildet.

»Hmm ... na gut«, sagte er mürrisch und sah aus dem Fenster. »Aber ich zähle nur die Türen, und dann gehe ich wieder.«

Erleichtert darüber, dass er sich wenigstens ein bisschen beruhigt hatte, ließ ich mich tiefer in den Straßenbahnsitz sinken. Die Folgen der schlaflosen Nacht und der lähmenden Angst wurden spürbar. Meine Arme hingen tonnenschwer an meinem Körper herab. Erst jetzt bemerkte ich, dass ich noch immer die Überweisung in Händen hielt. Ich öffnete meine Handtasche, um sie dort zu verstauen, doch bevor ich den Reißverschluss wieder zuzog, fiel mein Blick noch einmal auf den rosafarbenen Schein. Was stand da? Erneut las ich die Worte im Feld »Überweisungsgrund«. Ich traute meinen Augen kaum. »Abklärung unklarer Raumforderung, linke Halsseite.« Exakt diese Worte standen schon einmal auf einem solchen Schein ... Ich begann zu zittern. Und dann das Datum. »Das kann doch nicht wahr sein«, entfuhr es mir. Der Schein fiel mir aus der Hand, fiel auf den schmutzigen Boden der Straßenbahn. Unfähig, mich zu bewegen, linste ich zu den Zahlen herunter. Genau das gleiche Datum, exakt der Tag wie damals bei mir, heute vor genau zwei Jahren ... Jetzt mit Lukas' Namen. Ich konnte es nicht fassen.

19

Albtraum reloaded

Immer neue Geschichten und Spiele dachte ich mir aus, um Lukas irgendwie ruhig zu halten und so die Untersuchungen möglich zu machen. Mit einer ungeheuren Energie wehrte er sich gegen alles und jeden während der vielen Stunden, die wir in der Notaufnahme der Kinderklinik verbrachten. Natürlich spürte er, wie angespannt ich selbst war, und zudem wusste er, was es bedeuten konnte, einen Hubbel am Hals zu haben. Selbst das leichte Beruhigungsmittel, das ihm die Assistenzärztin vor der Ultraschalluntersuchung geben wollte, spuckte er im hohen Bogen wieder aus. Fast übergab er sich vor lauter Würgen und Schreien.

Nachdem die junge Ärztin bei der Anamnese meine Vorgeschichte erfahren hatte, hatte sie augenblicklich den Oberarzt angefunkt. »Das ist mir zu heikel, ich bin noch nicht so erfahren im Schallen, und bei der erblichen Vorbelastung ...«, hatte sie gestammelt.

»Meine Art von Krebs ist aber nicht vererbbar, oder?«, hatte ich sie unterbrochen und immer wieder um ihre Bestätigung gebettelt, die jedoch ausblieb.

»So genau kann man das nie sagen, wir müssen jetzt erst einmal in Ruhe und Schritt für Schritt die nötigen Untersuchungen zur Abklärung durchlaufen.«

Ihrem Blick war anzusehen gewesen, dass sie sowohl mit meiner Vorgeschichte als auch mit Lukas' Wutausbrüchen überfordert war. Sichtlich erleichtert übergab sie uns später in die Hände eines deutlich älteren Oberarztes, der wortlos den Ultraschall durchführte, während drei Schwestern, ein Assistenzarzt und ich meinen Sohn festhalten mussten, der sich weiterhin mit aller Kraft gegen die Untersuchung wehrte.

Angespannt beobachtete ich die Gesichtszüge des Arztes. Er verzog jedoch keine Miene, während er den Ultraschallkopf über Lukas' Hals fuhr.

»Was sehen Sie?«, fragte ich ungeduldig.

Er reagierte nicht. Eine gefühlte Ewigkeit starrte er auf den Bildschirm, bis er dem Assistenzarzt sagte: »Lassen Sie ihn los. Habe genug gesehen.«

Lukas sprang auf meinen Arm und klammerte sich fest an mich. Er schnappte nach Luft und schluchzte so stark, dass sein ganzer Körper vibrierte.

»Was haben Sie gesehen?«, versuchte ich es erneut.

Der Oberarzt ging zum Waschbecken und wusch sich die Hände. »Schwierig zu sagen, was der Junge da hat«, nuschelte er. »Untypisches Bild.« Dann verließ er murmelnd den Raum, ohne sich von Lukas oder mir zu verabschieden.

»Und jetzt?« Verzweifelt sah ich den Assistenzarzt an, der nur mit den Schultern zuckte.

»Ich denke, der kommt gleich noch mal wieder«, versuchte er mich zu vertrösten.

Mein Handy klingelte irgendwo in meiner Handtasche. Einhändig griff ich hinein, um Lukas nicht absetzen zu müssen. Es war Daniel, der wissen wollte, ob es schon Neuigkeiten gäbe. Wir vereinbarten, dass er Mio von der Krabbelgruppe abholte, damit ich bei Lukas bleiben konnte. Theo hatte ich bereits auf dem Weg zu Dr. Zipfel Bescheid gegeben, dass Lukas krank sei, und ihn gefragt, ob es möglich wäre, dass Milena schon heute statt erst übermorgen zu ihm kommen könne. Theo hatte sofort zugestimmt.

Nachdem auch die Schwestern und der Assistenzarzt den Raum verlassen hatten, waren Lukas und ich alleine in dem abgedunkelten Raum. Weil ich mich kaum noch aufrecht halten konnte, legte ich mich mit ihm auf die Untersuchungsliege, von der aus er Maulwurf-Clips ansehen konnte, die in Dauerschleife auf einem Monitor an der Wand gezeigt wurden, um die kleinen Patienten von der Untersuchung abzulenken. Wenigstens erfüllten die Clips im Nachhinein ihren Sinn, und Lukas beruhigte sich ein wenig. Er kuschelte sich in meinen Arm und schaute erschöpft auf den Bildschirm. Sich zu entspannen war noch nie seine Stärke gewesen, aber so angespannt wie heute hatte ich ihn noch nie erlebt.

»Ach Luki, was ist hier nur los?«, flüsterte ich und küsste seine blonden, verschwitzten Haare. Ich spürte Tränen aufsteigen, aber auf gar keinen Fall durfte ich jetzt die Fassung verlieren.

Fast eine Stunde harrten wir so aus, bis die junge Ärztin von vorhin wieder hereinkam und sagte, dass man besprochen habe, Lukas erst einmal ein starkes Antibiotikum zu verabreichen. Man sei sich nicht sicher, was das für eine Raumforderung an seinem Hals sei. Die Ultraschall-Bildgebung sei zu ungenau. Es gäbe nun die Möglichkeit, ihn stationär aufzunehmen und die Antibiose intravenös zu verabreichen oder das Medikament oral einzunehmen und dann nach ein paar Tagen zu kontrollieren, ob die Raumforderung durch das Antibiotikum zurückgegangen sei.

»Also gehen Sie erst einmal nicht von etwas Bösartigem aus?«, fragte ich hoffnungsvoll.

»So kann ich das leider nicht sagen. Wir haben einige Ideen, was das sein könnte … Sollte das Antibiotikum nach fünf Tagen nicht angeschlagen haben, müssen wir leider davon ausgehen, dass die Raumforderung keine entzündliche Ursache hat.«

Ihren letzten Satz verdrängte ich sofort.

»Haben Sie noch Fragen?«, sagte die Ärztin, als sie mir den Arztbrief überreichte.

Viel zu viele, dachte ich. Aber den Antworten fühlte ich mich nicht gewachsen. »Nein«, erwiderte ich. »Ich denke, wir entscheiden uns für die orale Einnahme zu Hause.« Ich nahm Lukas an die Hand und lief mit ihm in schnellen Schritten Richtung Ausgang. Keine Sekunde hatte ich über die Option nachgedacht, ihn im Krankenhaus zu lassen. Was Lukas jetzt brauchte, war Ruhe, und diese würde er hier nicht finden.

Zurück in unserer Wohnung backten Lukas und ich Pfannkuchen, danach legten wir uns gemeinsam in mein Bett, um *Das Sams* zu lesen. Seit Mios Geburt war es das erste Mal, dass nur Lukas und ich in der Wohnung waren. Er sog meine Aufmerksamkeit förmlich in sich auf. Als er müde wurde, schlug ich ihm vor, heute ausnahmsweise bei mir in meinem großen Bett zu schlafen. Sofort stimmte er freudig zu. Hatte er sonst immer große Probleme mit dem Einschlafen, sank er nach diesem anstrengenden und aufwühlenden Tag bald in den Schlaf. Unbewusst hatte ich ihn auf meine linke Bettseite gebettet, wohl um den Knoten an seinem Hals nicht so deutlich sehen zu können. Jedes Mal, wenn mein Blick dennoch darauf fiel, zuckte ich zusammen.

Trotz meiner großen Erschöpfung fand ich nicht in den Schlaf. Immer wieder schreckte ich auf, sah nach Lukas und drückte ihn fest an mich. Beinahe die ganze Nacht über kraulte ich seinen Rücken oder seine Haare. Lange hatte er nicht mehr bei mir im Bett geschlafen. War es zu wenig Nähe für ihn gewesen? Zu wenig Zeit für meinen hochsensiblen Lukas? Wehrte sich sein kleiner Körper gegen all die vergangene Unruhe, rebellierte seine Seele nach den viel zu vielen Sorgen, die er in den letzten Jahren gehabt hatte? Gedanken wie messerscharfe Stiche bohrten sich schmerzlich in mein verzweifeltes Mutterherz.

Erst in den frühen Morgenstunden war mein Körper so kraftlos, dass er meinen ratternden Kopf endlich besiegte. Ich fiel in einen unruhigen Schlaf, träumte von Lukas, der eingesperrt im Quarantänezimmer der Strahlenklinik saß, die Arme ausstreckte und panisch nach mir schrie. Die Beule an seinem Hals blinkte grell und hektisch wie eine Warnlampe. Im Hintergrund waren ein schrilles Alarmsignal und das laute Ticken einer Uhr zu hören. Verzweifelt versuchte ich Lukas auf den Arm zu nehmen, doch ich knallte immer wieder hart gegen eine unsichtbare Trennwand, die es mir nicht möglich machte, zu ihm zu gelangen. Die ruppige Stationsschwester, die im Traum einer alten Hexe glich, lachte hässlich und rief mit knatternder Stimme: »Tjaaaahhhaaaaa, Frau Käflein, da haben Sie wohl Ihren Sohn angesteckt, hm? Sie haben es wohl nicht geschafft, besser auf ihn aufzupassen?! Hahahaha.«

Ihr fieses Lachen schallte noch in meinen Ohren, als ich zitternd und mit rasendem Herz aufschreckte. Mein Brustkorb bewegte sich hastig hoch und runter, der Atem war schnell und unregelmäßig.

Lukas hatte seinen Kopf im Schlaf auf meinen Bauch gelegt und bewegte sich mit meinem Atem. Noch bevor ich richtig wach wurde, schaltete sich mein Unterbewusstsein ein. Eindringlich wollte es meinen Augen vermitteln, die Schwellung an Lukas' Hals als deutlich kleiner wahrzunehmen. Im morgendlichen Dämmerlicht war ich mir zunächst nicht sicher. Hatte das Antibiotika von gestern etwa schon angeschlagen? Die Hoffnung, die mein Inneres flutete, war so stark, dass ich meine Lider wieder schloss. Ich wollte einfach nur dieses warme, positive Gefühl in mir spüren, was mir jedoch abrupt wieder genommen wurde, als ich kurz darauf mit der Taschenlampenfunktion meines Handys auf Lukas' Hals leuchtete und begriff, dass nur das Licht zu schwach gewesen war – der Knoten war über Nacht nicht im Geringsten kleiner geworden. Im Gegenteil. Fast noch bedrohlicher als gestern wirkte er auf mich, wie er sich beängstigend groß von seinem Hals abhob.

*

Lukas war so glücklich, dass er heute keine erneuten Untersuchungen über sich ergehen lassen musste, dass er selbst den Antibiotikasaft ohne Widerstand schluckte, den ich ihm am Tag zuvor noch mit Mühe hatte eintrichtern müssen. Den Vormittag verbrachten wir mit Lesen und Spielen, erst mittags kam meine Mutter mit Mio, den sie auf dem Weg von der Krabbelgruppe abgeholt hatte. Obwohl sie sich zusammenriss, entglitten ihre Gesichtszüge sichtbar, als sie Lukas' Hals erblickte. Stumm sahen wir uns an. Ihre ernste Miene ließ meine Hoffnung schwinden, von ihr etwas Beruhigendes zu hören. Als die Jungs ins Kinderzimmer gingen, nahm sie mich in den Arm und sagte: »Das darf nicht sein, Vera. Das darf einfach nicht wahr sein.« Ich nickte nur und verfolgte mit meinen Augen, wie die Kinder sich gerade ein Schiff aus Kartons bauten, mit dem sie davonsegeln wollten. »Irgendwohin, wo es ganz viel Eis und keine Ultraschalle gibt«, erklärte Lukas. Nur zu gerne nahmen wir neben ihm Platz auf seiner Jolle aus Karton. Und da saßen wir dann beisammen. Im selben Boot. Auf der Flucht vor Schall und Knall.

*

Per E-Mail schickte ich täglich Fotos von Lukas' Hals an Daniel und Carla und Ferdi. Gemeinsam suchten wir nach Indizien, dass der Knoten kleiner wurde. Egal wie vorteilhaft das Licht oder die Position war, auch am Morgen des vierten Tages war beim besten Willen kein Rückgang der Schwellung zu erkennen.

Als dann auch der erneute Ultraschall keine Veränderung zeigte, beschloss das Team der Ärztekonferenz, die für Lukas einberufen wurde, dass eine Operation nicht mehr zu umgehen sein würde. Es wurde ein MRT zwei Tage später geplant, ein Mittwoch, und donnerstags sollte die Operation stattfinden. Donnerstags, klar, wann sonst? Ich schüttelte mit dem Kopf und dachte an meine eigene OP vor zwei Jahren, die auch an einem Donnerstag stattgefunden hatte.

Da sich die Ärzte trotz mehrfacher Nachfragen nur seltsam schwammig äußerten, wollte ich vor einer möglichen Operation eine Zweitmeinung einholen. Möglicherweise konnte es sich ja doch nur um einen Infekt oder eine Entzündung handeln, auch wenn die Blutergebnisse darauf bisher keinen Hinweis gaben. Ein Freund meines Vaters organisierte uns den Kontakt zu einer Schweizer Kinderärztin, die als die Ultraschallexpertin im Kanton Basel galt. Sie erklärte sich dazu bereit, schon am nächsten Tag einen Ultraschall von Lukas' Hals zu machen und ihre Beurteilung abzugeben.

Wir fuhren in die Schweiz, bestachen Lukas mit Burger und Pommes nach der Untersuchung. Und dank der hilfsbereiten Ärztin, die sich bei uns mit ihrem Vornamen und in privater Kleidung vorstellte und somit für Lukas ungefährlicher erschien, war es möglich, dass sehr genaue und scharfe Ultraschallbilder gemacht werden konnten. So gut die Bilder in ihrer Qualität jedoch auch waren, sie halfen leider nicht, um mehr Klarheit über die Ursache des Knotens zu bekommen.

»Ich kann gut verstehen, wie belastend eine Operation für euch ist, aber sie ist leider das Einzige, zu was ich euch raten kann und muss«, sagte sie uns, nachdem sie Lukas eingehend geschallt hatte. Man müsse die histologische Untersuchung des Gewebes abwarten, um eine sichere Aussage darüber machen zu können, was der Grund für diese Raumforderung sei, fügte sie hinzu.

Diese fies vertrauten Begriffe in Zusammenhang mit meinem geliebten Kind raubten mir schier die Luft zum Atmen, und im Nachhinein kann ich mir kaum erklären, wie ich diese schrecklichen Tage überhaupt überstand. Erneut funktionierten die Notstromaggregate erstaunlich zuverlässig. Ich verhielt mich nach außen hin ruhig und besonnen und wollte so allen anderen und vor allem mir selbst vermitteln, dass dieses Mal kein Drama im Anmarsch sei.

Am Tag, an dem endgültig beschlossen wurde, dass Lukas noch in derselben Woche operiert werden müsse und damit verbunden ein stationärer Aufenthalt in der Kinderklinik unumgänglich sei, fing auch mein Körper an, auf den ungeheuren psychischen Stress zu reagieren. Er fühlte sich an wie ein einziger Ameisenhaufen. Hände, Arme, Kopfhaut, Gesicht, Beine – alles kribbelte. Wenn ich auf meine Wange klopfte, schnellte die andere Seite meines Gesichts davon. Dieser Kalziumcheck, den mir die Ärzte im Krankenhaus gezeigt hatten, gab mir zu verstehen, dass es höchste Zeit für eine Kalziuminfusion sei. Aber wann? Wenn ich zufällig daran dachte, nahm ich stattdessen zusätzliche Kalziumtabletten ein. Aus Angst vor miserablen Werten und damit verbunden womöglich selbst wieder stationär eingewiesen zu werden, ging ich nicht einmal zur wöchentlichen Blutkontrolle. Ich musste jetzt für Lukas da sein, es gab gar keine andere Möglichkeit, als weiter zu funktionieren. Physisch und psychisch.

Mit Daniel vereinbarte ich, dass immer einer von uns bei Lukas und der andere bei Mio sein sollte. Es tat mir in der Seele weh, Mios Augen zu sehen, als ich ihm erklärte, dass er die nächste Zeit ausnahmsweise alleine beim Papa oder bei der Mama sein würde, weil Lukas im Krankenhaus bleiben müsse. Nach außen hin schien er die Situation gut wegzustecken, im Inneren aber sah es bestimmt anders aus. Bei der inzwischen neunjährigen Milena kamen die Erinnerungen an meine Geschichte hoch, die schmerzhaften Parallelen. Ihr Gesichtsausdruck war wieder ernst geworden. Ich sprach mit ihr, versuchte, ihr die Ängste zu nehmen, sagte, dass meine Art von Krebs eigentlich nicht vererbbar sei. Das *eigentlich* versuchte ich herunterzuschlucken, dennoch verspürte ich nach meinen Worten keine Erleichterung bei der feinfühligen Milena. Sie kannte mich. Wie hätte ich es schaffen sollen, sie ehrlich zu beruhigen, wenn mir selbst die Angst meine Kehle zuschnürte?

*

Bereits die Kurznarkose für die MRT-Aufnahme am Tag vor der Operation brachten das Ärzteteam der Kinderklinik, Lukas und mich an den Rand der Verzweiflung. Die Anspannung vor der OP war nun noch größer geworden, zumal dann, als später auch die MRT-Bilder weder Entwarnung noch eine greifbare Erklärung für die Raumforderung geboten hatten. So blieb uns nichts anderes übrig, als irgendwie die letzte Nacht vor der OP zu überstehen, die wir bereits stationär in der Kinderklinik verbrachten.

Die Krankenschwester, die uns in unser Zimmer brachte, beobachtete verunsichert, wie sich Lukas im Aufzug ans Geländer festkrallte, sich dann im Flur auf den Boden warf und lauthals brüllte, dass er sofort abhauen und keine Sekunde länger im Krankenhaus bleiben werde. Die Energie, mit der er sich seit vielen Tagen gegen alles, was mit dem Knoten an seinem Hals zu tun hatte, wehrte, explodierte förmlich, als er merkte, dass es tatsächlich kein Zurück mehr gab.

»Schau mal, Lukas, das hier ist die Station, auf der dein Zimmer sein wird.« Vergeblich versuchte die Krankenschwester, Lukas' Aufmerksamkeit auf sich zu ziehen.

»Station Arche Noah« stand in großen, bunten Buchstaben auf der Stationstür. Und, ich erstarrte, in kleinerer Schrift darunter: »Kinderonkologische Station«. Augenblicklich wankte der Boden unter meinen Füßen. Lukas schlug um sich, und ich hatte Mühe, mein Gleichgewicht zu halten.

Die Schwester, der mein Blick beim Lesen der Worte nicht entgangen war, stammelte unsicher, dass es ja noch nicht ganz sicher sei, aber aufgrund der Symptome sei diese Station für Lukas zuständig.

»Mhm«, murmelte ich und folgte ihr mit dem tobenden Lukas in das Krankenhauszimmer.

Vier Betten standen in dem mittelgroßen Raum. Im hintersten Bett saß eine Mutter mit einem glatzköpfigen Kleinkind und las aus einem Buch vor. Als wir eintraten, sah sie hoch und lächelte uns zu. »Schau mal, Lara, wir bekommen neue Nachbarn.«

Das Mädchen winkte, sodass der Tropfbeutel, der am Infusionsständer neben ihrem Bett hing, ein wenig wackelte. Ihre Haut war blass, fast durchsichtig, auf ihrem kahlen kleinen Kopf zeichneten sich blaue Adern ab. Ich schluckte und stellte unsere Tasche neben dem uns zugeteilten Bett ab.

»Ihr könnt euch gern noch ein wenig auf der Station umschauen, bis es Abendessen gibt. Hier gibt es auch ein Spielzimmer.« Die Krankenschwester hatte sich mit dem letzten Satz an Lukas gewandt.

»Ich gehe eh gleich wieder nach Hause«, lautete entschieden seine Antwort, während er bereits auf dem Weg zur Tür war. Schnell folgte ich ihm, zusammen machten wir uns auf die Suche nach dem Spielzimmer. Die Bastelecke und der riesige Schrank mit Spielen, Puzzles und Bauklötzen schafften es immerhin ein wenig, Lukas runterzuholen und ein bisschen abzulenken.

Während er anfing, einen Turm aus den bunten Klötzen zu bauen, setzte ich mich auf einen kleinen Kinderstuhl. Ich zitterte am ganzen Körper und drückte meine Fußsohlen fest gegen den Boden. Durch die bunt bemalten Scheiben sah ich auf den Flur der Station. Ein glatzköpfiger Junge in Pampers und Body tapste, sich mit seinen kleinen Händchen am Tropfständer festhaltend, über den Flur. Sein Vater, der den Ständer von der anderen Seite aus schob, sagte lächelnd: »Super, Max, das klappt ja prima, schon vier Schritte hast du gemacht.« Der Junge lachte stolz, während er weitere Schritte versuchte. Sein Körper wirkte schwach, und dennoch kämpfte er sich tapfer Schritt für Schritt über den Flur. Als sich sein Vater kurz umdrehte, trafen sich unsere Blicke durch die Scheibe. Ich lächelte ihm zu, als er mir freundlich zunickte. Seine Augen leuchteten. In mir stiegen Tränen auf. Der offensichtliche Stolz dieses Vaters, der zwar glücklich, aber gleichzeitig voller Sorge wirkte, und sein tapferer Sohn, der auf dem Flur der Kinderkrebsstation am Tropfständer festklammernd gerade seine ersten Schritte machte, zerrissen mir beinahe das Herz.

Schon am ersten Tag in der Kinderklinik erfuhr ich hautnah, dass all die Erfahrungen, die ich in den letzten Jahren in Krankenhäusern gesammelt hatte, schlimm gewesen waren, sie aber nicht im Ansatz an das heranreichten, was ich hier in der Kinderklinik erlebte. Zu sehen, was der Krebs bei erwachsenen Patienten anrichten konnte, war furchtbar genug gewesen. Sich plötzlich inmitten kleinster Kinder zu befinden, die so jung schon gegen diese schreckliche Krankheit kämpften, und gleichzeitig zu wissen, dass es einen Grund hatte, warum die Ärzte für Lukas gerade diese Station ausgesucht hatten, war hingegen schlichtweg unerträglich. Es war die Brutalität der Eindrücke, die auf mich einprasselten und vor denen ich mich nur durch sofortiges Verdrängen schützen konnte. Das ist wohl auch der Grund dafür, warum ich nur wenig deutliche Erinnerungen an die folgenden Wochen habe.

20

»Hilf mir, Mama, bitte!«

Nie vergessen habe ich jedoch den Tag von Lukas' Operation.

Nach einer schlaflosen Nacht, in der ich meinem Sohn bis fünf Uhr morgens Geschichten vorgelesen hatte, da er sich mit aller Macht weigerte, in seinem Bett im Krankenhaus einzuschlafen, kamen wir beide zerschlagen im OP-Vorbereitungsraum an. Was dann folgte, überstieg alles, was ich bisher an Lukas' eigenwilligen und starrsinnigen Charakterzügen kennengelernt hatte. Mit einer unvorstellbaren Energie stemmte er sich so vehement gegen jegliche Vorbereitungsmaßnahmen des Klinikpersonals, dass es den Ärzten nicht einmal möglich war, ihm einen Beruhigungssaft vor der Narkose zu verabreichen. Er schrie und tobte so stark, dass sein Körper komplett mit roten Flecken übersät war und er kaum noch Luft bekam. Verzweifelt brüllte er, ich solle ihn auf den Arm nehmen und vor den Ärzten retten. »Hilf mir, Mama, bitteee!«

Da das gesamte OP-Team bereits wartete, entschied sich der Anästhesist dafür, Lukas per Gas, das aus einer Art Sauerstoffmaske strömte, zu betäuben. »Frau Käflein, wir haben jetzt keine andere Wahl«, rief er mir zu, während zwei Schwestern Lukas auf die Liege drückten. Dann legte der Anästhesist die Maske auf sein Gesicht und erstickte sein Schreien. Wenige Augenblicke später verdrehten sich Lukas' verheulte Augen, und sein Kopf fiel schlaff nach hinten. Mir wurde schlecht. Zügig wurde ich aus dem Raum gebeten und auf die Stühle im Wartebereich verwiesen. »Wir melden uns, wenn wir fertig sind«, hatte die Ärztin noch gesagt, bevor sich die Türen schlossen und die Stunden begannen, in denen ich nur noch warten konnte. Ich hatte weder gegessen noch getrunken, und alles, was ich bei mir hatte, war ein Stoffbeutel mit Lukas' Kuschelschwein Kimmy, seinem Lieblingsbilderbuch und meinem Handy. Mein Kopf hämmerte im Takt des flackernden Lichts auf dem Flur. Nachdem ich Daniel eine SMS geschrieben hatte, dass Lukas im OP sei, scrollte ich gedankenverloren in meinen Kontakten bis zu Dr. Keys Telefonnummer. Mit Tränen in den Augen begann ich eine Nachricht an ihn zu tippen: *Lukas ist gerade im OP, und ich mache mir solche Sorgen. Hoffentlich geht alles gut!* Ich drückte auf »Senden«, behielt das Handy aber weiterhin fest umklammert, bis es wenige Minuten später vibrierte. »Peter Key hat Ihnen eine Mitteilung gesendet.« Schnell entsperrte ich die Tastatur und öffnete Dr. Keys Antwort. *Ach herrje, du Arme ... Aber mach dir keine Sorgen, deine Art von Krebs ist ja nicht vererbbar. Das ist bestimmt was Gutartiges ... Alles wird gut! LG Peter*

Peters Worte – inzwischen waren wir zum Du übergegangen – hatten augenblicklich eine beruhigende Wirkung. Auch wenn er schon lange nicht mehr mein Arzt gewesen war und unser Kontakt nur noch privat ablief, war es dennoch seine medizinische Meinung, auf die ich noch immer am meisten gab.

Freundinnen und auch meine Mutter hatten angeboten, die Wartezeit mit mir gemeinsam zu verbringen, aber ich hatte dieses Angebot abgelehnt, da ich der Ansicht gewesen war, es sei einfacher, allein zu warten. So musste ich mich nicht unterhalten oder mich um andere kümmern. Rückblickend ist es erschreckend, wie wenig ich darauf geachtet habe, was mir selbst helfen würde. Stattdessen hatte ich meine Entscheidung stets davon abhängig gemacht, ob ich den anderen genügte.

*

Der Eingriff dauerte länger als geplant. Als die OP-Schwester endlich die Tür öffnete und mich reinwinkte, konnte ich mich kaum noch auf den Beinen halten. Ich folgte ihr schwankend in den Aufwachraum. Lukas würde noch schlafen, sagte sie, und ich solle nicht erschrecken, wenn er beim Wachwerden erst einmal neben sich stehe. Er sei dann noch sehr schwach und würde wahrscheinlich nicht sprechen.

»Ist die OP gut gelaufen?«, fragte ich auf dem Weg in den Aufwachraum.

»Ich darf dazu nichts sagen, das machen später die Ärzte, aber er scheint stabil zu sein.«

Ich seufzte, als ich Lukas erblickte. Blass lag er da. Infusionen liefen in seine Venen, und auf seinem Hals klebte ein Pflaster.

Auf seinem Hals ... Ein großes Pflaster ...

Schnell setzte ich mich auf sein Bett. Das Piepsen der Maschinen, der Geruch, der Anblick seines Halses – wie viel einfacher wäre es doch zu ertragen, selbst dort zu liegen. Das eigene Kind so zu sehen und zu wissen, welche Schmerzen es haben wird, sobald die Narkose nachließ, überstieg die Grausamkeit meiner eigenen Erinnerungen bei Weitem.

»So! Ist diese ›Opa-Ration‹ jetzt rum?«, fragte Lukas mich genervt, keine zwei Sekunden, nachdem er die Augen geöffnet hatte.

»Luki!« Vorsichtig legte ich mich neben ihn auf die Matratze und meinen Arm um ihn. Er schmiegte sich an mich, begann aber augenblicklich zu erklären, dass er jetzt sofort aufstehen und nach Hause gehen werde. »Jetzt haben sie den Knoten weggemacht, jetzt gehen wir heim.«

Auch die Schwester, die zu uns rübergekommen war, staunte, wie fit Lukas direkt nach dem Aufwachen aus dieser langen Narkose war. Als er den Zugang an seinem Arm entdeckte, versuchte er ihn abzuschütteln. Als er merkte, dass es ihm nicht gelang, begann er zu weinen.

»Bitte, Mama, mach mich hier ab und nimm mich mit nach Hause.« Wimmernd flehte er mich an. An seinen Augen sah man, wie benommen er noch war, aber es war unglaublich, wie sehr er schon wieder gegen alles kämpfte, was mit Krankenhaus zu tun hatte. Auch dass er sich kurz darauf, wohl aufgrund der Narkose, immer wieder heftig übergeben musste, hielt ihn nicht davon ab, vehement zu bekunden, dass er diesen Ort unbedingt verlassen wolle.

Seine unfassbare Energie ließ ihn nicht zur Ruhe kommen, sie brachte das Klinikpersonal sowie Daniel und mich in den folgenden Tagen und Nächten an unsere Grenzen. Mit Engelszungen redete ich auf ihn ein, versuchte mit selbst ausgedachten Geschichten und Spielen anstehende Untersuchungen und Pflasterwechsel für ihn erträglicher zu machen, scheiterte aber immer wieder. Rückblickend glaube ich eine Idee zu haben, woran das lag. In all den Wochen, in denen ich die schlimmsten Ängste, vermischt mit eigenen Flashbacks, erleben musste, hatte ich versucht, die Fassung zu bewahren. Hatte Lukas zeigen wollen, dass es keinen Grund zur Sorge gäbe und alles irgendwie gut werden würde. Unter allen Umständen hatte ich vermeiden wollen, dass er etwas von dem mitbekam, was ich selbst durchlebte, und ließ bei dieser Rechnung wohl außer Acht, dass ihm das Vertuschen meiner schlimmen Gefühle noch größere Angst gemacht hatte.

Aber manchmal muss man schwere Situationen wohl öfter durchleben, bis man manche Dinge begreift und daraus lernen kann ...

*

Die Tage nach der Operation waren emotional und körperlich für Lukas und auch Daniel und mich nur schwer zu ertragen. Obwohl ich viele der schlimmen Erinnerungen an die Zeit auf der Kinderkrebsstation so tief verdrängt und weggepackt hatte, dass sie selbst jetzt, beim Schreiben, nur langsam und verschwommen in mein Bewusstsein zurückkehren, kann ich mich an eine Szene dieser Tage noch ganz genau erinnern. Einige Tage nach Lukas' OP bekam ich auf dem Gang ein Gespräch zweier Schwesternschülerinnen mit. Die eine erzählte der anderen mit betroffener Stimme, dass der kleine Max, der so tapfer an seinem Tropfständer laufen gelernt hatte, reanimiert und auf die Intensivstation verlegt hatte werden müssen. Und auch das Gesicht seines Vaters, in das ich blickte, als ich ihn ein paar Tage später im Aufzug traf, werde ich niemals vergessen. In seinen Händen hielt er eine Kiste mit Spielsachen und Kleidung, und seine rot verweinten Augen, sein leerer Blick und die ernste Miene, mit der er mir zunickte, machten schmerzhaft klar, dass Max nie wieder mit diesen Sachen spielen würde.

Wie gelähmt hatte ich das Klinikgebäude daraufhin verlassen und mich auf den Weg zum Bahnhof gemacht, um Milena abzuholen, die aus ihrem Ferienlager zurückkehrte. Als der Bus anhielt und all die aufgeregten und lachenden Kinder in die Arme ihrer Eltern stürmten, brach ich in Tränen aus. Ich schwor mir, dass ich an keinem einzigen Tag meines Lebens vergessen wollte, dankbar zu sein, sollte ich das unfassbare Glück haben, dass all meine Kinder gesund werden und bleiben würden.

*

Nach fünf langen Tagen mit vielen, vielen Tränen, unzähligen Kämpfen, wutentbrannt selbst gezogenen Zugängen und fast gänzlich schlaflosen Nächten kam am Morgen des sechsten Tages nach Lukas' Operation endlich das Ergebnis der histologischen Untersuchung.

Daniel war bei Lukas, und ich hatte an diesem Tag Mio nicht in die Krabbelgruppe gebracht, sondern wollte mit ihm einen gemütlichen Vormittag zu Hause verbringen und Bilderbücher anschauen. Die letzten Wochen waren auch an ihm nicht spurlos vorbeigezogen, und ich versuchte ihm so ein wenig Ruhe zu ermöglichen. Ich lag mit Mio auf meinem Bett, er trank seine Flasche mit Tee, und beinahe hätte ich mein Handy nicht gehört, als es in meiner Tasche im Flur anfing zu klingeln. »Ellefon, Mama!« Mio hatte die Flasche abgesetzt und zeigte auf die Tür zum Flur. Ich sprang auf und zuckte zusammen, als ich Daniels Nummer auf dem Display erkannte. Oh Gott! Irgendwas musste passiert sein. Annie, die zu Besuch war und gerade Pfannkuchen machte, winkte ich durch die Küchenglastür zu und deutete ihr, kurz nach Mio zu schauen. Sie schaltete den Herd aus, stellte die Pfanne beiseite und eilte ins Wohnzimmer.

»Hallo?« Ängstlich lief ich ins Kinderzimmer der Jungs. »Hey!«, sagte Daniel. Ich lehnte meine Stirn gegen das Fenster und blickte in die Krone eines nahen Baumes, in der eine schwarze Krähe saß und mich zu fixieren schien. »Der Arzt war gerade da ...«

»Ja?« Mit einer Hand hielt ich mich am Fensterbrett fest.

»Es ist alles gut, Vera! Es ist kein Krebs.«

Ich schluchzte. »Wirklich?«

»Ja, es waren irgendwelche seltsamen Bakterien aus dem Mundraum, die sich, wie und warum auch immer, in einem Lymphknoten abgekapselt entzündet haben. Auch wenn es so verdammt ähnlich aussah und so vieles darauf hingedeutet hat ... es hat nichts mit deiner Geschichte zu tun. Es ist nichts Schlimmes, Vera! Wir müssen jetzt nur noch auf den Arztbrief warten, dann kriegt Luki das größte Eis der Welt, und danach geht es heim!« Daniel schrie die letzten Worte fast, so erleichtert war er. Im Hintergrund hörte ich Lukas glücklich jauchzen.

Meine Knie wurden weich, und auf einmal knurrte mein Magen wie verrückt. Ich hatte auf einmal wieder Hunger. Der Vogel schwang mit seinen Flügeln. Während eine kleine Freudenträne von meiner Wange auf die Fensterscheibe tropfte, beobachtete ich, wie er langsam davonflog. Schwerelos und federleicht.

*

Lukas erholte sich nach der Entwarnung erstaunlich schnell, nur die Narbe an seinem Hals erinnerte an die schlimme Zeit im Sommer. Jedes Mal, wenn ich sie ansah, löste die Ähnlichkeit mit meiner eigenen Narbe zwar Beklemmung bei mir aus, doch das beruhigende Wissen, dass es sich bei Lukas um keinen Krebs gehandelt hatte, überwog alle anderen Gefühle.

Ich selbst spürte noch Wochen nach seiner Operation, dass dieser unvorstellbare Schock mir stark zugesetzt hatte. Oft lag ich nachts wach, hatte wieder vermehrt mit Herzrhythmusstörungen zu kämpfen, und wenn ich es schaffte zu schlafen, träumte ich oft von der Kinderkrebsstation. Sah die kahlköpfigen Kinder, und allzu oft war es Lukas, der plötzlich keine Haare mehr auf dem Kopf hatte, und wieder mit einem Knoten am Hals. Nicht selten schreckte ich völlig panisch aus dem Schlaf auf und schlich mich dann auf Zehenspitzen ins Kinderzimmer, um zu sehen, ob bei Lukas alles in Ordnung war.

Ihm und auch den anderen Kindern versuchte ich eine möglichst sorglose Zeit zu bereiten, wir gingen reiten, machten kleinere Ausflüge und planten kurz nach meinem dreißigsten Geburtstag eine Mutter-Kind-Kur auf Borkum.

Die Wochen an der Nordsee taten uns unheimlich gut. Viel Zeit nur für uns, weit weg von Freiburg, weit weg von Ärzten und Krankenhäusern, dafür mit viel frischer Luft zum kräftigen Durchatmen.

Nach der langen Bahn- und Schiffreise angekommen, gingen wir vier gemeinsam an den Strand. Für Mio war es das erste Mal am Meer. Staunend beobachteten wir die Wellen. Dann wirbelte ich Mio durch die Luft und rannte, gefolgt vom jauchzenden Lukas und der radschlagenden Milena, zum Wasser, um nach Muscheln zu suchen. Der kalte Herbststurm blies uns um die Ohren, und es fing an zu regnen. Nachdem die wenigen anderen Spaziergänger vor dem schlechten Wetter geflohen waren, hatten wir den Strand ganz für uns alleine. Wir fühlten uns wie Könige, als kurz darauf auf einmal die Sonne hinter den Wolken hervorkam und sich ein riesiger Regenbogen über den Strand erstreckte.

Ich sah zu Milena, die am Wasser mit Muscheln Buchstaben gelegt hatte. Ich lief zu ihr, um lesen zu können, was sie geschrieben hatte. »DANKE« stand dort in großen Muschelbuchstaben nahe der brausenden Wellen.

»Oh, das ist aber schön!«, sagte ich.

Sie lächelte zufrieden, und während sie an einem dicken Ausrufezeichen arbeitete, sagte sie leise: »Danke ... weil alle wieder gesund sind und keiner mehr einen Knoten hat.«

»Danke!«, sagte ich glücklich. »Danke, dass ich deine Mama sein darf. Eure Mama.« Dann drehte ich mich um und brüllte so laut, wie es mein lädiertes Stimmband zuließ, in den Wind: »Danke! Danke, dass ich die drei tollsten Kinder der Welt habe!«

*

Der Kuraufenthalt ermöglichte es mir auch endlich, mich mit meinem eigenen Wohlbefinden zu beschäftigen. Seit meiner Schilddrüsenentnahme und der Hormonsubstitution hatte ich massive Probleme mit meinem Gewicht. Entgegen vieler ärztlicher Meinungen, die fortwährend den Standpunkt vertreten, dass eine Gewichtszunahme nichts mit einer Entnahme der Schilddrüse und der anschließenden Substitution zu tun hätte, machten ich und viele andere Schilddrüsenkrebspatienten, die ich in diversen Foren kennenlernte, sehr wohl die Erfahrung, dass es fortan unwahrscheinlich schwierig war, das Gewicht zu halten. Obwohl ich stets um eine gesunde Ernährung bemüht war und schließlich auch moderat mit Sport begonnen hatte, nahm ich stark zu und fühlte mich zunehmend unwohl in meinem Körper. In den vergangenen zwei Jahren hatte ich diverse Diäten und Ernährungsumstellungen ausprobiert, achtete penibel darauf, was ich aß, und war umso frustrierter, als das Gewicht trotzdem immer mehr statt weniger wurde.

Während der Kur las ich *SOS. Schlank ohne Sport*, ein Buch von Katharina Bachmann. Der Titel hatte mich anfangs zwar nicht besonders angesprochen, die Idee einer Entgiftung und die konkreten Essensvorschläge hatten mich dann aber überzeugt. So startete ich die einwöchige Entgiftung, die ich im Anschluss gleich dreimal wiederholte – so gut hatte sie getan. Endlich schien sich mein Körper von unguten Giftstoffen und nach und nach auch von einigen Kilos zu verabschieden. Obwohl der Abnehmerfolg deutlich geringer war, als bei gesunden Mitstreitern üblich, so war ich unglaublich glücklich, mich endlich wieder wohler und gesünder zu fühlen. Auch wenn mein künstlicher Hormonhaushalt mir sofort die Quittung in Form neuer Kilos brachte, wenn ich mich einige Tage nicht an das Prinzip der zucker-, milch- und weißmehlfreien Ernährung hielt, und mein Gewicht auch weiterhin stark schwankte, so hatte ich dennoch eine Ernährungsform gefunden, auf die mein Körper positiv reagierte und die mir gutzutun schien. Weiterhin sehr schmerzhaft waren und blieben die Kommentare jener, die glaubten, sie könnten sich ein Urteil darüber erlauben, woran es lag, dass ich auch weiterhin nie wieder die Figur zurückerlangte, die ich vor meiner Erkrankung hatte. Tipps wie »Iss halt ein bisschen weniger, ganz einfach!« schmerzen, wenn man seit Jahren auf fast alles verzichtet, was mit Zucker, Fett und Genuss zu tun hat, um dem Kampf gegen die Kilos einigermaßen Herr zu werden und nicht immer weiter zuzunehmen. Ein schilddrüsenloser Körper funktioniert völlig anders als vor der Entnahme. Sich bewegen und gesund ernähren spiegelt sich zwar nicht unbedingt auf der Waage wider wie früher, tut dem Körper aber dennoch wohl. Das habe ich irgendwann gelernt und versuche es weiterhin zu akzeptieren.

Nach unserer Rückkehr aus der Kur Ende November feierte ich mit meinen drei gut gelaunten und durch und durch erholten Kindern Silvester. Auch ich war frohen Mutes. Die positive Phase, davon war ich überzeugt, musste jetzt anhalten. Für 2017 wünschte ich uns endlich ein klinik- und katastrophenfreies Jahr voller Freude.

21

Immer und immer wieder

Über Nacht hatte es geschneit, der Schneematsch knirschte unter den Reifen meines Fahrrads. Ich fuhr langsamer, um mit dem Fahrradanhänger auf den rutschigen Straßen nicht ins Schleudern zu kommen. Nachdem ich den Kindergarten erreicht hatte, wollte ich das Verdeck des Hängers aufmachen, doch mit meinen eiskalten Händen fiel mir das Öffnen des Reißverschlusses noch schwerer als sonst. Feinmotorische Tätigkeiten allgemein bereiteten mir mit meinen tauben Händen große Schwierigkeiten, und ich dachte sehnsüchtig an den Sommer, denn dann mussten Kinderjackenreißverschlüsse nicht so oft zugezogen und geöffnet, Schuhsenkel nicht zugebunden werden. Schräg von der Seite angeguckt zu werden, wenn ich Lukas oder Mio an der Garderobe im Kindergarten anzog und dafür doppelt so lange brauchte wie die anderen Eltern – darauf konnte ich langsam verzichten. Anfangs erklärte ich mich, wenn ich merkte, dass ich beobachtet wurde. Hatte fast den Drang, mich zu entschuldigen. Inzwischen versuchte ich ruhig zu bleiben, mir die Zeit zu nehmen, die ich nun mal brauchte, und war der Meinung, dass die Leute, die sich über mich wunderten, sich ja an mich wenden könnten, sollten sie Fragen haben.

»So, geschafft!«, seufzte ich, während ich die Abdeckung nach oben schob, damit Lukas aussteigen konnte. Verdutzt sah ich ihn an. Sprang er mir sonst meist übermütig entgegen, saß er still da und sah durch die Folie nach außen.

»Hey, Luki, alles klar?«, fragte ich und streckte ihm die Arme entgegen. Langsam richtete er sich auf, kletterte auf meinen Arm und ließ sich in die Kita tragen. Seltsam. Normalerweise preschte er in den Raum und lief zu seinem Platz.

Irgendetwas war komisch. Während Lukas sich an der Garderobe die Hausschuhe anzog, sprach ich mit seiner Erzieherin. »Ich weiß nicht so recht, was er hat«, sagte ich und legte nachdenklich den Kopf schief.

»Ach, jetzt machen Sie sich nicht gleich wieder Sorgen«, erwiderte die Erzieherin. »Ihr Sohn sieht doch ganz fit aus. Der ist einfach ein bisschen müde. Gell, Luki?«

Ich kam mir blöd vor. Wir hatten viel zusammen durchgemacht, dennoch war ich immer bemüht gewesen, keine überbesorgte Mutter zu sein. Heute hatte ich dennoch ein komisches Gefühl. Aber wahrscheinlich hatte die Erzieherin recht. Ich seufzte und gab Lukas einen Kuss. »Der Papa holt dich heute Mittag ab. Dann ist Papa-Wochenende. Ganz viel Spaß wünsche ich euch.«

Draußen drehte ich mich noch einmal um und winkte ihm durch das Fenster zu. Blass und still saß er auf dem Sofa in der Mitte des Raumes. Um ihn herum tobten die anderen Kinder. Eine ungute Vorahnung beschlich mich, während ich auf mein Rad stieg und nach Hause fuhr.

*

Den Sonntag verbrachte ich mit meinem Patenkind, der kleinen Vera, und ihrer Mama, meiner Freundin Lisa, mit der ich schon gemeinsam die Schulbank gedrückt hatte und seit vielen Jahren befreundet war. Seit Veras Geburt, bei der ich Lisa vor zwei Jahren begleiten durfte, war durch die turbulenten Zeiten und die an sich schon vielen Termine und Verpflichtungen, die wir beide und die Kinder unter der Woche hatten, immer viel zu wenig Zeit für Treffen geblieben. Doch an diesem kinderfreien Wochenende wollte ich die beiden unbedingt wiedersehen.

Wir schlenderten durch den schneebedeckten Tierpark und beobachteten die verschiedenen Spuren im Schnee. Im Affenhaus sahen wir gerade bei der Fütterung zu, als mein Handy plötzlich vibrierte. Ohne zu wissen, wer mir geschrieben hatte, war ich augenblicklich in Habachtstellung. Meine Hände schwitzten, als ich mein Telefon aus der Tasche zog und sah, dass Daniel mir eine SMS geschrieben hatte. *Hey Vera, scheiße. Ich glaube, Lukas hat wieder einen Knoten am Hals.* Ich lehnte meinen Kopf gegen die Scheibe. Im Gehege nahm ein Äffchen Anlauf und schwang sich mit dem Seil zu einem nahen Baumstamm. »Uhhh uh uhhh«, schrie es. Schrill und laut hallte es in meinen Ohren.

*

Daniel holte mich mit den Jungs vor dem Eingang des Tierparks ab. Ich erschrak zutiefst, als ich den riesigen Knoten an Lukas' Hals sah. Knallrot und groß wie eine Orange war er. Wie konnte das so schnell passieren? Innerhalb weniger Tage ...

Lukas schrie wie am Spieß, schlug um sich und war kaum ansprechbar. Mio saß still daneben und blickte erschrocken drein. »Wir fahren ins Krankenhaus, damit sich die Ärzte Lukis Hals ansehen können«, erklärte ich ihm und streichelte abwechselnd sein Knie und den zappelnden Lukas.

Daniel versuchte sich auf den Verkehr zu konzentrieren. Es war bereits dunkel, als wir die Ambulanz der Kinderklinik erreichten. Lukas schlug wie von Sinnen gegen die Scheibe und schrie: »Ich geh nicht ins Krankenhaus! Nie wieder! Ich war schon viel zu oft dort. Ich will nicht mehr!« Sein Kopf war rot angelaufen, sein dünner Körper zitterte. Ich legte die Hand auf seinen Rücken und schwieg. Am liebsten hätte ich mitgeschrien, so gut konnte ich ihn verstehen …

Die Größe und die Schnelligkeit, mit der sich der Knoten in Lukas' Hals ausgebreitet hatte, war wohl der Grund dafür, dass das Ärzteteam der Kinderklinik noch beunruhigter wirkte als vor einem halben Jahr. Dass es etwas Bösartiges war, stand zwar nicht mehr im Raum, doch war der Entzündungswert in Lukas' Blut so hoch und die immense Schwellung so nah an der Luftröhre, dass sofort gehandelt werden musste. Noch in derselben Nacht wurde unter Vollnarkose ein MRT gemacht, und in den frühen Morgenstunden begann eine mehrstündige Not-OP. Dieses Mal handelte es sich nicht nur um einen einzelnen geschwollenen Lymphknoten, sondern ein ganzer Weichteilebereich in Lukas' kleinem Hals war betroffen und stark entzündet. Die Ärzte mussten die Stelle nach der OP offen lassen, da das natürliche Zuwachsen des operierten Bereichs für die Heilung zuträglicher war. So wachte Lukas nach mehreren Stunden Narkose mit einem deutlich sichtbaren Loch im Hals auf.

Auch wenn mich der Arzt, der ihn operiert hatte, vorgewarnt hatte, verlor ich beinahe das Bewusstsein, als ich ihn im Aufwachraum sah. Mit Infusionsständer, das OP-Hemd blutverschmiert und mit offenem Hals.

»Ich weiß, dass das kein einfach zu verarbeitender Anblick ist, Frau Käflein. Wir mussten uns aber sehr beeilen. Es war nicht mehr viel Zeit.« Der Arzt sah mich eindringlich an.

»Was hat er nur?«, schluchzte ich.

»Wenn wir das nur wüssten. Wir haben das befallene Gewebe ans Zentrum für Seltene Erkrankungen, das zur hiesigen Uniklinik gehört, zur Untersuchung geschickt. Anhand der MRT-Aufnahmen konnten wir auch diesmal keinen Fistelgang oder dergleichen in Lukas' Hals entdecken. Das wäre für uns die einzige Erklärung, wie Bakterien aus dem Mundraum ins Innere des Halses gelangen und sich dort entzünden können. Wir hatten einen solchen Fall noch nie. Das einzig Tröstende ist, dass es sich nicht um etwas Bösartiges handelt. Es scheint wieder irgendwas Entzündliches zu sein.« An seinem Blick erkannte ich, dass ihm wirklich leidtat, mir keine genaueren Erklärungen geben zu können.

Lukas schlief noch. Die Menge an Narkosemitteln, die man ihm verabreicht hatte, schien diesmal deutlich höher gewesen zu sein. Erst nach einer Stunde wachte er auf, war aber sehr benommen und musste sich mehrfach übergeben, bevor er etwas sagte. Daniel und ich saßen diesmal gemeinsam an seinem Bett und trösteten ihn, während er weinend langsam zu sich kam.

Auch in den nächsten Stunden und Tagen spürte man, dass Lukas' Körper deutlich geschwächter war als bei der ersten OP im Sommer. Weil die Ärzte dort ihn und seine Vorgeschichte bereits kannten, erhielten wir erneut auf der Kinderkrebsstation ein Zimmer. Diesmal jedoch ein Einzelzimmer, um das sich eine herbeigerufene Klinikpsychologin aufgrund Lukas' großem Krankenhaustrauma kümmerte. Das vereinfachte die Situation ein wenig.

Daniel nahm sich frei und blieb vor allem nachts bei Lukas. Auch den Geschwistern war anzumerken, wie sie dieses erneute unerwartete Ereignis schockierte und aus der Bahn warf. Mio war weinerlich und anhänglich, trennte sich nur schwer von mir, wenn ich morgens zu seinem Bruder in die Klinik ging, um Daniel abzulösen. Und Milena zog sich mit ihren zehn Jahren wieder mehr zurück, hatte die Leichtigkeit in ihrem Blick, über die ich mich die letzten Wochen so sehr gefreut hatte, mit einem Schlag verloren. Liebevoll hatte sie Lukas Girlanden und Poster gebastelt und ihm sämtliche ihrer Lieblingskuscheltiere vermacht und in die Klinik gebracht. Zu sehen, wie zutiefst liebevoll sich die Geschwister stets umeinander kümmerten, berührte mich sehr. Aber warum nur, dachte ich, ist es meinen drei wunderbaren Kindern nicht endlich einmal vergönnt, eine sorgenfreie Kindheit zu erleben?

Eines Morgens traf ich im Elternbadezimmer der Station die Mutter von Lara, jenem krebskranken Mädchen, das letzten Sommer anfangs auf unserem Zimmer gelegen war.

»Hallo!«, sagte ich erstaunt, gleichermaßen erfreut und besorgt, diese freundliche Frau abermals hier zu sehen. »Seid ihr auch gerade wieder hier?«

Sie blickte mich fragend an. »Was meinst du mit *wieder*? Wir waren die ganze Zeit hier.«

Für einen Moment starrte ich sie fassungslos an. »Oh, das tut mir leid.«

Sie zuckte mit den Achseln. »Da kann man nichts machen ... Meine Oma hat immer gesagt, der liebe Gott gibt schwere Aufgaben nur den starken Menschen. Und Lara ist stark.« Sie lächelte tapfer.

»Und sie hat eine sehr, sehr starke Mama.« Ich hatte plötzlich den Impuls, Laras Mutter zu umarmen, wie sie da erschöpft im Klinikbad stand und so voller Liebe von ihrer Tochter sprach, mit der sie seit über einem halben Jahr hier lebte. Kurz überlegte ich, ob es unangebracht war, aber dann folgte ich einfach meinem Gefühl. Ich weiß nicht, wie lange wir dort standen, beide weinend und uns gegenseitig haltend.

Am nächsten Tag hatte die Kinderklinik einen kleinen Fastnachtsumzug organisiert, damit auch die kranken Kinder ein bisschen Fastnacht feiern konnten.

Während ich mit Lukas auf dem Arm auf dem Klinikvorplatz stand und der Blaskapelle zusah, die sich gerade für ihren Auftritt vorbereitete, wurden nach und nach die kleinen Patienten im Kinderwagen oder im Rollstuhl nach draußen gefahren. Der Klinikclown war zuvor durch die Zimmer gegangen und hatte den Kindern angeboten, sie zu schminken.

Es war ein grauer und regnerischer Tag, und so schien es, als leuchteten die bunt geschminkten, sonst so kahlen Kinderköpfe noch mehr im tristen Grau des Klinikhofs. Viele von ihnen trugen einen Mundschutz und waren an Gerätschaften angeschlossen, während sie gespannt darauf warteten, dass die Musik begann. Die Dirigentin des Blasorchesters jedoch wollte nicht beginnen, sie stand aufgebracht neben ihrem Auto und schimpfte über eine kleine Schramme, die sie entdeckt hatte. Ihr Gesicht war tiefrot, und ihre Stimme überschlug sich fast. Einige Bläserkollegen stimmten munter in ihr Gemotze ein, während die kleinen bunten Chemo-Prinzessinnen und -Ritter geduldig auf fröhliche Musik warteten.

Lukas wurde immer schwerer auf meinem Arm und meine Wut immer stärker. Ich blickte zu Laras Mutter herüber. Sie hatte ihre Tochter in mehrere Decken gehüllt und ihren Tropfständer mit bunten Luftballons und Luftschlangen geschmückt. Laras zarter Glatzkopf war mit viel Rosa und Glitzer bemalt, und sie trug eine kleine silberne Krone. Mit großen Augen starrte sie zu der missmutigen Truppe.

»Warum schimpfen die so laut, Mama?«, fragte sie ängstlich und mit Tränen in den Augen. Obwohl die wütende Dame kurz herübergeblickt und deutlich erkannt haben musste, wie verunsichert die kranken Kinder auf ihr Gebrülle reagierten, schien sie sich nicht darum zu scheren. Sie polterte lauthals weiter. Lara begann zu schluchzen.

Nicht weinen, kleine Prinzessin, dachte ich. Bitte nicht.

Und dann lief ich los. Das war zu viel.

»Entschuldigung? Hier warten kleine Patienten sehnsüchtig darauf, dass der Umzug startet. Ich denke, es wäre gut, wenn Sie Ihren Ärger auf später verschieben würden. Wie Sie sehen, erschreckt es die Kinder, wenn Sie so laut schimpfen.« Ich hatte Mühe, meine Stimme zu kontrollieren.

Entgeistert sah mich die Dirigentin an. »Hören Sie mal. Ich werde von der Kinderklinik gebucht, steh hier keine fünf Minuten – und zack, habe ich einen Kratzer an meinem Wagen. Haben die Leute denn keine Augen im Kopf? Wissen Sie, was es bedeutet, einen Kratzer in einem Neuwagen zu haben?«

Ich atmete tief ein, um meine Stimme zurückzugewinnen. »Wissen *Sie* eigentlich, was es bedeutet, als Kind an diesem Ort Fastnacht feiern zu müssen?«, entgegnete ich und deutete auf die Gruppe erschöpfter Eltern und ihrer schwerkranken Kinder vor ihr und wies dann zu den Fenstern der Intensivstation, wo kleine Kindergesichter sehnsüchtig nach unten sahen und winkten.

Die Dirigentin schnaubte und drehte sich weg. Missmutig begann die Kapelle pseudofröhliche Musik zu blasen.

Der Anblick dieser mies gelaunten Musikertruppe, die lustlos zwanzig Minuten lang ihre Lieder spielte, und all der kleinen tapferen Könige, Ritter und Prinzessinnen, die ihr folgten oder von den Zimmern aus beobachteten, war in vielerlei Hinsicht das Traurigste, was ich je in meinem Leben gesehen habe.

*

Das histologische Ergebnis, das wir einige Tage später bekamen, verriet, dass es sich wieder um einen sehr seltenen Keim aus dem Mundraum handelte, der sich in den Weichteilen im Hals entzündet hatte – doch wie er dorthin gekommen war, blieb auch dem Zentrum für Seltene Erkrankungen ein Rätsel. So waren wir zwar heilfroh, als wir nach zwei Wochen endlich entlassen wurden, Erleichterung jedoch wollte sich nicht so recht einstellen. Die Zeit, in der das Loch an Lukas' Hals nach und nach zuwuchs und bis dahin täglich in der Klinik gespült werden musste, war kräftezehrend. Tag für Tag den Weg zurück in die Klinik hinter sich zu bringen, mit einem tobenden, sich sträubenden Fünfjährigen, erforderte viele von mir ausgedachte Geschichten, interaktive Spiele und endlose Nerven und Kraft. Zu wissen, dass irgendetwas in seinem Körper nicht richtig zu funktionieren schien, aber keine Antwort darauf zu haben, was genau es war, stellte zusätzlich eine permanente Anspannung dar. Sobald Lukas ein wenig schlapp wirkte oder nieste, zuckte ich zusammen und bekam Panik, dass der nächste Knoten im Anmarsch war. Es konnte zwar niemand sagen, ob noch einmal etwas kommen würde, aber dass er geheilt war und nun verschont bleiben würde, eben auch nicht.

Die ständige Sorge um Lukas und meine eigenen anhaltenden Hormon- und Kalziumschwankungen führten dazu, dass es mir 2017 körperlich wieder schlechter ging. Ich hatte es in der stressigen Zeit nicht geschafft, meine Ernährungsumstellung weiter durchzuziehen, und mein empfindlicher Körper hatte mir sofort die Quittung in Form von zehn zusätzlicher Kilos geliefert. Zwar verzichtete ich konsequent auf Zucker und Weißmehl, doch es gelang mir nicht, meine frühere Verfassung wiederzuerlangen. Weder innerlich noch äußerlich fühlte ich mich gut. Hinzu kam die ständige Habachtstellung, ob wieder etwas nicht stimmen würde. Glück sah anders aus. Doch wie gewohnt wollte ich den Kopf nicht hängen lassen. Es musste weitergehen. Und das tat es auch.

22

Ungeweinte Tränen können nicht trocknen

Im Juni wurde Mio drei Jahre alt und kam, zusammen mit Lukas, in einen neu eröffneten Kindergarten, den wir zu Fuß erreichen konnten. Täglich nicht mehr das Rad und den Hänger aus dem Keller tragen und die weiten Fahrtstrecken zurücklegen zu müssen, war eine große Entlastung. Noch viel befreiender war jedoch das Gefühl, in der neuen Einrichtung eine »ganz normale Familie« zu sein. Waren wir in der alten Kita »die krebskranke alleinerziehende Mama mit dem kranken Jungen« gewesen, konnten wir in der neuen Kita unvoreingenommen starten, was besonders den Kindern guttat. Der eh so schmale Lukas, der während der letzten Krankheitsphase extrem abgenommen hatte, sah zwar weiterhin blasser und schmaler aus als andere Kinder in seinem Alter, doch wenigstens wurde er in seinem neuen Umfeld nicht mehr von allen als der angeschlagene, nicht gesunde Junge gesehen.

Mit dem Kindergartenwechsel fiel mir beim zufälligen Durchsehen meiner Uni-Unterlagen auf, dass ich in den letzten zwei Jahren komplett vergessen hatte, mich um eine Verlängerung der Freistellung meines Studiums zu kümmern. Nach vielen Telefonaten zeigte sich, dass ein weiteres Urlaubssemester nur unter massiven finanziellen Einbußen, durch Wegfall von BAföG und dergleichen, möglich wäre. Doch da ich auf keinen Fall wollte, dass den Kindern und mir noch weniger Geld als ohnehin schon zur Verfügung stand und ich keine Kraft für einen Streit vor Gericht hatte, entschied ich mich dazu, mein

Studium spontan im aktuellen Semester zu Ende zu bringen. Dies bedeutete, dass ich innerhalb der nächsten sechs Wochen meine Bachelorarbeit schreiben und in diesem Sommer noch meine Abschlussprüfung absolvieren musste. Zwar war meine körperliche Verfassung noch immer nicht so, dass ich, was meine Arbeitsfähigkeit betraf, davon ausgehen konnte, meinen erlernten Beruf ausüben zu können, dennoch wollte ich mein Studium der Sozialen Arbeit nicht einfach so wegschmeißen. All die Jahre, die ich neben meinen kleinen Kindern in das Studium investiert hatte, hatten viel Energie gekostet, und außerdem wollte ich eine fertige Ausbildung haben.

Also schrieb ich noch während der Eingewöhnung von den Jungs im neuen Kindergarten, meist im Besprechungsraum der Erzieherinnen, die ersten Seiten meiner Abschlussarbeit. Ab mittags saß ich dann mit dem Laptop oder den unzähligen Büchern auf Spielplätzen oder der Grünfläche hinter unserem Haus, während die Kinder spielten. Oder ich nahm die Angebote meiner Freunde und der verschiedenen Großeltern an, die sich einige Stunden lang um die Kinder kümmern wollten und mir so Zeit zum Schreiben einräumten. Es waren intensive, stressige Wochen, und zuweilen war es auch mühsam, nach zwei, drei Stunden Schlaf aufzustehen. Doch war diese Art der Belastung nicht vergleichbar mit dem, was ich die letzten Jahre durchgestanden hatte.

Mitte Juli freute ich mich, dass ich es innerhalb weniger Wochen tatsächlich schaffte, meine Arbeit in endlosen Nachtschichten fertigzustellen und mein Studium mit einem Einserschnitt zu beenden.

Es erstaunte mich, wie sehr mein Umfeld diese vergleichsweise einfache Hürde hervorhob. Keine Frage, es war bestimmt eine Leistung gewesen, in meiner Situation einen erfolgreichen Uni-Abschluss hinzukriegen, doch empfand ich all die anderen Prüfungen, die ich in den Jahren zuvor hatte durchstehen müssen, als deutlich schwerer und anerkennungswürdiger. Gegen den Tod zu kämpfen, krank durch eine Trennung zu kommen und um das Leben eines Kindes zu bangen, stellten für mich bei Weitem größere Herausforderungen dar, als ein paar Wochen die Zähne zusammenzubeißen und das Studium zu beenden. In dieser Zeit spürte ich oft, wie sehr sich mein Leben in den letzten Jahren entwickelt hatte und wie stark sich meine inneren Einstellungen und Wertvorstellungen verändert hatten.

So versuchte ich auch, als ich nach meinem erfolgreichen Studienabschluss von Amtsärzten bei einer großen Untersuchung aufgrund meiner zahlreichen, weiterhin andauernden gesundheitlichen Schwierigkeiten als arbeitsunfähig eingestuft wurde, den Kopf nicht hängen zu lassen. Stattdessen wollte ich mich darüber freuen, wieder so fit zu sein, dass ich mich immerhin alleine um meine Kinder kümmern und unseren Alltag managen konnte.

Ob es für mein Selbstwertgefühl nicht problematisch sei, mit dreißig aus dem Berufsleben aussortiert zu werden, wurde ich einmal von einer Freundin gefragt. Natürlich sei die Vorstellung, die ich einst von meinem Leben gehabt hatte, eine ganz andere gewesen, antwortete ich ihr. Zu akzeptieren, dass der Körper nie wieder in einer solch gesunden Verfassung sein wird wie vor der Erkrankung und deswegen nicht ausreichend funktionieren zu können, um für die Kinder und mich eigenes Geld zu verdienen, tat mir in der Seele weh.

Ich versuchte, mit einer sehr gesunden und bewussten Lebensweise meine Genesung voranzutreiben und meinen körperlichen Zustand zu verbessern. Mehr konnte ich nicht tun. Natürlich hätte ich direkt nach dem Studium liebend gerne meinen Berufsweg gestartet und die Kirschen meines Studiums geerntet. Doch mein Leben war eben anders als ursprünglich geplant gelaufen. Sollte ich nun hadern und mich darüber grämen, was alles nicht mehr möglich war? Oder war es nicht sinnvoller, stattdessen glücklich darüber zu sein, dass ich trotz dieser schlimmen Krankheit noch immer für meine Kinder da sein konnte? Ich durfte sie aufwachsen sehen und ihnen eine schöne Kindheit bieten, in der es zwar sehr begrenzte finanzielle Möglichkeiten, aber stets reichlich und zu jeder Zeit unbegrenzte Liebe für sie gab.

*

Im September 2017 wechselte Milena in die fünfte Klasse, und Theo und ich applaudierten gerührt und voller Stolz, als sie vom Direktor ihrer neuen Schule nun offiziell als Gymnasiastin begrüßt wurde.

Es begann ein relativ ruhiger Herbst für uns alle. Nachdem meine Frauenärztin bei einer Routineuntersuchung etwas Unklares in meiner Gebärmutter entdeckt hatte, musste ich zwar für eine kleinere OP noch einmal ins Krankenhaus. Doch der Tumor stellte sich Gott sei Dank als gutartig heraus, und ich erholte mich schnell. Die Tage, in denen ich auf das histologische Ergebnis hatte warten müssen, waren zwar wieder aufwühlend gewesen, aber langsam schien ich einen Weg gefunden zu haben, mich nicht mehr völlig von meinen Ängsten bestimmen zu lassen. Das gelang mir wohl auch deswegen viel besser, weil ich seit einiger Zeit nicht mehr alleine war, sondern fortan einen ganz besonderen Menschen an meiner Seite hatte, der nicht nur für mich, sondern auch für meine Kinder zu einer großen Stütze wurde. Das Gefühl, sich anlehnen zu können und nicht mehr permanent stark sein zu müssen, war ungemein beruhigend und wohltuend.

Hoffnungsvoll feierten wir zu fünft ins neue Jahr hinein und wünschten uns einmal mehr, dass 2018 nun wirklich einmal ein katastrophen- und klinikfreies Jahr für uns werden würde.

Als Lukas dann im Januar, exakt ein Jahr nach seiner letzten OP, über Halsschmerzen klagte – »Aber nicht innen, sondern da außen« –, verspürte ich zum ersten Mal viel mehr Wut, Frust und Resignation als reine Angst. Sogar eine Portion Selbstmitleid schlich sich erstmals mit ein, als wir erneut durch die Pforte der Kinderklinik liefen, der weinende, sich sträubende Lukas an meiner Hand und die gepackte Kliniktasche in der anderen.

Schnell wurde erkannt, dass es sich weder um einen entzündeten Lymphknoten noch um Weichteile des Halsraumes handelte, sondern dass dieses Mal die Schilddrüse betroffen war. Als dann tatsächlich dieselben Ärzte aus der Nuklearmedizin anmarschierten, die mich vor vier Jahren untersucht hatten, empfand ich das alles als so abstrus und ungerecht, dass mir langsam die Worte ausgingen.

Man überlegte, ob man nun auch Lukas die Schilddrüse entnehmen müsse, entschied sich dann aber aufgrund der unklaren Sachlage und der wieder unzähligen Fragezeichen dafür, mit einer intravenösen Antibiose zu starten und den Verlauf abzuwarten.

Wir bekamen dasselbe Zimmer wie vor einem Jahr. Beim Legen des Zugangs hatte Lukas so heftig geschrien, dass er sich übergeben musste. Danach war er dermaßen erschöpft, dass er ein wenig ruhiger wurde. Als die Krankenschwester kam, um den Zugang noch einmal zu kontrollieren und den ersten Tropf anzuhängen, sah ihr Lukas still und ganz ohne Brüllen dabei zu. Plötzlich sagte er: »Schau mal, Mama, mein Verschlusskäppchen ist blau. Deines damals war immer grün.«

Ich starrte ihn an. »Du kannst dich noch an die Farbe meines Zugangs erinnern?«, fragte ich bestürzt. Lukas war inzwischen fast sechs Jahre alt, die Zeit meiner stationären Behandlung lag knapp vier Jahre zurück.

»Ja klar! Und auf dem Bild über deinem Bett waren Äpfel und Bananen, und an deiner Nase war ein Schlauch, aus dem so kitzelige Luft herauskam.«

Ich musste schlucken und setzte mich zu ihm aufs Bett. All die Jahre hatte er weder mit mir noch mit seinen Erzieherinnen oder der Heilpädagogin je über meine Erkrankung geredet, und ich war davon ausgegangen, dass er die Eindrücke, die er damals als gerade mal Zweijähriger gesammelt hatte, längst vergessen hatte. Nun aber hörte er gar nicht mehr auf mit dem Erzählen. Die Schwester nickte mir vielsagend zu und verließ leise das Zimmer. Als hätte jemand bei ihm einen Schalter umgelegt, sprudelte es nur so aus ihm heraus. Er erzählte, wie viele Türen zwischen dem Eingang nach dem Aufzug und meinem Zimmer gewesen waren, wie die Maschine neben meinem Bett getutet hatte, und davon, wie er sich immer gefragt hatte, wie oft er mich mit Papa noch besuchen müsse, bis der Krebs endlich wegläuft und Mio und ich wieder nach Hause kommen würden. Während er redete und redete, war er zu mir auf den Schoß geklettert und schmiegte sich mit seinem dünnen Körper an mich.

Irgendwann, nach einer kurzen Pause, sagte er: »Mama, weißt du, was ich ziemlich doof finde? Die anderen Kinder im Kindergarten fahren immer in Urlaub, und manche fliegen sogar mit dem Flugzeug weg, und du und ich, wir sind noch nie weggeflogen, wir waren immer nur im Krankenhaus.«

»Das stimmt, Luki«, flüsterte ich und fing zu weinen an. »Das ist wirklich ziemlich, ziemlich doof.«

Fast ein bisschen fasziniert sah mich mein Sohn an.

»Schau, jetzt weint die Mama auch mal«, schluchzte ich und fügte leise hinzu: »Ich bin gerade ganz schön traurig, dass wir schon so oft krank waren und jetzt schon wieder im Krankenhaus sein müssen, weißt du?« Ich drückte Lukas fest an mich. Auf einmal ungewohnt ruhig und entspannt lag er in meinem Arm, während weiter all jene Erinnerungen aus ihm heraussprudelten, die er jahrelang tief in seiner kleinen Kinderseele eingepackt und alleine mit sich herumgetragen hatte.

*

Am Tag darauf wehrte sich Lukas zwar noch einmal so heftig gegen die Narkosegabe vor der MRT-Untersuchung, dass diese beinahe abgesagt werden musste. Doch irgendwann schaffte ich es, ihn zu überreden, dann eben ohne Narkose und dafür mit mir gemeinsam in die Röhre geschoben zu werden. Was zählt schon ein eigenes Trauma, wenn das Kind einen braucht? Und so verbrachte ich fast eine halbe Stunde in Liegestützposition über ihm im Kinder-MRT, animierte ihn dazu, die Klopfgeräusche zu zählen, sang mit ihm Lieder, die zu dem Rhythmus passten, und konnte kaum glauben, wie sich während dieser Zeit nicht nur seine Laune deutlich besserte, sondern wir gegen Ende der Untersuchung sogar ermahnt wurden, nicht zu sehr zu lachen und dabei zu wackeln, damit die Bilder scharf genug werden konnten. Dr. Meier, der Chefarzt, der uns schon die letzten Male in der Klinik betreut hatte, drückte mich später herzlich und sagte, dass er tiefsten Respekt davor habe, wie ich die Situation mit Lukas gemeistert hätte.

Sowohl die unauffällige MRT-Bildgebung als auch die erneute Ultraschalluntersuchung zwei Tage später zeigten, dass die diffuse und nicht so recht definierbare Entzündung im Bereich der Schilddrüse erkennbar zurückgegangen war. Der

Hals tat auch nicht mehr weh, und als Dr. Meier zur Visite kam, sagte er: »Lukas, da war die Zaubermedizin dieses Mal wohl schneller als der Knoten. Dieses Mal müssen wir gar nicht operieren.« Dann wandte er sich zu mir. »Im MRT war wieder kein Fistelgang zu erkennen. Es ist uns wirklich ein Rätsel, was diese drei unerklärlichen Entzündungen jeweils ausgelöst hat. Da wir keinerlei Anhaltspunkte haben und es Lukas jetzt wieder gut geht, können wir Ihren Sohn als gesund entlassen. Das Antibiotikum hat endlich mal geholfen.«

Schon wieder schossen Tränen in meine Augen. Noch nie zuvor hatte ich so viel geweint wie in den letzten fünf Tagen. Völlig aufgelöst. Gelöst. Von Hunderten Tränen, die ich viel zu lange in mir gehalten und ihnen so die Chance zum Trocknen genommen hatte.

Ich sah zu Lukas, der fröhlich auf seinem Krankenhausbett herumsprang. »So gut gelaunt haben wir dich ja noch nie erlebt, Lukas«, sagte Dr. Meier und lachte.

»Das stimmt«, erwiderte ich. Und tief in mir drin wusste ich, dass es nicht nur das Antibiotikum war, das ihm dieses Mal geholfen hatte ...

*

Zwar konnte uns weiterhin niemand sagen, ob Lukas nicht nochmals von solcherlei unerklärlichen Entzündungen heimgesucht werden würde, doch als wir an jenem sonnigen Februarmorgen die Kinderklinik verließen, sagte mir mein Bauchgefühl, dass es absolut keinen Grund mehr gäbe, sich zu sorgen. Ich atmete die kalte, klare Winterluft ein, schloss die Augen und fühlte mich unglaublich ruhig.

Bevor wir den Parkplatz verließen, drehte sich Lukas noch einmal um und winkte dem roten Gebäude zu. »Tschühüüss,

Kinderklinik! Ich glaube, jetzt war ich echt oft genug hier, ab jetzt bleibe ich gesund.«

Sein Blick, seine Stimme und seine Laune verrieten, dass sich in den letzten Tagen tatsächlich etwas in ihm verändert hatte. Vielleicht lag es auch ein wenig daran, dass ich das erste Mal in all den Jahren keine Kraft mehr hatte, meine eigenen Gefühle zu verstecken, und ihm offen gezeigt hatte, wie traurig und wütend auch ich über die Situation war. Vielleicht lag es aber auch daran, dass er die Erfahrung machen durfte, auch ohne schmerzhafte Operation zu heilen und die Untersuchungen besser zu überstehen, wenn er kooperierte und vertraute. Irgendein innerer Widerstand schien jedenfalls gelöst. Und vor allem hatte er begonnen, darüber zu sprechen, was ihn belastete und lange, lange Zeit belastet hatte. Auf irgendeine Weise schien er Frieden geschlossen zu haben. Mit den Ärzten und dem Krankenhaus. Und mit den Knoten. Seinen wie meinen.

Und so leben wir heute

Lukas ist seitdem nicht mehr ernsthaft erkrankt, und auch ich bin noch immer tumorfrei, gelte aber offiziell noch nicht als geheilt. Dennoch fühle ich mich weitestgehend gesund. Das Gefühl in Händen und Füßen ist zwar noch nicht zurückgekommen, mein Stimmband wird gelähmt bleiben und meine allgemeine Verfassung wird bestimmt nie wieder so sein wie vor meiner Erkrankung, doch über die Jahre habe ich irgendwann aufgehört, zwanghaft auf Besserung zu hoffen. Ich habe akzeptiert, dass sich gewisse Dinge nicht mehr ändern lassen, und statt mich darüber zu ärgern, habe ich begonnen, meine Energie lieber in die Bereiche zu investieren, auf die ich weiterhin Einfluss nehmen kann.

Lukas besucht inzwischen die Grundschule, geht in die zweite Klasse. Er lernt schnell und ist beim Rechnen und auch in den kreativen Bereichen äußerst begabt. Er liest viel und schreibt eigene Geschichten über das, was er erlebt hat, oder das, was er gerne noch erleben möchte.

Milena ist inzwischen dreizehn Jahre alt und fast genauso groß wie ich. Weiterhin ist sie sehr verantwortungsvoll, hat aber in den letzten beiden Jahren, in denen wir von großen Dramen verschont blieben, eine neue fröhliche Sorglosigkeit entwickelt. Ich habe das Gefühl, dass sie sich jetzt, wo sie sich weder um ihre Mama noch um ihren kleinen Bruder sorgen muss, auf sich selbst konzentrieren kann. In den letzten Monaten wuchs sie im Eiltempo zu einer fröhlichen, sehr selbstbewussten und wunderschönen jungen Frau heran.

Die eingekehrte Ruhe in unserem Familienleben tut unserer Mutter-Tochter-Beziehung unglaublich gut. Oft sitzen wir abends, wenn die Kleinen schlafen, stundenlang zusammen, quatschen oder schauen uns einen Film an. Wir lieben es, so unbeschwerte Stunden miteinander zu verbringen.

Und selbst mein kleiner Mio ist langsam ganz schön groß. Schon bald wird er eingeschult. Auch wenn er sich an die lange Zeit, die er mit mir am Anfang seines Lebens im Krankenhaus verbracht hat, nicht mehr erinnern kann, spüre ich doch, dass das starke und so besondere Band, das damals zwischen uns entstanden ist, uns noch immer verbindet.

Ich freue mich darüber, dass sich meine Kinder zu solch fröhlichen und glücklichen Menschen entwickelt haben, trotz der vielen Schicksalsschläge der letzten Jahre. Auch wenn ich mir eine mehr unbeschwerte Kindheit für sie gewünscht hatte, glaube ich, dass wir trotz allem auch viel Positives aus dieser Zeit für uns mitnehmen konnten. Zu spüren, dass wir gemeinsam jede noch so große Hürde angepackt und schlussendlich immer bewältigt haben, hat uns als Familie einen unglaublich starken Zusammenhalt geschenkt. Zufrieden den Moment zu genießen, ohne dafür viel zu brauchen, ist etwas, was meine Kinder schon früh gelernt haben und bestimmt immer in sich tragen werden. Ich weiß, dass ich ihnen vieles, was ich selbst erst durch meine Krankheit, das Leben und mich selbst erfahren und verstanden habe, nicht hätte weitergeben können, wenn ich es nicht durch diese intensive Weise gelernt hätte.

Bestimmt macht alles im Leben immer irgendwie einen Sinn. Es hat lange gebraucht, doch heute bin ich mir sicher, dass der Knoten an meinem Hals auch ein Zeichen dafür gewesen war, dass ich zeitlebens viel zu viele Dinge geschluckt hatte und lernen musste, nicht immer nur auf alle anderen, sondern auch mal auf mich selbst zu achten.

Inzwischen nehme ich Warnsignale meines Körpers wahr, grenze mich von Menschen, die mir nicht guttun, besser ab, um Stress und negativen Gefühlen entgegenzuwirken, die, wenn man sie zu lange unverarbeitet in sich trägt, schlichtweg krank machen.

Durch die vielen schlimmen Dinge, die ich in den letzten Jahren erlebt und miterlebt habe, fällt es mir noch leichter als früher, die schönen Dinge zu genießen und wertzuschätzen. Selbst wenn ich nicht viel Materielles besitze, nicht mehr so leistungsfähig bin wie einst und das vielleicht auch nie wieder sein werde, fühle ich mich heute so reich wie nie. Jeden Morgen mit dem Wissen aufzuwachen, nicht krank zu sein, drei gesunde, glückliche Kinder zu haben und Menschen, die ich liebe und die mich lieben, an meiner Seite zu haben, ist das größte Geschenk, das ich mir vorstellen kann.

Über dieses Buch

Dieses Buch zu schreiben, war nicht einfach für mich.

Sich noch einmal so intensiv mit diesen besonderen Jahren meines Lebens zu beschäftigen, hat vieles aufgewühlt und mich die schweren Momente ab und an sogar noch bewusster und dadurch schmerzhafter durchleben lassen als damals.

Auch war es schwierig gewesen zu entscheiden, welche Erlebnisse ich erzähle und welche Erinnerungen ich lieber nicht öffentlich teilen oder weiter vertiefen mochte. So gibt es sicherlich Facetten in meinem Leben, die ich wenig oder nur spärlich beleuchtet habe. Es ist wohl auch kaum möglich, alle Gefühle, Erlebnisse, Wandlungen und Verläufe, die ich in den letzten fünf Jahren erlebt habe, in ein einziges Buch zu packen. Doch heute ist ja nicht aller Tage Abend … Manches mag vielleicht an anderer Stelle noch weiter vertieft werden.

Allzu schnell neigt man dazu, selbst nach schweren Krisen wieder im Alltag zu versinken und zu vergessen, etwa wie wertvoll es ist, jeden Tag aufstehen und selbstständig am Leben teilhaben zu dürfen. Weil mir unendlich wichtig ist, den Alltag achtsam anzunehmen und nie zu vergessen, dankbar zu sein, habe ich auch aus diesem Grund heraus dieses Buch geschrieben. Es soll meine Kinder, mich und vielleicht noch den ein oder anderen daran erinnern, wie wunderschön, aber leider nicht selbstverständlich das Leben ist. Und dass es, egal wie dunkel es scheinen mag, immer irgendwie weitergeht.

Dank

Ich hatte das große Glück, immer Menschen um mich zu haben, auf die ich zählen konnte. Sie sind hier zwar bei Weitem nicht alle namentlich erwähnt, doch trage ich die Dankbarkeit für jeden Einzelnen von ihnen in meinem Herzen.

Erwähnen möchte ich neben meiner Familie und meinen engsten Herzensfreunden natürlich Annie, aber auch einen weiteren, ganz besonderen Menschen in meinem Leben, der stets an mich glaubte und mich stützte, selbst nachdem ich während des Schreibens eine Weile vom Weg abgekommen und mich verlaufen hatte. Danke für all die Liebe und den Halt und das Gefühl, zu Hause zu sein.

Am meisten aber danke ich meinen Kindern. Durch unsere tiefe Liebe zueinander gelingt es uns immer wieder, Berge zu versetzen, seien sie noch so groß. Ihr habt mich stets daran erinnert, wie kostbar das Leben ist und dass es sich zu jeder Zeit lohnt, darum zu kämpfen. Mein größter Wunsch ist es, dass euch all die Wärme und die Zuversicht zurückgegeben wird, die ihr mir stets geschenkt habt. Gemeinsam haben wir es geschafft, den ollen Krebs zu besiegen und alle weiteren Prüfungen der letzten Jahre zu bestehen.

Danke, dass es euch gibt.

Ich liebe euch von ganzem Herzen.

Ihr wart die größte Hilfe, die ich mir hätte wünschen können …

Ihr wart mein Licht an dunklen Tagen.

Die bewegende Geschichte einer Rettung

Martin Pistorius
ALS ICH UNSICHTBAR
WAR
Die Welt aus der Sicht
eines Jungen, der 11
Jahre als hirntot galt
Aus dem Englischen
von Axel Plantiko
344 Seiten
mit Abbildungen
ISBN 978-3-404-60356-5

Martin ist zwölf, als ihn eine rätselhafte Krankheit befällt: Er verliert seine Sprache, die Kontrolle über seinen Körper, ist nach wenigen Monaten völlig hilflos. Die Ärzte sagen seinen Eltern, er werde für immer schwerstbehindert bleiben. Was niemand ahnte: Im Kokon seines Körpers verbirgt sich ein schrittweise erwachender Geist und eine zutiefst lebendige Seele.
Martin Pistorius erzählt bewegend und absolut authentisch, was ihn in den elf Jahren der Hilflosigkeit am Leben gehalten hat.

»Tief berührend und an manchen Stellen absolut schockierend ...
Wie ‚Schmetterling und Taucherglocke' – aber mit Happy End.«
SUNDAY TIMES

Lübbe

Eine Kindheit voller Armut und Gewalt

Lisa Brönnimann
NIEMANDSKINDER
Verdingt und Verachtet.
Meine Kindheit in
der Schweiz
288 Seiten
ISBN 978-3-404-60951-2

Seit Lisa sich erinnern kann, wird sie zwischen verschiedenen Pflegestellen hin und her geschoben. Mit fünf Jahren kommt sie zu einer Pflegemutter, die sie und die anderen Kinder unbarmherzig quält. Sie prügelt, ertränkt ihre Opfer fast oder sperrt sie tagelang ein. Es ist eine harte Kindheit voller Arbeit und Entbehrungen – und das in den 1970er-Jahren in der Schweiz. Dahinter steht ein politischer Skandal. Bis 1981 ordneten die Schweizer Behörden „fürsorgerische Zwangsmaßnahmen" an: Arme und uneheliche Kinder oder Waisen wurden in Heimen und Pflegefamilien untergebracht und mussten dort als „Verdingkinder" arbeiten. Lisa Brönnimanns Schicksal steht stellvertretend für Tausende Betroffene.

Bastei Lübbe

Die Community für alle, die Bücher lieben

- ★ In der Lesejury kannst du Bücher lesen und rezensieren, die noch nicht erschienen sind
- ★ Gemeinsam mit anderen buchbegeisterten Menschen in Leserunden diskutieren
- ★ Autoren persönlich kennenlernen
- ★ An exklusiven Gewinnspielen und Aktionen teilnehmen
- ★ Bonuspunkte sammeln und diese gegen tolle Prämien eintauschen

Jetzt kostenlos registrieren: www.lesejury.de

Folge uns auf Instagram & Facebook:
www.instagram.com/lesejury
www.facebook.com/lesejury